变局与破局

张蕴岭　李墨◎主编

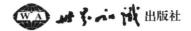出版社

图书在版编目（CIP）数据

变局与破局／张蕴岭，李墨主编 . 一北京：世界知识出版社，2023.4

ISBN 978-7-5012-6467-4

Ⅰ.①变… Ⅱ.①张… ②李… Ⅲ.①国际关系史—研究—近现代②国家战略—研究—中国 Ⅳ.①D819 ②D60

中国国家版本馆 CIP 数据核字（2023）第 050568 号

责任编辑	刘豫徽
责任出版	李　斌
责任校对	陈可望

书　　名	变局与破局 Bianju yu Poju
主　　编	张蕴岭　李墨

出版发行	世界知识出版社
地址邮编	北京市东城区干面胡同 51 号 （100010）
经　　销	新华书店
网　　址	www.ishizhi.cn
电　　话	010-65233645 （市场部）
印　　刷	北京虎彩文化传播有限公司
开本印张	787 毫米×1092 毫米　1/16　17⅝印张
字　　数	249 千字
版次印次	2023 年 4 月第一版　2023 年 12 月第二次印刷
标准书号	ISBN 978-7-5012-6467-4
定　　价	89.00 元

本书资助方

中国社会科学院–上海市人民政府

上海研究院

项目承担方

上海研究院国际战略研究中心

山 东 大 学 国 际 问 题 研 究 院

本书纳入"上海研究院智库丛书"

序　言

世界正在经历重大的转变，被称为百年未有之大变局。大变局的核心是变，那么世界会发生哪些方面的大变局呢？

对世界格局产生重大影响的是世界主要国家和团体力量的对比。传统上，国家力量对比，其中主要是大国力量对比的变化，对世界局势、国际关系、世界秩序产生重要的影响。在通常情况下，新兴大国力量上升，会借势扩张，力图战胜现有的主导者，为了实现自己的目标，会利用增长的实力，发动战争，而现有的实力大国则可能先发地采取实力手段，包括使用武力的方式，压制或者打垮挑战者，从而形成所谓"修昔底德陷阱"的争斗格局。

目前，世界正在经历力量对比转变的时期。就大国力量对比而言，第二次世界大战后，美国成为世界综合实力最强的国家，获得了世界霸权地位，在战后国家秩序构建中发挥着主导作用。对美国形成挑战的首先是苏联，经济总量曾经达到美国的2/3，军力几乎旗鼓相当。美苏之间陷入"冷战"对抗格局，苏联的战略目标是战胜美国，而美国则从各个方面压制苏联。最终，苏联解体，失去了全面挑战美国的能力，美国"不战而胜"。

日本战后经济恢复迅速，在制造业领域对美形成竞争挑战，经济总量也曾达到美国的 1/2，美国采取多重手段，对日本施压，逼迫日元升值，降低其产品竞争能力，日本经济陷入长期低增长。日本是美国的军事盟友，并不具备实力，也不想在国际关系与秩序格局上挑战美国，特别是冷战后，美日同盟提升定位，日本成为美国战略的顺从者。

如今，中国的综合实力快速提升，经济总量已相当于美国的 3/4，按照不同机构的预测，大致在 2030—2040 年有望超越美国。中国的政治制度和经济体制与美国不同，美国对中国的崛起非常警惕与恐惧。因此，美国对中国由局部限制到全面限制，提出了与中国开展全面战略竞争。为此，美国采取多方面的措施遏制中国，包括以下措施：经济上实行高科技封堵、产业链脱钩、打压中国具有竞争力的企业、阻止中国企业在美投资等；安全上提升军事威慑、组织应对中国的联盟阵线、加大介入台湾事务的力度；等等。美国的目标是很清楚的，不让中国超越自己，在力量对比中维护优势，在竞争中胜出。这种以牺牲对方利益为目标的竞争战略，会引发危险的大国冲突。除了中美之间力量对比引发的矛盾，还有其他大国之间力量对比激发的矛盾，比如，中日之间、中印之间等，都以不同的形式表现出来。

世界力量格局转变的另一个表现是发达国家与发展中国家之间综合力量对比的变化。长期以来，西方发达国家在世界综合力量的对比中占据主导地位，以经济力量对比为例，西方七国占世界经济总量的比例最高曾达到 80%，其中美国占到 1/2，如今发生了很大变化，非西方国家已经占到50% 以上（按购买力平价更高），到 21 世纪中叶，力量对比的变化还会更大。这个变化的含义是深刻的。就世界格局而言，西方发达国家主导世界的局面发生改变，这种变化也必然影响到其他方面，包括政治、安全、社会和文化。自英国开启工业革命以来，率先实现工业化的国家在世界力量对比中所占比例不断提升，最终形成了发达国家、不发达国家和发展中国家发展极不平衡的世界经济格局，这个格局所产生的结果是发达国家越来越主导世界，国际关系准则、世界秩序、科技，乃至价值文化等几乎都由发达国家主导。

对变局方向产生重大影响，也是变局本身内容的是发展范式、科技革命和气候变化，这几个变化既有区别，也互有联系。自工业化以来，世界发展的主导趋势是越来越多的国家进入工业化进程，这是世界经济发展的主要推动力量。传统工业化的基本特点是通过对资源的开发和加工，不断扩大和深化经济的结构与规模。一则，经济规模越大，对不可再生资源的需求越大，其结果导致资源枯竭；二则，在开发与加工过程中产生废料（大量有害物质）、废气（二氧化碳等），随着经济规模的扩大，所产生的废料、废气也大量增加，从而造成土地、水、空气严重污染，引发气候变化。在此情况下，除了采取措施直接应对污染和气候变化，最为重要的是采取综合措施阻止气温升高，避免对整个地球生态系统和人类生存造成灾难性后果。

科技发展是经济发展的主要支撑力量，如今，第四次科技革命正在进行。以往的几次科技革命主要是以提升生产的自动化为主要特征，因此，随着科技革命的发展，生产的效率不断提高。而当前的科技革命是以提升智能化为主要特征，智能化技术的主要特征是智慧创造，如果说以前的科技革命是以机器技术替代人手，那么本次科技革命是以信息技术替代人，也就是说，越来越多的事情是由非生物人来做。这场科技革命的推动需要大规模资本投入、人才投入，因此，可能会导致产业结构的变化，特别是人的就业的变化。同时，鉴于现行发展很多问题与传统工业化有关，新的科技革命也许能够为解决人类面临的困境，如发展范式危机、生态危机、气候变化等提供契机。

面对世界未有之大变局，人们更为关注的是变局的走向和结果，核心的问题是能否破局，即打破现有的国际格局和发展困境，让世界走向更好的明天。

就大国际格局而言，二战以后发生了两件大事：一是基于两次世界大战的教训，成立了旨在行使全球治理职能的联合国。联合国实际上是一个全球治理体系，机制涉及各个领域，这是二战后全球共建的一个体系，迄今193个主权国家都加入了这个体系。安理会、国际货币基金组织、世界贸易组织（GATT/WTO）和世界银行是联合国体系的支柱，分别负责世界安全和发展。

安理会基于大国合作治理的理念，为5个大战胜国设立了集体治理的决策机制，任何一个常任理事国都有否决权。关于安理会改革的讨论和动议一直不断，一个基本的认知是需要改革，关键是如何改革，在改革的方向上存在分歧。在新的格局下，是否需要大国主导下的安全治理，一票否决制是否需要改变，如果增加新成员，哪些国家可以进入，等等。改革涉及的问题比较多，难度不小。

基于美元本位的国际货币基金组织已经因为美国放弃金本位而发生改变，该组织已经不再承担维护美元的职能。如今，它已经转向对世界经济的发展与运行进行监测，作为向发展中国家提供资金支持的机构，其权力结构也在发生调整，缓慢地增加发展中国家的权重，但是改革的速度和力度还是不够，还不能反映变化了的世界经济结构。由少数发达国家主导决策权力的局面还有待进一步改变。值得重视的是，国际货币基金组织面临的一个挑战是如何适应经济数字化、货币数字化的发展，如何对市场型的虚拟货币进行监管。

关贸总协定转型为世界贸易组织后功能增加，推动了世界市场的开放，强化贸易争端解决机制，对维护世界贸易秩序发挥着非常重要的作用。随着国际贸易结构发生变化，对于世界贸易组织体制的认知发生分歧。发达国家对于多边贸易体系给予发展中经济体的优惠待遇不满，特别是对中国这样的发展中贸易大国，提出诸多限制议案。由于分歧增加，多哈回合谈判被搁置，多边体系下的开放议程停滞，争端机制由于美国的阻挠也尚未恢复，发达国家多次发表声明要求改革，但是，由于分歧，难以成行。形形色色的双边、诸边自贸区协议蓬勃发展，尽管有着推动市场开放、推进规则制定的作用，但是，也会产生"意大利面条碗"效应，即多种规则交织，增加投资和贸易的成本。多边贸易体系需要改革，如何破局，尚没有共识。

就世界发展而言，发展中国家的可持续发展仍然是巨大的挑战。尽管经济总量超过发达国家团体，但是经济结构、技术水平、人均财富等均与发达国家差距巨大。挑战在于发展范式的转型，所有国家都必须承担责任，没有例外。还有，到 21 世纪中叶实现碳中和的目标关系人类的生存，碳中和是一场革命，会涉及发展方式、生活方式的根本性转变。智能化技术的发展和运用是推动发展范式转型，实现碳中和目标的关键技术，然而，领先技术，包括数字化技术主要掌握在发达国家手中，绝大多数发展中国家缺少研发和大规模推广使用先进智能技术的能力。在缺少多数发展中国家完成碳中和的情况下，世界要完成原定的目标是困难的，因此，必须采取切实可行的有效措施，援助发展中国家提升能力，推动发展范式转型，落实减少污染排放和实现碳中和的目标。

一个发展范式的转变需要很长时间，是一个渐进的过程。然而，气候变化的紧迫性使得这场转变必须加快进程，因此，需要强有力的全球治理，各国共同推进实施，重要的是重新认识和设定目标。工业化以来，人类主要的奋进目标是"物质极大丰富"，如今，由于面临目标追求的危机，需要从根本上改变目标设定，实现人类生存与自然生存的平衡，这是一个重大的改变，也是实现破局的核心。

国际关系和秩序的变局特别引人注目。长久以来，国际关系与秩序的导向是由强者掌控的。二战后，尽管建立了联合国体系，实现了主权国家的参与，但是联合国对世界的治理受到强势大国导向的制约。冷战以美苏对抗为标志，实际上是两个大的对立集团的对抗，并且扩及世界大多数国家。冷战结束是一个大的破局。

在经济上，多边贸易体系取得新的发展，关贸总协定提升为世界贸易组织，绝大多数国家和地区加入体系，世界市场实现统合，世界经济实现快速的增长。特别是中国，通过加入世界贸易组织，打开了进入世界市场的大门，无论是国际贸易，还是整体经济，都实现了快速发展，成为全球第一大贸易国和第二大经济体。发展中国家群体的经济也实现前所未有的发展，在世界经济总量中所占的比例大幅度提升。在世界经济治理上，成立了由发达经济体和发展中经济体共同参加的二十国集团（G20），改变了只有发达国家（G7）发号施令的局面。

在政治方面，美国成为唯一的超级大国，力图打造"美国治下的和平"，推动"民主、自由制度"的"普世化"，为此不惜对别国进行军事干预和占领。但是，美国理想化的自由民主并没有实现，恐怖主义、分离主义涌现，新安全威胁上升，美国霸权地位发生动摇。美国本土遭到恐怖主义的袭击，由此，美国发动了反恐战争，占领伊拉克、阿富汗，之后，在军事占领不能实现目标的情况下，不得不撤出军队。

然而，美国开辟了新的"战场"——与中国进行全面战略竞争，为此，采取了三管齐下的战略措施：直接限制、制裁中国，对中国进行技术封锁；打造不包括中国的产业链、供应链、技术链；推出以中国为对手的"印太战略"。美国此举是在维护和加强自身的主导地位，进而分裂世界。一个分裂、充满对抗的世界和地区是危险的，与开放、一体化、共同安全的大趋势背道而驰。

对于现实和未来的发展而言，最为关键的是导向认知、导向力量。回顾二战以后，国际社会推动构建了联合国体系，使世界迈向有"普世"规则的新秩序。可惜，此后发生了冷战对抗，险些把世界拖入又一场大战的深渊。不过庆幸的是，联合国体系没有崩塌，指导国际关系的基本规则没有被抛弃，多边体系仍在运转，像欧洲、东南亚等走上基于共同安全、共同发展的区域合作道路。

特别是中国，一再宣誓做新型大国，不走传统大国争霸、称霸的老路，坚持走和平发展的道路，提出推动构建人类命运共同体。在世界百年未有之大变局的形势下，作为崛起大国，中国的导向思维、导向战略、导向行为，对于世界现实与未来的发展，对于打破传统大国崛起把世界推向冲突、战争的历史惯性，走出必然发生冲突的陷阱，对于构建开放、合作，实现共同发展、共同安全与合作共赢的新秩序，具有重要的意义。

和平与发展依然是世界绝大多数国家、绝大多数人的认知，在大变局面前，我们应该保持向好的信心，坚持向好的导向，并为之努力，这样，大变局就有可能向好的方向发展，有向新格局、新关系、新秩序转变的积极性，破局有望成为现实。

张蕴岭

中国社会科学院学部委员

山东大学国际问题研究院院长

目 录

后冷战国际关系与秩序重构

魏玲　　杨嘉宜[*]

20 世纪 80 年代末 90 年代初，随着东欧剧变、两德统一、苏联解体，冷战终结，两极格局解体，美国一家独大，成为唯一的超级大国。两极格局以苏联突然解体的方式意外地结束了，这是国际政界和学界都没有预料到的。当时，人们一方面试图去理解苏联解体和冷战结束的原因，另一方面试图去预测未来国际格局和世界秩序的走势。

持续了近半个世纪的冷战以美国的胜利而告终，西方世界普遍充满了乐观主义情绪，认为这是自由资本主义和西方民主政治的胜利。当时最具代表性的是弗朗西斯·福山（Francis Fukuyama）提出的"历史终结论"。1989 年初，福山在《国家利益》杂志发表《历史的终结？》一文，断言民主制将成为全世界最终的政府形式。冷战结束后，他在此文基础上出版了《历史的终结与最后的人》一书，进一步阐述了他对于自由民主制在历史竞争中获胜的信念。福山认为，自由民主制承认每个公民的尊严和价值，因而具有道德上的基础；历史是由不同社会组织形式之间的竞争构成的，

---

　　* 魏玲，对外经济贸易大学国际关系学院教授、博士生导师；杨嘉宜，外交学院《外交评论》编辑部编辑、博士。

当某种政体消灭了社会根本矛盾，人民不再表达极端不满时，这种特定的社会组织形式就能赢得竞争。①

但是美国一家独大并不等于美国一统天下。冷战后国际思潮主要围绕权力、财富和文明展开了争锋和辩论。国际格局从冷战结束时的单极霸权走向一超多强，尤其2008年全球金融危机以来，随着中国和全球南方崛起，大国竞争加剧。此外，冷战后全球化加速，一方面，直接推动世界各地兴起了新地区主义浪潮，地区治理成为全球治理的重要补充；另一方面，全球化的不平等不均衡发展，导致了民粹主义，世界政治朝着更加保守的方向发展。

美国做了很多战略上的调整，从老布什的"世界新秩序"主张，克林顿的"优势主导"加"灵活反应"，小布什的"先发制人"和"全球反恐"，到奥巴马的"新自由国际主义"② 和"重返亚洲"，再到特朗普的"美国优先"。冷战后美国全球战略在新保守主义和新自由主义两大理念下不断调整，以维护美国的权力霸权和制度霸权。

但是历史并未如福山预言般地终结，冷战后世界格局进入了多元多维的复杂演变过程。首先，人类面临的威胁性质发生了重大变化，经济金融

---

① Francis Fukuyama, "The End of History?" *The National Interest*, no. 16 (Summer 1989): 3-18; Francis Fukuyama, *The End of History and the Last Man* (New York: The Free Press, 1992).

② 新自由国际主义是奥巴马政府的主导国际战略思想，源于一战后在威尔逊理想主义的基础上发展起来的自由国际主义。作为美国大战略思想的重要传统之一，自由国际主义在不同时期影响力不同。自由国际主义主张在民主国家之间建立以国际机制为基础、以权力为支撑、以大国自律为条件，以开放经济、集体安全为核心内容的国际秩序。二战后，美国大战略被现实主义所主导。冷战结束后，在对现实主义的反思和批判中，新自由国际主义发展起来。新自由国际主义认为，即便是在单极体系下，霸权国依然应该让渡部分权力，建立既符合主导国利益、又能被其他国家所接受、具有长期合法性的、基于规则的国际秩序。亦参见 John Ikenberry, *After Victory: Institutions, Strategic Restraint, and the Rebuilding of Order After Major Wars* (Princeton: Princeton University Press, 2001), pp.50-51；郭延军、韩志立：《第4章 全球治理与地区治理》，载秦亚青主编《当代西方国际思潮》，世界知识出版社，2012，第178页。——作者注

危机、恐怖主义、自然灾害、气候变化、流行病等非传统安全威胁日益严峻，对大国合作与全球治理提出了迫切要求。其次，在力量结构方面，欧盟、中国和全球南方，多个力量构成了一超多强、一超多元的力量格局，并在多个维度上形成了既竞争又合作的复杂态势。最后，多元行为体、多元文明和多元实践对世界政治的影响日益彰显，任何单一国家无法主导世界，美国世界秩序终结。①

本章试图通过美国霸权战略和新兴多元力量的复杂互动，呈现后冷战时代的变局与破局。前三部分以美国战略思想和对外政策为主线，呈现后冷战以来不同时期的国际格局变化。后三部分以全球政治中的新兴力量为主线，探讨地区主义、文明政治和全球南方对国际格局的塑造。

一、自由资本主义与美国治下的和平

20 世纪 80 年代，美国里根政府和英国撒切尔政府大力推行以取消管制、减少行政干预为主要内容的新自由主义经济改革。20 世纪 90 年代，英美借助国际经济金融机制将新自由主义推向全球，新自由资本主义成为经济全球化进程中的主流思想和经济模式。与之相配合的是，随着单极时代的到来，美国积极调整全球战略，建设霸权秩序。

（一）新自由主义和华盛顿共识

新自由主义是一种复杂的理论和思想体系，有左翼和右翼、狭义和广

---

① 阿米塔·阿查亚：《美国世界秩序的终结》，袁正清、肖莹莹译，上海人民出版社，2016。

义之分。左翼新自由主义的本质是凯恩斯主义，是政府干预式的资本主义。右翼新自由主义强调对传统自由主义的继承，主张减少政府对经济活动的干预，是消极放任的资本主义。广义新自由主义指 20 世纪 70 年代以来发展起来的主流经济学，狭义新自由主义特指以哈耶克和弗里德曼经济思想为代表的经济理论、政策主张和社会思潮。狭义新自由主义强调亚当·斯密的"看不见的手"理论，重视市场及其组织的功能和调节作用，主张限制或取消政府对经济活动的干预，推崇"市场原教旨主义"。哈耶克提出的限制政府干预经济活动，和弗里德曼主张的"自由选择"和"去政府"是狭义新自由主义的核心内涵。

新自由主义经济理论和政策主张被推向市场和社会后，形成了新自由主义思潮。该思潮认为，除了维护法制和社会秩序，政府对于经济活动的社会干预行为都是有害的；只要充分肯定和有效保护利己与竞争两大因素，市场交易就自然能够有序进行，而且在市场交易人的个人利益实现的同时，社会公共利益也将自动实现。因此，政府要做的不是干预市场交易活动，而是保证利己、竞争等因素能够正常发挥作用，保证市场能够实现自我调节。①

1989 年，在美国财政部的支持下，美国国际经济研究所联合国际货币基金组织和世界银行等机构在华盛顿召开会议，讨论 20 世纪 80 年代后期以来拉美国家的经济调整和改革问题，本次会议的成果就是"华盛顿共识"。共识主要包括以下三方面内容：第一，财政改革，将政府开支重点转向经济效益高的领域，改革税制，降低边际税率，扩大税基。第二，市场开放，即利率市场化，实行更具竞争性的汇率制度，贸易自由化，放松

---

① "国际金融危机与经济学理论反思"课题组：《国际金融危机与新自由主义的理论反思》，《经济研究》2009 年第 11 期，第 13—15 页。

对外资的限制。第三，去政府，主要是指国有企业私有化，放松企业进入和退出的政府管制，保护私人财产权。[①]

20 世纪 90 年代，英美自由资本主义借助国际机制和国际协议在全球推动经济自由化改革。1995 年，世界贸易组织协议生效，推动贸易和资本全球自由流动；国际货币基金组织和世界银行将新自由主义程度作为衡量商业环境是否良好的尺度，使各国被迫推动新自由主义经济调整和改革，减少政府干预被当作经济发展和经济治理的普适性法则。实行新自由主义经济政策后，拉丁美洲危机不断。20 世纪 90 年代末，阿根廷经济改革失败，金融危机爆发，这是"华盛顿共识"破产的一个典型案例。1998 年，俄罗斯金融危机爆发，休克疗法彻底失败。1997—1998 年，亚洲金融危机爆发，再次印证了新自由主义和华盛顿共识的局限性和危害性。[②]

（二）多元经济思想与多模式竞争

20 世纪 80 年代末以来，欧洲社会市场资本主义与英美自由放任资本主义的差异日益凸显，出现了资本主义模式之争。随着中国经济崛起，"北京共识"的提出，亚洲市场经济模式受到国际学界和政策界的极大关注。此外，20 世纪末，针对资本主义遭遇的各种挑战和全球化的困境，西方新生代领导人还打出了"第三条道路"的旗号。

欧洲社会市场资本主义是二战后发展起来的温和资本主义，以德国、法国和瑞典为代表。它在追求效率的同时，强调社会公平正义、经济社会平衡和可持续发展、福利国家和个人权利，以及基于规则的全球治理。在

---

① 褚鸣：《批判的新自由主义与新自由批判》，《国外社会科学》2005 年第 4 期，第 13 页。
② 魏玲：《第 1 章 自由资本主义》，载秦亚青主编《当代西方国际思潮》，世界知识出版社，2012。

欧洲模式中，虽然支配资本的权力主要也在私人公司，国家对资本的直接干预程度较小，但是政治体制确立了一套严格的劳工权利和福利措施，使得有组织的劳工可以享有直接参与劳资谈判的权力；政府虽然重视资本利益，但同时强调劳资协商和社会平衡。① 在所有制模式上，英美坚持私人所有制，但是欧洲实行"混合模式"，国有经济和合作制经济大规模存在。在市场模式上，英美坚持自由市场模式，但是德国实行社会市场经济，法国实行国家强化型资本主义。② 在收入分配方面，英美模式向富人倾斜，社会再分配程度较低、贫富差距较大；而欧洲模式坚持均等分配，实行全民福利，贫富差距更合理。

亚洲模式主要是对东亚经济体在集体崛起过程中形成的独特经济发展战略和发展道路的概括。大致以 20 世纪 50—60 年代日本经济模式为开端，包括 60—80 年代亚洲四小龙和四小虎的东亚模式，和 20 世纪 80 年代以后中国崛起的北京共识。③ 亚洲模式一般包含三个要素：一是出口导向型经济发展模式，尤其是劳动密集型产品的出口；二是奉行重视经济发展的发展型政府，该政府能够引导内部发展并管理外部经济关系，能够发挥强大的资源动员和经济干预作用；三是特定的社会政治和制度基础，该基础使政府能够有效地实施始终如一的发展战略，缔结国内发展联盟，建立有效的经济制度。④ 东亚国家深受儒家文化影响，集体主义和服从权威的社会秩序观使得发展型威权政府能够获得政治合法性，经济战略的制度化和有

---

① 裴元伦：《欧美经济模式之争》，《求是》2004 年第 3 期，第 59 页。

② 薇安·A. 施密特：《欧洲资本主义的未来》，张敏等译，社会科学文献出版社，2010，第 126—133、第 167—168 页。

③ "北京共识"是美国人拉莫于 2004 年提出的，是对中国发展模式的概括，参见 Joshua Cooper Ramo, *The Beijing Consensus*, Foreign Policy Center, 2004.

④ 弗里德里克·C. 戴约等：《东亚模式的启示——亚洲四小龙政治经济发展研究》，王浦劬译，中国广播电视出版社，1992，第 1—12 页。

效实施成为可能，而政府的灵活反应和战略调整能力是经济持续增长的重要原因。

20 世纪 90 年代，克林顿等西方新生代领导人曾打出过"第三条道路"的旗号。1998 年，英国著名社会学家、首相布莱尔的资深智囊安东尼·吉登斯出版《第三条道路：社会民主主义的复兴》一书，对"第三条道路"的政治价值、原则和目标进行了系统论述。① "第三条道路"在经济上是凯恩斯主义与新自由主义经济学融合的产物，在政治上，它声称超越左右对立，兼顾发展与正义，均衡权利与义务，是美国民主党和西欧左翼政党为解决全球化时代出现的各种问题而提出的执政理念。总体而言，"第三条道路"是折中和务实的，是基于平等正义原则，对社会民主主义和新自由市场主义的调和。

（三）世界新秩序与美国治下的和平

冷战结束后，美国成为唯一的超级大国，提出了建设"世界新秩序"的主张。"世界新秩序"是冷战后美国的大战略，它以维护美国霸权为核心，以物质实力和制度实力为手段和支撑，以构建符合美国利益的稳定、安全的世界为目标，以"美国治下的和平"为宗旨。②

1990 年，美国总统布什就提出了建立"世界新秩序"主张。1991 年，布什为《国家安全战略报告》撰写了题为《世界新秩序》的序言。美国利用海湾战争推出"世界新秩序"主张，主要目的有三：一是为了扩大美国单极优势，确立后冷战时代美国在国际事务中的领导地位。二是确立美国主导的国际规则，比如，阻止某些大国追求地区主导地位、地区争端外

---

① 安东尼·吉登斯：《第三条道路：社会民主主义的复兴》，郑戈译，北京大学出版社，2000。
② 徐兰：《后冷战国际关系的发展轨迹》，《浙江学刊》2006 年第 3 期，第 94 页。

交解决、反对侵略和高压统治、打击恐怖主义和毒品走私、支持促进经济发展和社会进步的援助、贸易和投资政策等，以实现美国治下的和平，再创第二个美国世纪。三是在全球层面促进政治民主和经济自由，按照美国价值观改造世界。①

针对冷战后地区冲突将取代全球对抗成为主要安全挑战，1992年，美国在国家安全战略中强化了地区防务的内容。主要内容如下：对作战对象确定为有可能威胁到美国战略利益的地区军事强国；战争准备主要立足于应对地区性冲突；战略重点从欧洲转为欧亚并重；建设全方位、多层次的核威慑战略；在军事部署上，强调前沿存在，调整和适当削减海外军事基地和驻军；强调军队的重组能力和危机反应能力。②

1993年，克林顿就任美国总统，形成了以内促外、以外助力、求取内外平衡与良性互动的"克林顿主义"，确定了"优势主导"加"灵活反应"战略，加速了美国全球战略从冷战到后冷战的转变。"优势主导"主要是指美国应维持三个方面的优势，确保美国的全球领导地位。一是安全，推行预防性防务，构建美国主导的全球安全体系，确保美国治下的和平；二是民主，提出了一套扩展民主价值观的构想，努力向全球推广美国和西方的民主价值观；三是经济，通过确保优势战略，奠定良好的经济基础，确保美国对世界经济持久的领导和支配地位。③"灵活反应"主要是指策略上的，是为"优势主导"服务的。克林顿提出，应制定后冷战的安全

① The White House, *National Security Strategy of the United States*, National Security Strategy Archive, August 1991, https://nssarchive.us/wp-content/uploads/2020/04/1991.pdf；张敏谦：《美国全球战略剖析——从"世界新秩序"到"克林顿主义"》，《美国研究》2000年第4期，第10—11页。

② 彭光谦：《国际战略格局剧变中的美国国家安全战略》，《美国研究》1993年第4期，第14—15页。

③ 张敏谦：《美国全球战略剖析——从"世界新秩序"到"克林顿主义"》，《美国研究》2000年第4期，第25—26页。

新契约，建立了以经济安全、地区防务、防扩散和全球民主化为支柱的战略新框架。首先，克林顿强调，美国的国家安全主要是经济安全，防务应服从和服务于美国经济振兴。其次，推行地区防务战略，强调美国应保持对地区冲突进行武装干涉的选择权和行动权。再次，推进军控和裁军，防止大规模杀伤性武器扩散。最后，对外实行新军事干涉主义，强调除了为美国利益而战，还要为美国价值观而战，为在全球范围捍卫自由、促进民主不惜诉诸武力。①

二、新保守主义与美国扩张

20 世纪 90 年代的经济增长支持着美国不断增加军费开支，进一步强化了美国在全球的军事优势。② 2001 年，小布什上台，新保守主义势力逐渐在美国国防和外交政策制定上占据主导地位。"9·11"恐怖袭击改变了美国的外交传统。小布什政府将恐怖主义和"邪恶轴心"认定为国家安全最大的威胁，实行单边主义和先发制人战略，在全世界推行"强加式民主"，构建以美国霸权为核心的世界秩序，伊拉克战争是美国外交和扩张的具体表现。③

① 彭光谦：《国际战略格局剧变中的美国国家安全战略》，《美国研究》1993 年第 4 期，第 16—18 页。
② 蔡嘉禾：《摆动中的回归——保守主义思潮对 G. W. 布什政府对外政策的影响》，载任晓、沈丁立主编《保守主义理念与美国的外交政策》，生活·读书·新知三联书店，2003，第 182—183 页。
③ 刘金质：《试评小布什的帝国外交》，《国际政治研究》2004 年第 4 期，第 83—92 页。

（一）新保守主义与小布什外交战略

美国的新保守主义起源于 20 世纪 60 年代。随着 1991 年海湾战争和冷战结束，又有了新的发展。刘金质认为，当时新保守主义盛行的主要原因主要来自三个方面。一是美国人认为，苏联解体和冷战结束证明了自身价值观的正确性；二是追求美国传统价值观的共和党人得到越来越多中产阶级的支持；三是全球化加速，自由贸易和自由化经济秩序使得新兴中产阶级和大资产阶级的经济要求和经济扩张得以实现。[①] 1997 年建立的"新美国世纪项目"是美国新保守主义复苏和兴起的标志。2000 年，该项目发布《重建美国防务》的报告。2002 年，《美国国家安全战略》正式提出，要维护美国在全球的统治地位，根据美国的原则与利益塑造国际安全秩序。[②]至此，新保守主义主导了小布什外交战略。

新保守主义以美国绝对军事优势和美国例外论为基础，认为美国是不可战胜的；21 世纪是美国的世纪，是美国主导世界、统治全球的时代；美国应按自己的价值观改造世界，推进人类自由；美国可以单方面使用军事力量，采取单边行动，实现"强加式民主"。美式自由民主价值观、美国绝对军事优势和美国的世界领导地位是新保守主义世界观的三大支柱。新保守主义宣扬狭隘的爱国主义，鼓吹"美国至上""美国优先"；美国利益遍及全球，包括物质和精神的各个领域；以是否符合美国利益来划分敌

[①] 刘金质：《试评小布什的帝国外交》，《国际政治研究》2004 年第 4 期，第 83—92 页。

[②] "Rebuilding America's Defenses: Strategy, Forces and Resources for a New Century," *A Report of the Project for the New American Century*, September 2000, https://web.archive.org/web/20181202044955/http://newamericancentury.org/RebuildingAmericasDefenses.pdf; The White House, *The National Security Strategy of the United States*, National Security Strategy Archive, September 17, 2002, https://nssarchive.us/wp-content/uploads/2020/04/2002.pdf.

友；采取进攻型战略，军事至上，先发制人；以实力谋求对世界的控制，实现全球领导，建立单极霸权。①

新保守主义注入布什政府外交战略中，体现为"基于意识形态考虑，依靠超强军事实力，对正在出现的威胁实施预防性的先发制人的打击，实现敌对国家的政权更迭，建立美国主导的世纪新秩序"，捍卫和推进政治民主，促进自由市场经济。② 在国防政策上，小布什一改克林顿政府时期的传统威慑理念，开始以强硬姿态推进重建美国军事力量，要求增加国防预算、更新武器装备，打造美国在全球无可匹敌的军事优势。③ "9·11"事件的爆发，不仅令美国增加国防开支变得理所当然，而且为其对外政策制定指明了方向。2002 年，美国国防预算总额高达 3780 亿美元，增幅达到过去 20 年之最，总额接近历史最高水平。④ 美国希望借军事优势的加持，将冷战后国际格局确立为美国领导下的单极霸权格局，防止潜在对手通过军事武装超越或接近美国权力，保持美国的"绝对安全"。⑤ 不仅如此，新保守主义者还希望能将多边主义扔进故纸堆，在国际舞台保持最大限度的行动自由。⑥ 在亚太地区，美国关注亚太更甚于欧洲，并开始实施以对华遏制为中心的战略，防止崛起大国挑战美国；在欧洲，依靠盟友、强化同盟关系依然是美国的核心战略；在中东地区，打击恐怖主义，推进

① 刘金质：《试评小布什的帝国外交》，《国际政治研究》2004 年第 4 期，第 87 页。
② 刘金质：《试评小布什的帝国外交》，《国际政治研究》2004 年第 4 期，第 87 页。
③ 顾国良：《中国的军控应对策略——兼论小布什政府军控思想与政策的调整及变化》，《战略与管理》2002 年第 4 期，第 78 页。
④ 蔡嘉禾：《摆动中的回归——保守主义思潮对 G. W. 布什政府对外政策的影响》，载任晓、沈丁立主编《保守主义理念与美国的外交政策》，生活·读书·新知三联书店，2003，第 184 页。
⑤ The White House, *The National Security Strategy of the United States*, September 17, 2002, p. 30.
⑥ 蔡嘉禾：《摆动中的回归——保守主义思潮对 G. W. 布什政府对外政策的影响》，载任晓、沈丁立主编《保守主义理念与美国的外交政策》，生活·读书·新知三联书店，2003，第 184 页。

地区民主进程则成为美国实施全球战略的重要步骤；在多边框架，美国拒绝签署《禁止地雷条约》和《京都议定书》，拒绝批准《全面禁止核试验条约》，甩开联合国等多边组织采取单边行动。

（二）全球反恐与"先发制人"

美国的政策精英认为，国际社会之所以需要美国霸权的统治，是因为长期存在着威胁美国的"邪恶"势力。"9·11"事件后，恐怖主义、"邪恶轴心"和大规模杀伤性武器扩散成为美国国家安全面临的最大威胁。美国提出全球反恐，强调在全球范围打击恐怖主义，但其真正关切是针对美国的恐怖势力。伊斯兰世界的庞大人口、宗教价值观上的差异，以及庞大的石油资源储备，使得伊斯兰世界成为美国的重要战略对手。[①] 美国所熟悉的冷战时期的安全环境已经一去不复返，此时要面对的是"不可知、不确定、看不见和难预测的恐怖主义"。[②] 这其中，萨达姆统治下的伊拉克更是美国"迫在眉睫的威胁"。

2002年1月29日，小布什宣称，伊拉克、伊朗、朝鲜是"邪恶轴心"，它们对大规模杀伤性武器的追求正成为日益严重的威胁。这之后，小布什更是明确将伊拉克与"9·11"事件联系起来。《华盛顿邮报》记者鲍勃·伍德沃德在其2002年2月发表的文章中引用了小布什在2001年9月17日的讲话——"（虽然我还没有证据）我相信伊拉克参与了'9·11'

[①] 陈昌升：《"9·11"事件与美国的全球战略调整》，《世界经济与政治》2002年第5期，第32页。

[②] Donald Rumsfeld, "Transforming the Military," *Foreign Affairs* 81, no. 3 (2002): 22–23.

袭击"。① 2002 年 6 月，小布什在西点军校毕业典礼上的讲话迂回地提到"先发制人"的政策，强调美国将行动起来。② 然而值得注意的是，"先发制人"的原本目的在于粉碎迫在眉睫的威胁，小布什却将这一概念与预防性战争杂糅在一起，认为美国需要对未来可能对美发动战争或构成威胁的国家采取行动，从而将"先发制人"的概念泛化。③

2002 年秋季，小布什更是密集表态，称伊拉克与"9·11"恐怖袭击存在关联。9 月 12 日，小布什在联合国大会发表讲话，明确称萨达姆治下的伊拉克是一个"巨大且正在积聚的危险"，因为它显然在追求大规模杀伤性武器。9 月 17 日，小布什签署了自己第一份《国家安全战略报告》，标志着"布什主义"的美国国家安全战略正式形成。这份报告认为，恐怖分子和"邪恶轴心"已经成为美国安全的最大威胁，对此美国必须调整"威慑""遏制"战略，采取"先发制人"的军事手段，在恐怖分子能够形成威胁之前就要做好准备予以制止，如有必要"将毫不犹豫地单独行动"。④ 2003 年 3 月，美国绕开联合国，同英国一起正式攻打伊拉克。

（三）单边主义与伊拉克战争

小布什上台后，新保守主义势力开始推动美国在外交领域采取单边行动，接连撕毁国际条约，或是违背联合国协议。⑤ 在国防议题上，小布什

---

① Rodger A. Payne, "Deliberating Preventive War: The Strange Case of Iraq's Disappearing Nuclear Threat," Ridgway Center Working Paper, 2005 – 2006, p. 3, https://sites. pitt. edu/~ gordonm/RW/PayneWP 20056.pdf.

② 周琪：《"布什主义"与美国新保守主义》，《美国研究》2007 年第 2 期，第 12 页。

③ 周琪：《"布什主义"与美国新保守主义》，《美国研究》2007 年第 2 期，第 13 页。

④ The White House, *The National Security Strategy of the United States*, 2002, pp. 6, 13, 15.

⑤ George Monbiot, "The Logic of Empire," *The Guardian*, August 6, 2002, https://www. monbiot. com/ 2002/08/06/the-logic-of-empire/.

先是宣布退出美苏 1972 年签署的《限制反弹道导弹系统条约》，接着反对批准《全面禁止核试验条约》，并大力发展全球导弹防御系统，从而摆脱国际军控机制的束缚，为美国军备发展谋求更大空间。[①] 在其他多边议题上，小布什宣布退出《京都议定书》，拒绝签署有关设立国际刑事法庭的条约，拒绝承担美国应有的国际责任。即便是在反恐领域，美国一方面积极呼吁国际社会支持美国打击恐怖主义，另一方面却有选择地参与联合国发起的反恐条约。[②]

在伊拉克战争的筹谋和实施阶段，美国更是正式甩开联合国和国际多边框架，全面施行单边主义外交政策。在战争筹划阶段，小布什团队内部一直存在着争论——应通过单边还是多边路径解决伊拉克问题。以时任副总统迪克·切尼、国防部长唐纳德·拉姆斯菲尔德为代表的单边主义者认为，美国，而非联合国，才是冷战后国际秩序的维护者，美国的行动无须寻求联合国的意见。美国时任国务卿鲍威尔和英国时任首相布莱尔则认为，应寻求联合国安理会通过决议，从而使得美英的行动更具合法性。小布什本人则对获得联合国的支持并无信心，[③] 但最终还是决定先尝试联合国的多边路径。然而美国未曾料到，其盟友德国、法国、加拿大均不支持美国的行动，国际社会反对美英的声音也更为强烈。美国不愿再继续拖延下去——当多边框架能够保障美国霸权时，就践行多边主义，反之则扛起单边主义的大旗。在没有得到联合国授权的情况下，美英于 2003 年 3 月 20 日发起了对伊拉克的进攻。

---

① 顾国良：《中国的军控应对策略——兼论小布什政府军控思想与政策的调整及变化》，《战略与管理》2002 年第 4 期，第 79 页。

② Patricia Jurewicz, "In the Bush Administration, Treaties Ain't Sweeties," *The Washington Spectator*, May 1, 2005, https://washingtonspectator.org/in-the-bush-administration-treaties-aint-sweeties/.

③ George W. Bush, *Decision Points* (New York: Crown Publishing House, 2010), p. 295.

战争初期，美军在伊拉克战场上势如破竹。4月9日，美军推翻萨达姆，5月1日，小布什宣布战事基本结束，美军伤亡不到150人。然而，随着战事的推进，美军逐渐陷入进退两难的境地。美军彻底摧毁了萨达姆时期的国家机器，却没有能力建立起新的国家机器。在萨达姆时代，有200万党员的阿拉伯复兴社会党控制着伊拉克社会生活的方方面面，而此时美国所推行的去阿拉伯复兴社会党化政策直接导致伊拉克陷入瘫痪。美国一直想把伊拉克打造成为中东民主的样板，然而伊拉克民主化进程一再受挫，当地安全局势严重恶化，美英驻军死伤人数持续上升，伊拉克平民的安全无从保障，暴力事件和恐怖主义在这片土地上肆意滋长。加之伊拉克所涉及的巨额石油收益，这块"烫手的山芋"美国既不想撒手，又无力独占。2008年，奥巴马政府上台，开始放弃"先发制人"政策、淡化单边主义色彩、倡导多边合作，试图重振美国的硬实力和软实力。

（四）单极秩序与美欧分歧

冷战结束以及苏联这一共同敌人的消失，成为美欧关系的转折点。一边是在新保守主义主导下推行单极霸权的美国，一边是重视多边主义、强调制度与规范作用的欧盟，双方深层次的分歧和矛盾日益凸显。对于美国而言，美欧关系应当服务于美国的全球战略，保持一个稳定和安全的欧洲，保持北约的凝聚力和活力，是美国全球战略的必不可少的一环。① 因此，美国希望在冷战后依然能够保持其在欧洲事务上的主导地位。在反恐等美国最为关心的议题上，美国一方面通过"先发制人"政策保障行动自

---

① Maria Ryan, *Neoconservatism and the New American Century* (New York: Palgrave Macmillan, 2010), pp. 19, 66, 75.

由，另一方面利用双边渠道发展同西欧国家关系。^① 美国 2002 年《国家安全战略报告》明确指出，美国"正在打造新的、卓有成效的国际关系，并重新定义现有关系，以应对 21 世纪的挑战"。^②

欧盟则希望形成共同的安全与外交政策，在全球事务中扮演更加独立、更为重要的角色。此时的欧盟经济上日益强大，政治上更为自信，军事上开始发展自己的防务力量。欧盟开始谋求更大的自主权，主张由欧洲人掌管欧洲事务。1991 年底，欧盟提出要发展共同外交与安全政策，与美国建立"更加有效的平等伙伴关系"。^③ 2003 年，欧盟委员会外交事务专员彭定康呼吁欧盟国家改变以往对美态度，形成自己的立场。^④ 欧盟重视国际制度和国际规范的重要作用，强调通过多边框架解决全球挑战，认为冲突需要通过和平方式而非武力解决。^⑤ 因此，美国在环保、禁核等议题上的单边行径招致欧盟特别是法德的极大不满，伊拉克战争更是激化了美欧分歧，严重损害了大西洋联盟。

小布什在第二届任期开始着手修复美欧关系，奥巴马在上台后更是高调重返多边舞台。美国与欧盟，始终是彼此最重要的双边关系，这些摩擦并未从根本上动摇同盟关系。但双方价值观上的深刻分歧，的确加速了欧盟的离心倾向。在全球化和世界多极化的推动下，美欧关系变得更为复杂。

---

① 赵怀普：《当前美欧关系：大趋势与新变化》，《现代国际关系》2008 年第 2 期，第 41 页。
② The White House, *The National Security Strategy of the United States*, 2002, p. 7.
③ 赵怀普：《当前美欧关系：大趋势与新变化》，《现代国际关系》2008 年第 2 期，第 40 页。
④ 周敏凯：《伊拉克战争与大西洋联盟危机的基本特点与性质——兼评"安全主导权之争"说》，《国际问题研究》2004 年第 3 期，第 50 页。
⑤ 郇庆治：《伊拉克战争后的欧美关系：欧洲视点》，《国际政治研究》2004 年第 1 期，第 56 页。

三、新自由国际主义与美国自由霸权

在第二次世界大战结束后，美国凭借其强大的实力优势，建立起以自身为中心的霸权体系。然而维持这样一个体系，除依靠军事实力外，还需要国际制度所提供的合法性。20 世纪 70 年代之后，美国国内的自由主义者开始呼吁建立美国主导下的、由自由民主国家参与的国际制度。[①] 冷战结束后，在对现实主义的反思和批判中，新自由国际主义发展起来，并在奥巴马执政时期成为美国大战略的主导思想。

冷战后初期，老布什主张将更多国家纳入西方主导的国际秩序。在新自由国际主义势力的影响下，美国一方面通过基于硬实力的权势霸权主导国际秩序，另一方面构建基于制度的制度霸权，即建立一套长期的、"合法"的、符合霸权国长远利益，同时也能为其他国家所接受的制度和安排，从而将更多国家纳入国际制度体系，约束各国同美国的关系。[②] 到克林顿第二个任期，美国通过国际制度维护其霸权体系的特征更为明显。小布什在上台后试图退回到权势霸权模式，然而，此种尝试不仅令美国深陷伊拉克战争泥沼，而且遭到国际社会的强烈反对，极大削弱了美国的同盟体系及美国霸权地位的合法性。[③] 新保守主义势力在小布什执政末期转入低潮，新自由国际主义势力开始重新影响美国对外政策。相比新保守主义

---

① 秦亚青：《权势霸权、制度霸权与美国的地位》，《现代国际关系》2004 年第 3 期，第 6 页；韩志立：《新自由国际主义与美国大战略的思想转向》，《国际政治研究》2007 年第 4 期，第 109 页。

② 秦亚青：《权势霸权、制度霸权与美国的地位》，《现代国际关系》2004 年第 3 期，第 6 页；韩志立：《新自由国际主义与美国大战略的思想转向》，《国际政治研究》2007 年第 4 期，第 106 页。

③ 秦亚青：《权势霸权、制度霸权与美国的地位》，《现代国际关系》2004 年第 3 期，第 7 页。

对军事实力和单边主义的信仰，新自由国际主义者则更推崇软实力与国际制度，认为国家实力是国际制度的基础，国际制度又能反过来维护美国霸权。

2008 年，金融危机爆发，重创美国霸权。在美国新自由国际主义势力的主导下，多边主义与全球经济治理再次成为美国外交政策中的热门话语。奥巴马积极推进一系列改革，试图通过国际制度改革重现美国的辉煌。

（一）负责任主权、大国合作与制度治理

奥巴马政府时期，美国对外战略以多边主义和新自由国际主义为指导，核心是负责任主权、大国合作与制度治理。

"负责任主权"是美国知名智库布鲁金斯学会提出的。2009 年 3 月，布鲁金斯学会出版《权力与责任：构建跨国威胁时代的国际秩序》一书，其简体中文版也同步面世，[①] 这是该学会"管理全球不安全因素"项目的成果，体现了美国政策界和国际关系学界对后布什时代国际秩序、全球治理和美国对外战略的思考和设计。随着该项目主要成员进入奥巴马政府决策部门，负责任主权、大国合作与制度治理等新自由国际主义理念对美国全球战略与对外政策产生了重大影响。"负责任主权"首先承认国家仍然是国际体系中的主要行为体，主权国家是应对当今威胁的主要组织者和行动者。但是，与此同时，应强调主权的责任，主权应该包含负责任的内容。所谓负责任，就是对外要对国际社会和其他国家负责，合作应对全球性挑战；对内要对本国国民负责，尊重公民权利。负责任主权还要求国家

---

① 布鲁斯·琼斯、卡洛斯·帕斯夸尔、斯蒂芬·约翰·斯特德曼：《权力与责任：构建跨国威胁时代的国际秩序》，秦亚青等译，世界知识出版社，2009。

将相互负责作为重建和扩展国际秩序基础的核心原则，并要求世界强国积极承担"建设责任"，帮助弱国加强行使主权的能力。[1]

新自由国际主义倡导大国合作与制度治理，构建基于规则的国际秩序。[2] 新自由国际主义认为，任何国家都不能随心所欲地使用单边主义政策，尤其是像美国这样的大国，因为这样就破坏了国际规则，导致国际体系失序现象的发生；未来国际秩序是否安定、是否能够维护世界和平，在很大程度上取决于美国与中国、印度和俄罗斯等新兴大国的关系；坚持和实施多边主义、巩固和加强国际制度，是保证崛起大国不破坏世界秩序的最佳途径，是大国合作的保障，也符合美国的国家利益。因此，美国作为唯一的超级大国，应加大对国际制度建设的投入力度，建设一种比较完善的国际规则秩序。[3]

基于上述理念，奥巴马的国际战略体现为以权力为依托、以国际制度建设为核心的宪政战略。在奥巴马执政时期，美国利用自身权力优势，试图建立一套符合自身利益、能被其他国家所接受的、具有长期合法性的国际制度体系，构建国际规则秩序。在这个过程中，美国通过推动国际制度改革，推动以责任共担为基本原则的大国合作，最大限度地维护自身优势地位。在战略规划上，为重振美国领导地位，奥巴马政府不但关注传统安全，更关注全球性问题的解决。在战略方向上，将重点转向亚太地区，对亚太多边进程的重视程度和参与力度不断提高。在战略手段上，注重运用

---

① 王燕、魏玲：《负责任主权、大国合作与国际秩序——评〈权力与责任：构建跨国威胁时代的国际秩序〉》，《外交评论》2009年第2期，第147—152页。

② G. John Ikenberry, *The Liberal Leviathan: The Origins, Crisis and Transformation of American World Order* (Princeton: Princeton University Press, 2012) .

③ 王燕、魏玲：《负责任主权、大国合作与国际秩序——评〈权力与责任：构建跨国威胁时代的国际秩序〉》，《外交评论》2009年第2期。

"巧实力"和多边机制，减少战略实施的阻力，降低领导成本。推进世界民主进程也是奥巴马全球战略的核心内容。他倾向于采取具体行动，通过非政府组织为民运分子提供支持，并为转型国家建立快速反应基金，通过援助和投资支持新兴民主国家。在应对恐怖主义、气候变化、公共卫生、核扩散等非传统安全威胁方面，奥巴马强调大国合作，特别是与新兴大国的合作。他强调美国应加强与所有国家的对话，建设平等的合作伙伴关系；各国应加强沟通，共同承担世界公民的责任，共同应对威胁人类安全的挑战；国际制度面临治理危机，需要进行与时俱进的改革，满足全球治理的需要，为此主要大国要进行对话沟通，形成新的共识，还要将新兴国家纳入进来，体现其不断上升的影响力，并使之承担与其权力相匹配的责任。①

（二）核不扩散与伊核协议

美国和伊朗围绕核问题展开的斗争既是美国国际军控与防止核扩散政策的一个重要缩影，也反映出美国不同政治势力间的博弈。2002 年初，小布什宣布伊朗是"邪恶轴心"国家，认为其威胁国际和平与安全。同年秋，伊朗纳坦兹铀浓缩核工厂被曝光，美伊斗争急速加剧。② 在美国新保守主义势力看来，需要对伊朗铀浓缩"零容忍"，只有借助硬实力实现伊朗政权更迭，推进伊朗民主化进程，才能从根本上解决伊核问题。美国的强硬姿态加剧了伊朗的对立，也引发了欧盟的不安。欧盟将核生化武器扩散视为首要安全关切，但相比美国的经济制裁与军事施压，欧盟更愿意通

---

① 郭延军、韩志立：《第 4 章 全球治理与地区治理》，载秦亚青主编《当代西方国际思潮》，世界知识出版社，2012，第 203—207 页。

② 樊吉社：《伊核问题与美国政策：历史演进与经验教训》，《西亚非洲》2020 年第 4 期，第 126 页。

过国际规范来约束伊朗，支持同伊朗进行接触。英、法、德积极介入伊核问题，在一定程度上缓和了危机的发展。然而，面对长期积聚的国际社会压力，伊朗质疑美欧是"一丘之貉"，2005 年，强硬派代表艾哈迈迪·内贾德上台，开始采取一系列行动加速发展核能力，伊核问题陷入僵局。①

随着美军深陷伊拉克战争泥潭，加之 2008 年国际金融危机的打击，美国新保守主义势力陷入低潮。在新自由国际主义势力的支持下，新上台的奥巴马政府开始调整高压政策，转向接触伊朗。在新自由国际主义者看来，美国必须让渡部分权力，维护约束自身的国际机制，才能获取长远利益，维持美国主导下的霸权体系。②

奥巴马上台后，着力重塑美国的国际形象，试图修复布什任内对国际军控和防扩散机制的破坏。③ 首先，美国在国际核不扩散政策上回归多边框架，表态将寻求裁减美国核武器，推动国会批准《全面禁止核试验条约》；其次，将防止核材料的全球性扩散作为美外交政策的重点，愿意通过对话和多边框架解决伊核危机。④ 奥巴马在就职演说中表示，"如果你们愿意松开攥紧的拳头，我们将伸出手"，⑤ 此后又在多个场合向伊朗释放和解信号，试图通过谈判缓和僵局。奥巴马借助联合国安理会决议向伊朗施压，并动员盟友与美国一道制裁伊朗。僵持局面直至伊朗鲁哈尼政府上台后才得以缓解。2013 年，温和派代表哈桑·鲁哈尼上台，表态愿意重回多

① 吕蕊、赵建明：《试析欧盟在伊朗核问题中的角色变化与影响》，《欧洲研究》2016 年第 6 期，第 39—41 页。

② 韩志立：《新自由国际主义与美国大战略的思想转向》，《国际政治研究》2007 年第 4 期，第 106、第 111 页。

③ 樊吉社：《奥巴马政府的军控政策：希望与挑战》，《外交评论》2009 年第 1 期，第 21—22 页。

④ 姜振飞：《试析美国奥巴马政府的核不扩散政策》，《当代亚太》2009 年第 6 期，第 108—111 页。

⑤ *President Barack Obama's Inaugural Address*, the White House, January 21, 2009, https://obamawhitehouse. archives. gov/blog/2009/01/21/president-barack-obamas-inaugural-address.

边谈判进程。同年 9 月，美、英、法、德、中、俄六国外长与伊朗外长重启谈判，谈判重点从小布什时期的要求伊朗停止铀浓缩和后处理活动，调整为伊朗的核活动应接受何种约束和限制。在为期近两年的谈判进程中，奥巴马做出让步，使得伊朗能够保留核燃料循环体系，伊朗也展现出合作姿态，愿意接受国际原子能机构的严格限制，其他五国则尽可能平衡各方诉求，终于推动各方达成较为理想的方案。① 2015 年，各方签署《联合全面行动计划》，也就是为人们所熟知的"伊朗核协议"。

（三）全球金融危机与国际经济金融治理体系改革

在 20 世纪 70 年代布雷顿森林体系崩溃后，美国依然主导着国际金融治理体系，主要通过七国集团（G7）的多边框架发挥影响力，并多次成功应对全球性经济危机，有效维护了美国治下的国际金融秩序。1999 年，二十国集团（G20）成立，新兴国家开始更多参与国际金融治理进程。此时的二十国集团为部长级磋商性合作平台，各项议程受制于七国集团，新兴国家的发言权颇为有限。②

2008 年 9 月，美国爆发金融危机，不仅重创美国经济，而且直接威胁国际金融治理体系的稳定。危机爆发后，奥巴马迅速在国内推出刺激方案，但无力扭转局势，依靠七国集团也无法稳定国际金融市场。于是，奥巴马积极推动更广泛的国际社会共同应对危机。奥巴马先是支持二十国集团由部长级会议提升为首脑会议，力促二十国集团发挥主导作用。随后，在 2009 年的两次二十国集团首脑峰会以及多次财长和央行行长会议上，

---

① 樊吉社：《伊核问题与美国政策：历史演进与经验教训》，《西亚非洲》2020 年第 4 期，第 134 页。

② 崔志楠、邢悦：《从"G7 时代"到"G20 时代"——国际金融治理机制的变迁》，《世界经济与政治》2011 年第 1 期，第 138—140 页。

美国强调各方要维持经济刺激方案，积极推动二十国集团成员国彼此协调政策、达成共识，采取相应措施促进全球经济增长。①

奥巴马之所以乐于推动国际金融治理体制改革，根本目的在于为己纾困，继续保持美国的金融霸权地位，而不在于真正提升发展中国家的国际金融影响力。2009 年 3 月，时任中国央行行长周小川提出推进设立一种"与主权国家脱钩、并能保持币值长期稳定的国际储备货币"，奥巴马立即做出回应，"美元现在特别强劲，我认为没必要设定一种世界货币"。② 对于发展中国家要求改革国际货币基金组织份额权的呼声，奥巴马一方面做出承诺，另一方面拖延国内的改革方案审批流程，阻挠中国成为国际货币基金组织第三份额国。③ 此外，奥巴马还要求各国提高环保和劳工标准，从而削弱新兴市场的竞争力，保障美国提振出口的目标。④

奥巴马所奉行的新自由国际主义理念，以多边主义之名，行护持美国霸权之实，但美国金融霸权的时代难以避免地接近尾声。金融危机加速了国际金融治理体系转型，也促使国际社会携手应对此次挑战，新兴国家开始发挥更大作用，成为国际金融治理体系中不可缺少的重要力量。

---

① 李巍：《霸权护持：奥巴马政府的国际经济战略》，《外交评论》2013 年第 3 期，第 53 页。

② 《G20 伦敦峰会关键词：美元霸权》，搜狐新闻，2009 年 4 月 2 日，http://news.sohu.com/20090402/n263167846.shtml。

③ 《IMF 份额改革被美国延误中国成第三份额国落空》，海外网，2012 年 10 月 15 日，http://haiwai.people.com.cn/n/2012/1015/c232587-17584931-1.html。

④ 李巍：《霸权护持：奥巴马政府的国际经济战略》，《外交评论》2013 年第 3 期，第 54 页。

四、新地区主义与地区构成的世界

历史上，地区化和地区进程长期存在。20 世纪 30 年代，为应对经济大萧条，主要帝国主义国家在周边地区采取贸易保护、关税歧视等政策，保障自身经济发展。第二次世界大战之后，西欧国家发展区域合作与经济一体化，以应对两极对抗的外部压力。[①] 此类地区主义往往被称为旧地区主义，各地区间彼此分隔，为应对外部压力而内向性发展。20 世纪 80 年代中后期，全球化进程加快，地区主义掀起新浪潮。欧盟、北美、东亚成为世界上的三大地区。各地区一方面致力于推进地区制度化合作与治理，另一方面积极参与全球经济体系，新地区主义的概念应运而生。

从政治与安全的视角来看，冷战结束后，原来被两极结构和美苏对抗所压制的地区冲突开始显现出来，成为国际安全的主要威胁。在美国一家独大和帝国扩张的态势下，"地区构成的世界"成为世界秩序的重要特征。随着文化、规范和身份等社会建构主义理念进入国际关系研究进程，地区安全合作与安全共同体建设成为世界政治的重要议程。

（一）经济全球化与新地区主义

冷战后，随着信息技术革命为中心的高新技术迅猛发展，经济全球化加速，对世界政治和国际格局产生了变革性影响。经济全球化主要是指跨国商品、服务贸易和资本流动规模增加，以及技术的广泛传播所导致的各

---

① 张振江：《区域主义的新旧辨析》，《暨南学报（哲学社会科学版）》2009 年第 3 期，第 102 页。"地区主义"一词译自英文 regionalism，也有学者译为"区域主义"。——作者注

国经济相互依赖增强，世界经济越来越融为一体的过程。经济全球化推动了各国国内经济规则的趋同和国际经济机制的协调，推动了全球生产力大发展，加速了世界经济增长。但与此同时，经济全球化也加剧了国际竞争，增加了国际投机和国际金融动荡的风险，对国家经济主权、发展中国家的民族工业构成了挑战，甚至造成了发达和欠发达经济体之间、社会阶层之间的不平等和贫富分化加剧。随着经济全球化进程加速，跨国行为体和非国家行为体、自下而上的国际化和地区化进程、跨越国界的非传统安全威胁等成为世界政治研究中的重要研究对象和研究议程。正是在这样的背景下，产生了新的地区主义浪潮。

相比旧地区主义，新地区主义数量增加、范围扩大，而且主体性、综合性、开放性大幅提升。

首先，主体性显著增强。旧的地区一体化进程发生于大国争霸与对抗时期，各地区被动应对外部施压。而在新地区主义时期，各区域的主体性显著提升，不仅主动采取行动推动地区一体化进程，而且开始谋求更大的国际影响力和话语权，以"区域行为体"的形象积极参与国际事务。在欧洲、东亚、非洲等地区，具有地区特征的共有价值观和行为规则被建立起来，区域内各国彼此协调政策，推动区域及跨区域合作机制建设。

其次，合作框架更具多元性和综合性。在参与主体上，旧地区主义主要集中在欧洲共同体等西欧一体化进程，新地区主义浪潮则将全球大部分地区纳入其中，如美洲国家组织、东南亚国家联盟、非洲统一组织等。在一体化议程上，涉及多维度、多议题，不再局限于旧地区主义时期的政治和安全目标，而是广泛覆盖政治、经济、社会、环境、文化等议题。①

---

① 郑先武：《"新区域主义"的核心特征》，《国际观察》2007 年第 5 期，第 58—59 页。

最后，新地区主义还有着鲜明的开放性。旧地区主义旨在保障地区的和平与安全，因此，难以避免是排外的、封闭的，而且有着明显的南北关系分野。[①] 经济全球化模糊了原有的地区边界，促使地区合作不断扩大。欧洲、东亚等地区化进程不仅努力挖掘地区合作的潜力，而且积极向域外国家开放，许多国家同时参与多个地区合作，新的地区间合作框架也不断出现。

（二）地区构成的世界与地区治理

2005 年，卡赞斯坦出版《地区构成的世界：美国帝权中的亚洲与欧洲》一书，对冷战后美国霸权下的地区化世界做了精准的理论构建和经验叙述。[②] 卡赞斯坦指出，冷战后的美国政策对地区主义的发展起到了推动和强化的作用。为了巩固其国际领导地位，美国制定了地区议案，鼓励各地区建立对世界经济保持开放的经济区，并通过施加政治压力和建立《北美自由贸易协定》打开欧洲和亚洲市场。另外，20 世纪 90 年代，美国政策重点集中于国内事务，将国际权力下放到地区代理人手中，间接推动和强化了地区主义。没有了冷战压力和美国的监督，各国有机会改善其在地区的地位，争相参与地区化进程。随着各国边界的渗透性加强，大量地区性组织既解决经济问题，又应对安全挑战，大大推动了地区主义的发展。

冷战后的世界是美国帝权主导下的地区构成的世界。美国帝权基于物质/领土和规范/制度基础。地区可以被看作体系的基本单位，但是地区并非本质上相似的单位，它们的制度规范和身份类型各不相同。地区制度形

---

① 肖欢荣：《新地区主义的特点与成因》，《东南亚研究》2003 年第 1 期，第 61 页。

② 彼得·卡赞斯坦：《地区构成的世界：美国帝权中的亚洲与欧洲》，秦亚青、魏玲译，北京大学出版社，2007。

式的差异主要是由两个因素造成的,一是帝权国的地区政策和意图不同,二是地区主导规范的差异。二战后美国在欧洲采取了多边主义政策,为欧洲一体化的发展奠定了基础;在亚洲美国采取了双边主义政策,建立了一系列双边军事同盟,在此基础上亚洲的地区主义呈蛛网状发展,由双边关系交织而成。[1]

如果说全球化使得全球治理成为世界政治的重要内容,那么随着地区主义和地区进程的快速发展,地区治理作为地区集体应对共同威胁和解决地区问题的重要平台和手段,成为全球治理的重要构成部分和重要补充,地区经济与安全合作获得空前发展。1997—1998年亚洲金融危机后,国际货币基金组织救助不利,直接导致东亚地区国家联合自强,不仅快速启动了地区经济一体化进程,而且要谋求建立某种形式的亚洲货币基金。清迈倡议和此后的清迈倡议多边化机制就是东亚地区经济金融治理的最重要平台。地区治理的制度形式多元、多层、多样,既有基于正式制度和法律规范的地区治理,比如欧盟,也有基于对话进程和非正式安排的地区治理;比如东盟和东亚的地区安全治理。既有覆盖较大区域范围的多边进程,也有仅覆盖次区域的小多边进程,比如大湄公河次区域的环境和水资源治理。冷战后,新的地区政治和地区治理在亚太、拉美、非洲,甚至太平洋岛国,都迅速发展起来,有的地区治理合作甚至进入了较快的制度化进程。[2]

(三) 欧盟一体化进程及其挑战

冷战时期,西欧国家与美国建立起紧密的同盟关系,在安全上依赖美

---

[1] 魏玲:《地区构成的世界——卡赞斯坦的地区主义理论》,《外交评论》2006年第3期,第18—26页。

[2] 俞正梁:《区域化、区域政治与区域治理》,《国际观察》2001年第6期,第1—3页。

国的军事保护，在政治上依附于美国，其整体发展目标服务于美国的全球战略。20 世纪 60 年代后，随着经济实力增强和对美国军事依赖的下降，欧洲开始寻求摆脱美国的控制，希望以更为独立自主的姿态参与国际事务。法国更是提出"欧洲人的欧洲"，直接挑战美欧同盟关系。20 世纪 70 年代，西欧国家发起"欧洲政治合作"，以政府间合作的方式协调各国外交政策，成为欧洲在外交和安全领域进行一体化的开端，并在其后的十余年间逐渐制度化。① 冷战的结束为欧洲地区化进程带来历史性机遇。② 欧洲主要国家希望扭转欧洲"经济上的巨人，政治上的侏儒"的国际地位，呼吁欧洲应当谋求与经济实力相称的政治地位。

在国际经济治理上，欧洲加速推进金融一体化进程，为其他领域的一体化奠定基础。根据 1992 年签署并于 1993 年生效的《马斯特里赫特条约》（下文简称"马约"），欧洲共同体将促进内部资本、商品、人员和劳务流动，建立内部大市场，制定统一的货币政策，建设欧洲经济与货币联盟。③ 1992 年，欧洲爆发货币危机，更是坚定了欧共体继续推进金融一体化的决心。1999 年 1 月 1 日，欧元正式启动，2002 年，欧元现金投入流通，欧元区 12 国货币退出市场，欧元作为欧元区唯一法定货币正式登场。④

在安全事务上，各国既不再想一味依赖美国，也没有回归到冷战前的

① 陈志瑞：《试论欧盟共同外交与安全政策的"布鲁塞尔化"》，《欧洲》2001 年第 6 期，第 55—57 页。
② 赵怀普：《从"特殊关系"走向"正常关系"——战后美欧关系纵论》，《国际论坛》2006 年第 3 期，第 46 页。
③ 江涌：《金融全球化与欧盟金融一体化》，《欧洲》2002 年第 1 期，第 56 页。
④ 华民、于换军、孙伊然、陆志明：《从欧元看货币一体化的发展前景》，《世界经济》2005 年第 5 期，第 3 页。

自主状态，而是选择发展统一的、独立于北约的欧洲防务力量。① 根据"马约"，欧洲联盟取代了欧共体，发展共同的外交与安全政策成为欧盟三大支柱之一。1997 年签署并于 1999 年生效的《阿姆斯特丹条约》确立了共同外交与安全政策的整体框架。② 1999 年，欧盟科隆峰会不仅推动欧盟共同防务政策取得突破性进展，而且任命北约前任秘书长索拉纳为欧洲共同外交与安全政策高级代表，欧洲自此开始在防务政策上以"同一个声音"说话。③ 2000 年 12 月，欧盟尼斯峰会提出，欧洲联盟在共同外交与防务政策上的目标是应尽快具备行动能力。④ 2003 年伊拉克战争的爆发促使欧盟以更一致的姿态共同应对安全威胁。

在社会层面，经济与安全的一体化减少了欧盟成员国之间的矛盾，增进了欧洲人的归属感，2000 年，欧盟委员会承诺要推进"欧洲社会模式"的"现代化"，即强调欧盟成员国社会模式的共性，既保留欧洲社会生活的模式，又能与时俱进适应时代发展。⑤ 在公民身份上，欧盟定义了成员国公民在欧洲层面的社会权力，增进其对欧盟的认同，同时也不谋求取代他们对国家的认同。⑥

近十年来，欧债危机等一系列现实挑战为不断前进的欧洲一体化进程增加了阻力。在经济领域，欧债危机给欧盟带来巨大的经济压力，欧元国

---

① 刘丰：《美国霸权与欧盟自主防务——对制衡论解释的批判与思考》，《国际论坛》2007 年第 1 期，第 6 页。

② 高华：《欧盟安全和防务的不同概念辨析》，《现代国际关系》2002 年第 5 期，第 36 页。

③ 赵怀普：《从"特殊关系"走向"正常关系"——战后美欧关系纵论》，《国际论坛》2006 年第 3 期，第 47 页；高华：《欧盟安全和防务的不同概念辨析》，《现代国际关系》2002 年第 5 期，第 37 页。

④ 陈志瑞：《试论欧盟共同外交与安全政策的"布鲁塞尔化"》，《欧洲》2001 年第 6 期，第 56 页。

⑤ 田德文：《论社会层面上的欧洲认同建构》，《欧洲研究》2008 年第 1 期，第 48—49 页。

⑥ 田德文：《论社会层面上的欧洲认同建构》，《欧洲研究》2008 年第 1 期，第 51—52 页。

际货币地位被削弱。欧洲主要国家已经提出推进财政一体化，但前景仍不明朗。在安全领域，欧盟的安全困境始终存在，一方面，成员国对向欧盟让渡主权心存顾虑；另一方面，美国对于欧盟的过于独立颇为不安。[①] 英国脱欧更是削弱了欧盟的外交与防务能力。在社会认同上，难民危机加剧了成员国之间的隔阂，国家利益再次超越欧盟共同利益。虽然重重现实挑战难以解决，但欧盟背景下的欧洲已经远不同于历史上的欧洲概念，欧盟作为重要的国际行为体，在未来全球治理的各个领域仍将发挥重要作用。

（四）"东盟方式" 与东亚地区化进程

东盟作为亚洲最具成就的区域合作组织，创建了独特的"东盟方式"，在保持多样性的前提下推进协商一致，实现了和平、繁荣和地区稳定。[②] 20 世纪 90 年代初，马来西亚前总理马哈蒂尔提出地区一体化倡议，东亚合作思想开始萌发。1993—1997 年，东盟在"东亚经济论坛"框架下与中日韩开展各种非正式磋商。1997 年，为应对亚洲金融危机，东盟与中日韩领导人举行首次非正式会议，探讨深化地区经济联系。1999 年，东盟—中日韩（"10+3"）领导人会议机制化，各方表达了推进东亚一体化的政治意愿。[③] 东盟+中日韩合作框架的建立成为东亚地区合作进程的重要转折点和新起点。[④] 自此，东亚地区一体化进程打下了以中小国家主导、以问题领域为驱动的烙印。东盟是东亚合作和一体化进程的动力和核心，中日韩则

---

① 高华：《欧盟安全和防务的不同概念辨析》，《现代国际关系》2002 年第 5 期，第 36—39 页。

② 张蕴岭：《如何认识和理解东盟——包容性原则与东盟成功的经验》，《当代亚太》2015 年第 1 期，第 4、第 6—7、第 9 页。

③ 魏玲：《规范·制度·共同体——东亚合作的架构与方向》，《外交评论》2010 年第 2 期，第 72—73 页。

④ 张蕴岭：《东亚合作与中国—东盟自由贸易区的建设》，《当代亚太》2002 年第 1 期，第 6 页。

发挥重要作用,同时又接受东盟经协商一致做出的决定。①

经济一体化是东亚一体化进程中发展最为迅速的领域,并形成了各种制度既交叉重叠又彼此协调的局面。1992 年,东盟自由贸易区启动。2003 年,第九届东盟首脑会议确定了 2020 年建成"东盟经济共同体"的目标。中国—东盟自由贸易区作为"10+1"中最早建立的自贸区,不仅发展迅速,而且引领了东亚地区的经济合作。在货币金融领域,2000 年,"10+3"财长会议通过"建立双边货币互换机制"协议,即著名的清迈倡议,东亚货币互换机制就此开启。2008 年国际金融危机进一步促进了东亚地区金融合作,清迈倡议多边化。在经济合作的基础上,东亚地区一体化进程逐步发展至政治和社会等领域,增进了各国间的信任和认同,促进了地区的稳定和安全。②

东亚地区一体化在非传统安全领域实现较大突破。2003 年,非典疫情暴发,地区共有的非传统安全威胁促使各国紧密合作,并形成了围绕疫情控制的一系列制度安排。这些地区性合作框架不仅使东亚地区迅速走出疫情阴影,而且为应对禽流感等数次传染病危机奠定基础。2020 年新冠肺炎疫情暴发以来,东亚各国在原有合作基础上加强沟通协作,成为全球应对疫情的成功典范,也证明东亚地区合作抗疫模式的有效性。

东亚地区一体化进程在稳步前进的同时,也存在着挑战。东亚一体化进程本身缺乏集体安全基础,又容易受国际政治局势变动的影响。③ 在东亚地区内部,领土争端频现,双边关系直接影响地区安全合作。在外部,美国是东亚地区安全环境的关键影响因素。无论是克林顿的亚洲架构五原

① 秦亚青:《东亚共同体建设进程和美国的作用》,《外交评论》2005 年第 6 期,第 27 页。
② 张蕴岭:《东亚地区合作的进程及前瞻》,《求是》2002 年第 24 期,第 56 页。
③ 魏玲:《东亚地区化:困惑与前程》,《外交评论》2010 年第 6 期,第 31 页。

则、奥巴马的"亚太再平衡"战略，抑或特朗普的"印太战略"，都给东亚地区合作增添诸多变数。南海等议题也因美国的外部干预而被放大。但危中有机，在东亚各国的共同努力下，新的挑战将有可能转化为东亚地区一体化进程的动力。

五、多元文明与世界政治

冷战后，文明和文化作为重要研究内容进入国际政治领域，引起广泛关注。1993 年，美国学者亨廷顿在《外交》季刊发表《文明的冲突？》一文，1996 年他又出版了专著《文明的冲突与世界秩序的重建》，由此带动文明政治在全球引起热议。亨廷顿提出的"文明冲突论"成为继乔治·凯南的"遏制"思想之后最具争议的国际关系理论。

（一）文明冲突与世界秩序重建

在苏联解体、冷战结束后，亨廷顿描绘了一幅以文明为政治单位的世界版图。亨廷顿的主要观点是：冷战后世界已经成为一个多极和多文明的世界；文明之间的权力均势正在发生变化，西方文明走低、亚洲文明复兴、伊斯兰文明力量上升；文明间冲突是未来国际政治冲突的主要形式，在地区或微观层次上表现为文明断层线上的冲突，在全球层次上表现为主要文明核心国家之间的冲突。[①]"文明冲突论"引发全球大讨论，批判性的观点居多，认为该理论是西方中心主义，将文明实体化了，其文明划分体

---

① Samuel Huntingdon, "The Clash of Civilizations?" *Foreign Affairs* 72, no. 3 (1993): 22–49；塞缪尔·亨廷顿：《文明的冲突与世界秩序的重建》，周琪等译，新华出版社，2002。

现出地缘政治色彩和冷战思维，而且文明冲突的经验证据不具备说服力。尽管如此，"文明冲突论"所引发的关于文明与国际秩序的讨论也具有积极的意义。首先，"文明冲突论"推动建设了国际关系的文明研究范式；其次，"文明冲突论"承认了文明的多元共存；最后，亨廷顿指出"建立在多文明基础上的国际秩序是防止世界大战的最可靠保障"，[①] 具有积极意义。

　　向发展中国家渗透美式意识形态，是后冷战时代美国全球战略的重要内容和塑造新型世界秩序的重要抓手。"9·11"恐怖袭击的爆发，似乎印证了亨廷顿的预言。美国相信，只有消灭文明间的差异，才能确保西方文明的安全，开始以更大动作向伊斯兰世界移植自由民主理念。小布什政府拟订了所谓"大中东计划"，向整个大中东地区推行美式民主，推行政治、经济、社会、文化等一系列变革。[②] 2003 年，小布什在向美国商会全国民主捐赠基金会成立 20 周年纪念大会的讲话中提出"中东自由前瞻战略"，"西方国家迁就和适应中东缺乏民主的做法并未带来安全……只要中东依旧缺乏民主，它就仍然是一个输出落后、怨愤和暴力的地区"。[③] 2006 年 3 月的美国《国家安全战略报告》提出，"美国的政策是寻求和支持每一种民族和文化中的民主运动和机制"。[④] 美国一方面通过援助削弱中东各国的中央政府，如援助社会改革项目对中东国家进行分权改革实验，资助民间开展反政府抗议活动；另一方面则积极培育反政府力量，如将非政府组织

---

　　① 塞缪尔·亨廷顿：《文明的冲突与世界秩序的重建》，周琪等译，新华出版社，2002，第 372 页。

　　② 陶文钊：《布什政府的中东政策研究》，《美国研究》2008 年第 4 期，第 15 页。"大中东"是一个充满争议的地理称谓，这里所指的大中东大致相当于联合国所称的"西亚"，即地中海东部沿岸国家和海湾国家，还包括巴基斯坦和阿富汗。——作者注

　　③ 陶文钊：《布什政府的中东政策研究》，《美国研究》2008 年第 4 期，第 15 页；王震：《"阿拉伯之春"与西方意识形态渗透》，《现代国际关系》2012 年第 6 期，第 15 页。

　　④ 陶文钊：《布什政府的中东政策研究》，《美国研究》2008 年第 4 期，第 14 页。

作为意识形态渗透工具，并借助文化交流项目向阿拉伯世界青年和文化精英灌输西方文化和政治理念。① 2011 年，"阿拉伯之春"爆发，并成为欧洲难民危机的直接根源。美国采取的一系列举措不仅没有消除西方文明与伊斯兰文明之间的冲突，反而加剧了彼此的敌对。文明间的冲突在亨廷顿的渲染下成为一个自我实现的预言。

（二）文明分治与层次国际社会

文明分治是英国学派的重要学者巴里·布赞提出来的。英国学派的核心研究议程是国际社会，其文明讨论主要围绕国际社会展开。首先，国际社会的形成是否需要共同文化基础？布尔强调，未来国际社会取决于世界性文化的发展，即共同思想传统、理念和价值观；西方主流文化将在未来世界文化及其支撑的国际社会中具有优势地位。② 其次，国际社会从西方扩展到全球是否意味着共同文化的缺失？布尔指出，国际社会的扩展就是非欧洲国家接受欧洲国际社会规则与制度的过程。③ 最后，维护国际社会的秩序与正义需要怎样的文明标准？"文明标准"是在 1905 年作为法律原则在国际法中出现的，包括基本权利、官僚制度、国际法、国际义务和国际规范五个要素。④ 20 世纪末至 21 世纪初，约翰·文森特等英国学派学者

---

① 王震：《"阿拉伯之春"与西方意识形态渗透》，《现代国际关系》2012 年第 6 期，第 15—16 页。

② 赫德利·布尔：《无政府社会：世界政治秩序研究》（第二版），张小明译，世界知识出版社，2003，第 12—13、第 254 页。

③ Hedley Bull and Adam Watson (eds.), *The Expansion of International Society* (Oxford: Clarendon Press, 1984), pp. 1-9, 435.

④ Gerrit W. Gong, *The Standard of Civilization in International Society* (Oxford: Clarendon Press, 1984), pp. 14-15.

明确提出了以民主和人权为关键要素的"新文明标准"。[①]

秦亚青将英国学派的国际社会观总结为先进社会观、统合社会观和层次社会观。先进社会观认为,西方国际社会的扩展是单向的;随着西方国际社会规范、价值和制度的发展,西方国际社会扩大,进而覆盖全球,成为全球国际社会。统合社会观认为各种文明与文化必然相遇,因此,西方国际社会的扩展必须解决各种文明、文化、价值观和制度等方面不一致、不协调的问题。统合社会观与先进社会观一样,也认为国际社会应该基于同一个扩展了的文化、具有统一的形态模式。层次社会观是在全球和地区两个层面考虑国际社会的形成和发展。以布赞为代表的这一派学者认为,由于全球各地和各种文明之间理念和意识形态差异巨大,要在全球层面形成统一的国际社会和文化形态是非常困难的,难以融为一体;不同地区形成不同的国际社会,不同文明管辖不同的地区,可能是更为现实的选择。[②]比如,布赞提出,因为东亚各国价值观、文化和社会制度更为相近,所以可以形成一个东亚国际社会,中国在这个地区层次的国际社会更容易发挥作用。但是,东亚国际社会和西欧国际社会是不同的,是难以融合的。中国崛起后最为可行的国际秩序是文明分治,东亚文明管辖东亚,欧洲文明管辖欧洲。[③]

(三)多元融合与全球协调共存

卡赞斯坦等社会建构主义学者更多秉持文明融合的观点。冷战后,他

[①] 张小明:《国际关系英国学派——历史、理论与中国观》,人民出版社,2010,第98—99、第260页。

[②] 秦亚青:《全球治理:多元世界的秩序重建》,世界知识出版社,2019,第109—110页。

[③] Barry Buzan, "China in International Society: Is 'Peaceful Rise' Possible?" *Chinese Journal of International Politics* 3, no. 1 (2010): 29-33.

开始关注国家安全的文化、亚洲和欧洲的地区文化与地区主义进程，以及世界政治中的文明问题。2010 年，他主编《世界政治中的文明：多元多维的视角》一书，针对亨廷顿的文明冲突论，系统提出了多元文明交流融合的观点。首先，文明具有内在多元性，是由多种行为体、多种传统和多种实践塑造的松散的文化集合，其边界是流动的、多孔的。其次，多元多维文明共存于当今世界，共处于一个全球现代性的大背景之下，即以个人主义、多样性、普适主义和松散的道德价值共识为特征的"现代文明"。最后，文明构成弱制度化的社会秩序，文明之间接触与互动的结果是开放的，可能会发生冲突也可能会和谐共存，文明研究就是要找到导致各种不同结果的相应条件。①

首先，多元融合的文明观承认文明是多元的，多元指的是在世界的文明结构中，存在不同的文明单位，它们的经历不同、实践活动不同，因此形态也就不同。其次，多元融合的文明观认为，文明之间是可以沟通交流、协调合作的，是可以融合的。卡赞斯坦提出，文明之间是互予互取的关系，各种文明的交流会构成一个"吸收融合的世界：本土文化有选择地吸收外来文化，其规范与实践则因此而发生变化……这是一种欲予欲取的文明进程，即信息、思想、价值、规范、认同等文化资源的交流吸收"。②最后，卡赞斯坦还强调，文明内部是多维的，同一个文明也具有各种不同的传统，也是不同群体互动的过程。比如，在中国和美国文明的内部都存在差异和竞争。多元融合论否认了多个文明必然冲突的结构冲突论，反对文明优越论，强调文明的多元多维与开放，以及文明之间沟通、协调与合

---

① 彼得·卡赞斯坦主编《世界政治中的文明：多元多维的视角》，秦亚青等译，上海人民出版社，2018。

② 彼得·卡赞斯坦：《多元与多维文明构成的世界》，《世界经济与政治》2010 年第 11 期，第 45—53 页。

作的可能。①

冷战结束后，综合国力持续上升的中国，积极推动文明交流互鉴。2005年4月，时任中国国家主席胡锦涛在参加雅加达亚非峰会时提出，亚非国家应"推动不同文明友好相处、平等对话、发展繁荣，共同构建一个和谐世界"。② 同年9月，胡锦涛在联合国成立60周年首脑会议上全面阐述了"建设持久和平、共同繁荣"的和谐世界理念，为世界各文明的相处之道提供了新的方向和方案。和谐世界理念强调尊重世界多样性、加强不同文明对话交流，主张不同文明相互借鉴而不是刻意排斥，在求同存异中共同发展。③ 2014年3月27日，中国国家主席习近平在巴黎联合国教科文组织总部发表演讲，指出"文明交流互鉴不应该以独尊某一种文明或者贬损某一种文明为前提"，"各种人类文明在价值上是平等的，都各有千秋，也各有不足"，"只要秉持包容精神，就不存在什么'文明冲突'，就可以实现文明和谐"。④ 2019年5月15日，亚洲文明对话大会在北京召开，亚洲47个国家以及域外其他国家的政府官员和代表共计2000余人参会。习近平在亚洲文明对话大会开幕式上发表主旨演讲，指出"文明因多样而交流，因交流而互鉴，因互鉴而发展"，"夯实共建亚洲命运共同体、人类命运共同体的人文基础，离不开不同国家、不同民族、不同文化的交流互

---

① 秦亚青：《全球治理：多元世界的秩序重建》，世界知识出版社，2019，第110—111页。

② 《和谐世界：共赢发展的中国贡献——十六大以来重大战略述评之十二》，《人民日报》，2012年11月4日，http://politics.people.com.cn/n/2012/1104/c1001-19489040.html。

③ 《和谐世界思想：中国外交理论的新境界》，中国文明网，2011年7月5日，http://www.wenming.cn/ll_pd/lldt/201107/t20110705_235628.shtml。

④ 《习近平在联合国教科文组织总部的演讲》，新华网，2019年4月30日，http://m.cyol.com/xwzt/2019-04/30/content_18005876.htm。

鉴"。① 从和谐世界到人类命运共同体，中国有关世界多元文明和谐共存、共同发展的观点，既符合中国的发展利益，也符合世界政治发展的潮流。

六、中国、全球南方与秩序重构

冷战结束以来，尽管国际体系基本维持着一超的格局，但是国际力量的对比已经发生了重大变化。美国霸权相对衰落，中国迅速崛起，欧洲成为国际规范塑造的重要力量，新兴大国和全球南方整体地位上升。随着美国世界秩序的终结，后西方时代已经开启。②

（一）从单极时刻到复合秩序

1991 年初，随着美国将伊拉克占领军赶出科威特，"单极时刻"的说法开始流行。③ 在后冷战时代，"单极时刻"的提法在学术界引起了争论。首先，"单极"是现实还是幻想？其次，如果说这是美国的单极"时刻"而非"时代"，那么"单极"究竟能维持多久？其稳定性如何？有学者将"单极"界定为"在权力的所有潜在要素领域，包括经济、军事、科技和地缘政治，都拥有决定性优势"的一种态势。④ 这个定义中的关键词是

---

① 《习近平提出文明交流互鉴的"中国方案"》，新华网，2019 年 5 月 16 日，http://www.xinhuanet.com/politics/xxjxs/2019-05/16/c_1124502802.htm。

② 阿米塔·阿查亚：《美国世界秩序的终结》，袁正清、肖莹莹译，上海人民出版社，2016；奥利弗·施廷克尔：《中国之治终结西方时代》，宋伟译，中国友谊出版公司，2017。

③ "单极时刻"是克劳萨默首先提出的，参见 Charles Krauthammer, "The Unipolar Moment," *Foreign Affairs* 70, no. 1 (990/1991), pp. 23-33。

④ Christopher Layne, "The Unipolar Illusion: Why New Great Powers Will Rise," *International Security* 17, no. 4 (1993), p. 7.

“决定性优势”。美国可能在相当长的时间里能够保持在军事领域的决定性优势，但是超级军事力量并不能自动转化为地缘政治影响力。2003年美国单方面发动伊拉克战争，引发了全球反美主义浪潮；特朗普的“美国优先”极大损害了美国的信誉和国际影响力。在经济领域，按照购买力平价计算，中国的经济总量甚至已经超过了美国。所以，即便单极时刻真的存在，也比人们假定和想象的更为短暂、脆弱和不稳定。[1]

关于“单极时刻”的理念实际上只是“单极幻想”或“单极稳定论”，是建立在物质结构主义秩序观假定之上的。“极”的提法往往只关注到国际的物质权力在大国之间的分配状况，而忽视了国内政治、国际机制和规范力量对于国际和平与稳定的影响和塑造。而且结构主义的稳定论将和平等同于没有爆发系统性的战争或极化的大国之间没有爆发战争，而完全忽视了国内和地区冲突、对发展中国家的干涉行动或反恐战争等。另外，结构主义秩序观是建立在欧洲经验基础上的，是欧洲和西方中心主义的。结构主义的秩序观因此认为，单极时刻的结束就意味着世界的动荡和失序。[2]

阿查亚则指出，当今世界呈现出前所未有的发展态势，处于不同地理区域的多个国家同时崛起，并不断进行常规性复杂互动；这是一个复合的世界，单极时刻消失后，世界并不会失序，而是有可能出现两种世界秩序，一是全球协调秩序，二是地区世界秩序。全球协调秩序论认为大国在管理国际秩序方面负有特殊责任，美国与新兴大国共享权力与权威是这一秩序模式的重要内容。地区世界秩序论认为，多样的地区秩序成为世界秩

---

① 阿米塔·阿查亚：《美国世界秩序的终结》，袁正清、肖莹莹译，上海人民出版社，2016，第21—23页。

② 同上书，第24—31页。

序的重要基础和构成部分，与以往不同的是，地区秩序不再像过去一样服务于美国的权力和目的，而是更多反映地区行为体的身份和利益。未来世界秩序可能是全球协调（秩序）和地区世界（秩序）的复合体，是政治和经济的相互联系和制度安排构建的、基于多元文化的政治秩序。①

（二）中国和平崛起与大国战略竞争

中国和平崛起是后冷战时代对国际体系和世界政治影响最为重大的事件之一。始于 20 世纪 70 年代末的改革开放，使中国开启了长达 40 多年的高速经济增长，现代化建设取得举世瞩目的成就，综合国力极大增强，国际地位显著提高，中国成为国际体系的积极参与者、建设者、贡献者，同时也是受益者。2008 年全球金融危机后，中国经济率先强劲复苏并继续保持高速增长；同年，中国成为全球经济金融治理的主要平台——二十国集团峰会的重要成员，进入全球治理核心；2010 年，中国超越日本成为世界第二大经济体；2013 年，中国提出共建"一带一路"倡议和构建人类命运共同体的愿景；2015 年，中国出台制造强国的战略文件《中国制造 2025》（国家行动纲领），中国倡议的亚洲基础设施投资银行正式成立；2021 年，中国宣布完成了全面消除绝对贫困的艰巨任务。中国从富起来走向强起来，从地区大国成长为世界大国，走近世界舞台中央。

中国是后冷战国际格局中的重要影响因素。在快速崛起中，中国如何确定自己在国际体系中的定位，如何把握与其他国际行为体，包括主要大国和周边国家的互动，如何在多边和双边两个层面上处理好竞争与合作的关系，维护和不断创造能够推动持续发展的战略机遇，关系到中国自身的

---

① 阿米塔·阿查亚：《美国世界秩序的终结》，袁正清、肖莹莹译，上海人民出版社，2016，第 167—181 页。

前途和命运，也关系到国际体系和秩序的演变。后冷战时代，中国的身份定位具有以下三个鲜明特征：第一，中国是新兴的发展中国家。虽然中国经济总量仅次于美国，但从人均 GDP、发展质量和国内的地区间发展差距来看，中国仍然是一个发展中国家。这意味着，发展仍然是硬道理，发展也必须通过对外开放、积极参与世界经济进程、寻求地区和国际合作来实现。冷战后中国国际地位的持续提高是坚持改革开放、坚持以经济发展为中心这一战略选择的结果。在今后较长的一个历史时期里，维护和创造有利于发展的战略机遇将依然是中国参与国际体系互动的宗旨。第二，中国是维护国际体系和平与稳定的体系内国家。冷战后，中国实现了从体系外国家到体系内国家的身份重塑。中国全面参与国际组织和全球治理，展现了合作意愿，采取了合作行动，增进了对国际社会的认同。中国对于国际体系的稳定与繁荣发挥着越来越大的作用，成为国际体系中具有重要影响力的成员。第三，中国是国际体系中负责任的大国。负责任就是坚持正确义利观、承担与大国实力相应的国际责任。[1] 1997 年亚洲金融危机，中国坚持人民币不贬值，维护地区金融稳定。在环境保护、气候变化、打击跨国犯罪等诸多非传统安全领域，中国全面参与国际合作。冷战后中国开始参与联合国维和行动，成为联合国第二大维和摊款国和会费国，安理会常任理事国第一大出兵国。30 年来，中国军队认真践行《联合国宪章》宗旨和原则，先后参加 25 项联合国维和行动，累计派出维和官兵 4 万余人次。[2]

冷战后，以中国为代表的新兴大国崛起，引起了美国的关注。2008

---

① 秦亚青：《全球治理：多元世界的秩序重建》，世界知识出版社，2019，第 91—95 页。

② 中国国务院新闻办公室：《中国军队参加联合国维和行动 30 年》白皮书，2020 年 9 月，http://www.gov.cn/zhengce/2020-09/18/content_5544398.htm。

年，全球金融危机之后，中国崛起态势使美国感受到了越来越大的战略压力。尤其在东亚地区，美国认为中国越来越强势，地区安全秩序的张力越来越大，威胁到基于规则的国际秩序和美国自由霸权。奥巴马政府决定进行全球战略调整，从反恐战争中抽身，在中东地区进行战略收缩，宣布重返亚洲，将全球战略和经济的重心转移到亚太地区。在奥巴马的第一个任期，主要是强化对亚太地区的接触，一方面在经济和军事上重返亚太，另一方面调整了美国在亚太的同盟关系，推动盟友承担更多安全责任。在奥巴马的第二个任期，尤其是其执政后期，则更加重视构建所谓的"基于规则"的亚太安全网络和安全秩序。通过美国与盟友和战略伙伴的三边合作、亚太各国的双边和三边机制，以及东盟地区论坛和东盟防长扩大会议等多边安全机制，推进亚太安全架构的网络化，确保美国的地区安全主导地位。① 2017 年底以后，美国出台了《国家安全战略》和《国家防务战略》等一系列战略文件，其主旨非常明确：国际社会进入了大国战略竞争时代。美国将与中国和俄罗斯展开战略竞争。此后，美国一方面强化在南海的军事存在，一方面挑起中美经贸冲突，还通过台湾问题向中国施压。有学者和观察家认为，中美难以逃脱修昔底德陷阱，注定一战；有人预测，中美将把世界带入新冷战。在特朗普时期，美国政策界经过大辩论后形成对华战略共识，认为美国对华接触战略和政策已经失败，大国战略竞争时代已经到来，中国已成为美国最主要的威胁。基于上述判断，特朗普时期的美国国家安全战略奉行美国优先，重塑"印太"、中东和欧洲的地缘政治。②

---

① 左希迎：《美国国家安全战略的转变》，中国社会科学出版社，2020，第106—123页。
② 同上书，第139—177页。

七、结语：后冷战时代的变局与破局

冷战结束以来的 30 年，国际格局经历了人们此前未曾预料到的深刻复杂的变化，国际体系和世界秩序在破与立的纠缠中向前发展。回望过去，"历史终结"成为神话，单极时刻开启的美国世界秩序已然终结。从国际体系结构上看，美国相对实力衰落，从单极秩序发展到一超多强，进而朝向多极和多元秩序演进，中国、欧盟和新兴经济体等多个国家、地区和国际行为体成为体系结构中的重要单位。从国际进程来看，全球化、国际化和地区化加速发展，逆全球化、民粹主义和保守主义思潮在全球金融危机后抬头，全球治理与国际合作需求增大，而大国战略竞争和地区安全张力加剧。从国际体系的理念基础来看，自由资本主义受到质疑，西方中心主义遭遇挑战，地方知识随着全球南方的兴起进入主流学界视野，多元文明和多元普适主义成为塑造未来世界秩序规则的基本价值取向。

中国和平崛起是后冷战时代国际格局中最大的变局。2018 年，中国领导人提出"我国处于近代以来最好的发展时期，世界处于百年未有之大变局"的重要论断，① 揭示了中国之变与世界之变的重大关联。随着中国朝着实现中华民族伟大复兴的中国梦接续奋斗，可以预见，国际格局和世界秩序也将经历更为重大的深层次变化。

---

① 侯丽军、白洁、郑明达：《服务民族复兴、促进人类进步——习近平总书记在中央外事工作会议上的重要讲话引起热烈反响》，新华社北京 2018 年 6 月 23 日电，中国政府网，http://www.gov.cn/xinwen/2018-06/24/content_5300831.htm。

战后世界经济格局的演变及新特点

张松　　沈铭辉[*]

工业革命改变了人类经济、社会发展的历史进程。工业革命起步于18世纪中后期的英国，以瓦特蒸汽机的发明及其在工业中的使用为标志，进而法国、美国、德国、日本等资本主义国家相继开始了自己的工业革命。资本和财富开始呈暴发式增长，一个世纪的时间里创造的财富比过去几千年人类创造的财富总和还要多，启动工业革命的国家人民生活水平也有了显著的改善。根据经济史学家安格斯·麦迪逊（Angus Maddison）的测算，从1820年到2000年，世界平均收入每年增长大约1.2%，人们的生活水平有了较大的改善。[①] 与此同时，世界经济格局也发生了较大的变化：首先进行工业化的国家实现了较快的经济增长率，成为当时的"富国"，而那些没有实现工业化的国家，仍然保持着低增长率，甚至停滞不前。世界最富裕国家与最贫困国家的平均收入之比，从1820年的大约2∶1上升到1950年的大约13∶1，[②] 至此，西方工业化国家和世界其余发展中国家形成了

---

　　* 张松，中国社会科学院亚太与全球战略研究院助理研究员；沈铭辉，中国社会科学院亚太与全球战略研究院研究员。

　　① 数据来源：Angus Maddison（1926—2010），http://www.ggdc.net/MADDISON/oriindex.htm。

　　② 同上。

"分流"。这一时期，工业化国家持续进行殖民扩张，整个世界版图被西方列强所瓜分。形成了"少数工业化国家+殖民落后国家"的世界格局。

第二次世界大战以后，世界经济飞速发展，工业化国家的经济得到新的发展，是推动世界经济增长的主要动力，在世界经济中占有最大的份额。但是，随着发展中国家加入世界经济体系，实施发展导向的经济政策，利用比较优势实施赶超战略，出现一大批具有发展活力的新兴经济体。如今，世界经济已不再由少数几个西方发达国家所主导，新兴经济体和发展中国家所占份额大幅度提升，经济格局发生重要转变。

一、战后世界经济格局的转变

第二次世界大战后，得益于完成了两次工业革命，以及其地理位置远离欧亚主战场，美国取代英国成为世界头号强国。为了防止战争悲剧重演、规划战后世界秩序，有识之士们主张建立有效机制稳定世界经济。1944 年 7 月，44 个国家的代表在美国新罕布什尔州布雷顿森林会晤，确立了以美元为中心、美元和黄金挂钩、各国货币和美元挂钩的国际货币体系，即布雷顿森林体系（Bretton Woods System）。布雷顿森林体系建立了国际货币基金组织（International Monetary Fund）和世界银行（Word Bank）两大国际金融机构。前者负责向成员提供短期资金借贷，目的是保障国际货币体系的稳定；后者提供中长期信贷来促进成员经济复苏。为了解决复杂的国际经济问题，特别是制定国际贸易政策、减少贸易壁垒，作为对1944 年布雷顿森林会议的补充，美国等 23 个国家于 1947 年在瑞士日内瓦签订了《关税和贸易总协定》（GATT，即世界贸易组织的前身，以下简称

"关贸总协定")。布雷顿森林体系的建立，反映了战后美国的超级实力，确立了美国的霸主地位。1945 年，美国的国内生产总值（GDP）占世界的 1/2 左右；到 1950 年欧洲大陆经济得到恢复之时，美国 GDP 仍占世界的 27%。[①]

布雷顿森林体系以及其后通过的一系列协定，构成了以美国为首的西方发达经济体在战后世界经济秩序的核心内容。为了与西方对抗，社会主义阵营在苏联的领导下也有组织地加强了国际合作，但其规模有限，难以在国际经济政治事务中发挥影响。这一时期产生的组织和规则（见表 1）将世界经济进程纳入了制度化框架之中，使世界经济得到快速复兴。

表 1　战后重要国际经济组织及协议制度框架

国际经济组织及协议	形成时间	创始成员	性质
世界银行	1945 年 12 月	美、英等国	国际金融组织
国际货币基金组织	1945 年 12 月	美、英等 29 国	国际金融组织
关贸总协定（GATT）	1947 年 10 月	美、英、中等 23 国	多边国际协定
经济互助委员会	1949 年 1 月	苏联、保加利亚等 6 国	国际政治经济合作组织

资料来源：作者整理。

（一）世界经济格局的多极化

20 世纪六七十年代，美国深陷越南战争的泥潭，财政赤字巨大，国际收入情况恶化，美元的信誉受到冲击，爆发了多次美元危机，最终导致布雷顿森林体系崩溃。雪上加霜的是，20 世纪 70 年代，由欧佩克引发的石油危机对西方资本主义经济造成了沉重的打击。美国的工业生产下降了 14%，日本的工业生产下降了 20% 以上，所有的工业化国家的经济增长都

---

① 数据来源：世界银行。

明显放慢。美国和依赖石油的主要工业国家出现了高通货膨胀和高失业率并存的现象，即宏观经济学里称为"滞胀"的局面，传统的能够解释失业和通货膨胀关系的菲利普斯曲线失效。

在此背景下，理论界和政策界都需要寻找新的方法来解决这一危机。在理论方面，由以罗伯特·卢卡斯（Robert E. Lucas, Jr.）为代表的理性预期学派取代了凯恩斯主义宏观经济学，将理性预期引入经济学的分析框架。在政策方面，为了避免20世纪30年代大萧条重演，各国领导人都在寻找平息危机的出路。1975年11月，为共同研究世界经济形势、协调各国政策及重振西方经济，美、日、德、法、意、日六国领导人在法国举行了首次最高级经济会议。次年6月，六国领导人在波多黎各首府圣胡安举行第二次会议，加拿大应邀与会，形成七国集团。七国会议每年一次轮流在各成员召开，七国集团峰会宣告诞生。七国集团取代以美国为中心的国际治理机制反映了美国在发达国家中霸主地位的衰落，这源于战后欧洲和日本的迅速复兴。例如，按市场汇率计算，1972年日本超过德国成为全球第二大经济体，[①] 加速了美日竞争；欧洲共同体向欧盟的发展，也加速了美欧竞争。

七国集团无论是在经济力量、政治影响力上，还是在社会先进程度方面在当时都处在世界最前列（1976年刚成立时，七国集团的 GDP 占全球的比例高达62%），因此，七国首脑会议无论是就发达国家之间的关系进行的协调，还是就与发展中国家关系的协调，都对全球产生重要影响。然而，世界上最为发达的七个国家首脑会议作为一个封闭的俱乐部，其各种活动和采取的相关措施主要是为了维护自身的国家利益，而不是为发

---

① 日本在1968年取代西德成为资本主义世界第二大经济体。——作者注

展中国家和全球利益服务的。但是，随着经济全球化在第二次世界大战之后的深入发展，世界各国相互依赖加深，各种问题的全球性凸显，全世界日渐成了"地球村"，七国在世界体系中主导性的影响力，决定着它们相互之间矛盾和与其他国家间矛盾的协调，客观上有利于整个世界秩序的稳定和发展。1997年东南亚爆发了金融危机，它是20世纪末最严峻的一场金融危机。在这一金融危机的过程中，无论是全球性机制国际货币基金组织，还是地区性的协调机制亚太经济合作组织（APEC），都没能很好地发挥作用，充分暴露出了七国集团治理下的全球经济治理体系的弊端。发达国家发现，此后再也无法将新兴经济体以及发展中国家排除在外了，全球治理体系出现了一系列变化。首先，俄罗斯于1991年起参与七国集团峰会的部分会议，并于1997年被接纳成为成员，七国集团正式成为八国集团（G8）。与此同时，为防止类似亚洲金融危机的重演，让有关国家就国际经济、货币政策举行非正式对话，以利于国际金融和货币体系的稳定，1999年12月，二十国集团（G20）创始会议在德国柏林举行。二十国集团会议当时只是由各国财长和各国中央银行行长参加，自2008年由美国引发的全球金融危机使得金融体系成为全球的焦点，开启了二十国集团首脑会议，扩大各国的发言权，这取代之前的八国首脑会议和二十国集团财长会议。第一届二十国集团峰会于2008年11月在美国首都华盛顿举行，由原八国集团以及其余十二个重要经济体组成（阿根廷、澳大利亚、巴西、加拿大、中国、法国、德国、印度、印度尼西亚、意大利、日本、韩国、墨西哥、俄罗斯、沙特阿拉伯、南非、土耳其、英国、美国以及欧盟）。

二十国集团峰会的宗旨是促进工业化国家和新兴市场国家就国际经济、货币政策和金融体系的重要问题开展富有建设性和开放性的对话，并通过对话，为有关实质问题的讨论和协商奠定广泛基础，以寻求合作并推动国际金融体制的改革，加强国际金融体系架构，促进经济的稳定和持续增长。按照惯例，国际货币基金组织与世界银行等国际发展机构会列席该组织的会议。二十国集团成员涵盖面广、代表性强，人口占全球人口的67%，地区面积占全球的60%，国内生产总值占全球的90%，贸易额占全球的80%，构成兼顾了发达国家和发展中国家以及不同地域利益平衡。[1]

2008 年由美国引爆的金融危机使世界经济遭受重创，二十国集团部长级会议全面升级为首脑会议，来协调和应对此次危机。在 2009 年及 2010年，甚至每年举行两次二十国集团峰会，这足以说明此次全球金融危机引发全球治理体系变革的紧迫性。此后，二十国集团全面取代八国集团，全球治理开始从"西方治理"向"西方和非西方共同治理"转变。

二十国集团峰会给危机中的国际经济体系注入了合作的动力，填补了传统机制不能应对国际结构变迁所带来的制度空白，并且在应对危机中表现出相当大的功效。作为一个没有霸权国支撑、承认多元力量的国际机制，二十国集团的成功对国际制度的完善提供了有益的启示。二十国集团之所以能够取代七国集团成为应对国际金融危机的全球经济治理平台，主要源于该机制适应了国际经济权力结构的变迁，正式承认了新兴国家在国际金融治理中的制度地位。[2]

（二）多元世界经济格局的形成

自二战结束以来，美国一直雄踞世界第一的经济霸主地位，但是整个

---

① 作者根据 2018 年世界银行数据计算所得。
② 崔志楠、邢悦：《从"G7 时代"到"G20 时代"——国际金融治理机制的变迁》，《世界经济与政治》2011 年第 1 期。

世界经济结构格局在不断变化。按市场汇率计算，1972 年，日本超过德国成为全球第二大经济体；2010 年，中国取代日本成为全球第二大经济体。①根据世界银行发布的数据，2015 年全球 GDP 总量达 74 万亿美元。其中，中国 GDP 占全球的比例为 14.84%，排名第二；排名第三、第四的国家分别是日本和德国，占比为 5.91% 和 4.54%。从地理位置来看，当前亚洲的经济总量已经超越欧美，处于领先地位，占全球 GDP 的 33.84%。亚洲的崛起除了日本做出的贡献，主要还在于过去半个多世纪亚洲四小龙②和中国大陆经济的飞速发展。目前亚洲的重心在东亚，中国、日本和韩国的GDP 之和几乎与美国一样多，"东亚奇迹"功不可没。排名第二、第三的区域是北美洲和欧洲，GDP 分别占比 27.95%、21.37%。这一区域主要由老牌工业化国家所组成，经济格局相对稳定。受困于中等收入陷阱和贫困陷阱，南美洲和非洲的经济总量仍然相对较低。南美洲四大经济体中，巴西、阿根廷、委内瑞拉和哥伦比亚的 GDP 之和仅占全球 GDP 的 4% 左右；而非洲的三大经济体南非、埃及和尼日利亚的 GDP 之和只占 1.52%。

世界银行的数据表明，相比于 21 世纪，老牌工业化国家经济体量占全球的份额正在减少。例如，七国集团的 GDP 占比从成立之初的 62% 下降到 2015 年的 46.43%。而以金砖五国为代表的新兴经济体、欠发达的发展中经济体以及亚非拉经济体的经济体量日益增加，正在改写过去一直由欧美发达国家主导的世界经济版图。

---

① 如果按购买力平价（PPP）衡量的 GDP，中国在 2013 年就已经超过美国，成为世界第一；2019 年，中国占全球 GDP 的比例为 17.33%，美国占 15.82%。

② 亚洲四小龙指中国香港、中国台湾、新加坡和韩国。它们在 19 世纪 60 年代至 90 年代实现了快速工业化，通过出口导向性战略实现了持续性的高增长（年均超过 7% 的增长率）成功实现了用较短时间从落后国家（和地区）迅速成为新兴工业国（和地区），跨入发达国家（和地区）的门槛，堪称世界经济发展史上的"奇迹"。

二战结束以来，不同国家的经济绩效呈现出广泛的多样性。一些国家经济增长迅速并伴随着居民生活水平的极大提高，而另一些国家却增长缓慢甚至根本没有增长，以至于跌入"中等收入陷阱"甚至"贫困陷阱"。例如，若干东亚国家（地区）在仅仅30年中从贫穷跻身于相对繁荣的国家（地区）行列，创造出"东亚奇迹"；而有一些非洲国家仍然深陷贫困，丝毫没有可持续增长和发展的迹象，其绝大多数居民还处在绝对贫困的水平之下。

表2　20世纪70时代以来世界不同地区人均国内生产总值的增长率

单位：%/年

地区	20世纪70年代	20世纪80年代	20世纪90年代	21世纪头10年
东亚和太平洋	5.0	6.4	6.1	8.6
欧洲和中亚	4.4	1.5	-2.9	5.7
拉美和加勒比地区	3.0	-0.3	1.7	2.5
中东和北非	3.0	-1.1	0.8	2.9
南亚	1.2	3.5	3.8	5.7
撒哈拉以南非洲地区	1.1	-1.2	-0.2	2.6
高收入国家	2.4	2.5	1.8	1.3

资料来源：World Bank, *World Development Report 1995* (New York: Oxford University Press, 1995)；World Bank, *World Development Report 2000/2001* (New York: Oxford University Press, 2001)；World Bank, *World Development Report 2011* (Washington, DC: World Bank, 2011)。

注：表中的增长率是以1995年的美元价格指数为基础计算的，其数值为世界银行每10年在不同地区测量的GDP增长和人口增长的差值。

经济增长是发展过程中的关键，没有经济增长，就不可能有经济的可持续发展和贫困的减少。表2展示了不同地区过去40年经济增长率的差异，其分类与世界银行的传统分类方法相一致。① 从表 2 可以看出，只有 20 世纪 70 年代和 21 世纪头 10 年，所有地区均呈现正增长。20 世纪 80 年代被称为拉丁美洲"失去的 10 年"，其经济增长率从 20 世纪 70 年代的 3.0% 在随后的 10 年中急转直下，变为-0.3%。经济负增长和人均收入的下降也是 20 世纪 80 年代中东和北非、撒哈拉以南非洲地区的经济特征。20 世纪 90 年代，在经历了从计划向以市场为基础的经济体制转型之后，欧洲与中亚的经济经历了较大幅度的倒退。进入 20 世纪后，由于商品价格（尤其是石油价格）的大幅度反弹，再加上在全球经济背景下这些国家的经济整合，这些地区的经济开始复苏，重新呈现出正增长率。东亚和太平洋地区，在整个过去 40 年都显示出超越其他地区的高增长率，与其他地区形成了鲜明的对比，"东亚奇迹"的成功，使亚洲地区的经济总量超越欧美。

不同的经济增长率意味着不同的经济绩效，可以反映各国居民生活状况改善或者恶化的程度。例如，一国的年均经济增长率为 1%，那么它的 GDP 实现翻倍需要 70 年；如果它每年的经济增长率为 2%，那么它的经济总量实现翻倍需要 35 年；如果一国实现了较高的经济增长率，例如年均 10%，那么它的 GDP 翻倍仅需 7 年的时间。根据各国不同的经济增长速度，可以把它们分为不同的模式（见表 3）。一些国家从 1960 年起不幸地经历了收入的下降，例如马达加斯加和赞比亚。这些国家主要集中在撒哈拉以南的非洲，一开始就具有非常低的收入，负增长已经成为主要的灾难。

---

① 根据世界银行的分类，对于高收入经济体，不管其地理位置如何，都归属"其他"类别。因此，这里的东亚并不包括日本、韩国、新加坡、中国台湾和若干体量较小但却很难富裕的岛国。同样，欧洲和中亚主要指东欧和中亚，不包括那些属于高收入的国家（大多为西欧发达国家）。——作者注

表3　不同国家的经济增长（1960—2009年）

国家	人均国内生产总值 2005年购买力平价		2009年与1960年 人均国内生产 总值之比	人均收入 增长率 （%）	收入占 美国收入的比例*	
	1960年	2009年			1960年	2009年
负增长国家						
马达加斯加	842	753	0.89	-0.23	0.07	0.02
赞比亚	1803	1765	0.98	-0.04	0.14	0.04
缓慢增长国家						
塞内加尔	1421	1492	1.05	0.01	0.11	0.04
肯尼亚	1020	1206	1.18	0.34	0.08	0.03
卢旺达	860	1031	1.2	0.37	0.07	0.03
尼日利亚	1528	2034	1.33	0.58	0.12	0.05
委内瑞拉	6663	9115	1.37	0.64	0.52	0.22
乍得	819	1277	1.56	0.91	0.06	0.03
牙买加	5609	8795	1.57	0.92	0.44	0.21
厄瓜多尔	3397	6338	1.87	1.28	0.26	0.15
阿根廷	6244	11 961	1.92	1.33	0.49	0.29
秘鲁	3759	7280	1.94	1.36	0.29	0.18
南非	3850	7589	1.97	1.4	0.30	0.18
加纳	603	1239	2.05	1.48	0.05	0.03
菲律宾	1314	2838	2.16	1.58	0.10	0.07
适度增长国家						
土耳其	3243	9909	3.06	2.31	0.25	0.24
巴布亚 新几内亚	887	2746	3.10	2.34	0.07	0.07
巴西	2581	8160	3.16	2.38	0.20	0.20
智利	3780	11 999	3.17	2.39	0.29	0.29
巴基斯坦	728	2353	3.23	2.43	0.06	0.06

国家	人均国内生产总值 2005 年购买力平价		2009 年与 1960 年人均国内生产总值之比	人均收入增长率（%）	收入占美国收入的比例*	
	1960 年	2009 年			1960 年	2009 年
莱索托	401	1311	3.27	2.45	0.03	0.03
多米尼亚共和国	2355	9911	4.21	3.06	0.18	0.24
毛里求斯	2208	9484	4.29	3.01	0.17	0.23
快速增长国家						
印度	711	3239	4.55	3.14	0.06	0.08
埃及	1036	4956	4.78	3.24	0.08	0.12
斯里兰卡	765	4035	5.27	3.45	0.06	0.10
印度尼西亚	693	4075	5.88	3.69	0.05	0.10
马来西亚	1470	11 296	7.68	4.25	0.11	0.27
泰国	961	7794	8.11	4.36	0.07	0.19
新加坡	4300	47 373	11.02	5.02	0.33	1.15
韩国	1782	25 034	14.05	5.54	0.14	0.61
博茨瓦纳	578	8872	15.35	5.73	0.05	0.22
中国	403	7634	18.94	6.18	0.03	0.19
工业化国家						
英国	12 841	33 383	2.6	1.97	1.00	0.81
美国	15 438	41 099	2.66	2.02	1.20	1.00
加拿大	12 988	36 209	2.79	2.11	1.01	0.88
法国	10 101	30 822	3.05	2.31	0.79	0.75
日本	5850	30 008	5.13	3.4	0.46	0.73

*增长率为趋势增长率，以普通最小二乘法计算。

资料来源：德怀特·波金斯等：《发展经济学》，中国人民大学出版社，2018，第43 页。

第二组国家取得了相对缓慢的经济正增长率。这些国家的平均收入虽然增加了，但是绩效不及世界绝大多数地区。例如，委内瑞拉的人均收入增长率约 0.64%，在 50 年中仅仅使人均收入增加了 37%。第三组国家取得了更为成功的适度的增长率，从表 3 中可以看出，这些国家每年的人均收入增长率在 2%—3%。这一增长率可以保持平均收入的稳定增长。例如，毛里求斯每年保持 3.01% 的增长率，足够在每 23 年使平均收入翻一番，并在 1960—2009 年取得了 4 倍的增长。

第四组国家是快速增长的国家，创造了每年人均收入超过 3% 的快速增长纪录。新加坡、韩国、博茨瓦纳和中国等少数国家甚至取得了超过 5% 的高增长率。这些国家是世界经济史上 50 年间保持最快速增长率的经济体，大多从贫穷落后的农业国家发展成了新兴经济体甚至是发达经济体。例如，韩国取得了 14.05 倍的经济扩张；拥有世界 1/5 人口的中国，平均收入在 50 年间增长了 18.94 倍。在 1960 年，中国的绝大多数居民生活在贫困中或接近于贫困，直到 1981 年，中国的贫困发生率还高达 84%。得益于中国高速的经济增长和贫困治理，中国的贫困发生率在 1990 年下降到 60.2%，在 2005 年进一步下降到 16.8%，[①] 贡献了联合国减贫目标的 50% 以上。到 2020 年，中国消除了绝对贫困。

世界经济增长率存在着明显的地区差异。大多数快速增长的国家位于东亚，而很多缓慢增长的国家位于非洲。但这一结论也不是绝对的，还存在着例外。例如，东亚的缅甸、老挝等都是缓慢增长的国家，而非洲的博茨瓦纳属于世界上快速增长的国家。总体而言，发展中国家与先进的工业化国家之间的差距正在缩小。

在世界经济的发展中，出现了一批新兴经济体。如图 1 所示，从 2015 年开始，按照购买力平价计算的 GDP，中国、俄罗斯、印度、巴西四个金砖国家加上墨西哥、印度尼西亚和土耳其一共七个新兴经济体（N7），开

---

① Chen S., "The Developing World Is Poorer Than We Thought, but No Less Successful in the Fight Against Poverty," *Quarterly Journal of Economics* 125, no. 4 (2008): 1577–1625.

始超过七国集团的七个老牌工业强国。^① 从图 1 中可以看出，1990 年，七个新兴经济体的经济体量不到七国集团的一半，经过 25 年的发展，七个新兴经济体的 GDP 之和已经超过七国集团的经济总量，这得益于新兴经济体强劲的经济增长率。例如，2010—2019 年这 10 年七个新兴经济体比七国集团的人均 GDP 增长率平均高出 2.24 个百分点。虽然七个新兴经济体在经济总量上已超越七国集团国家，但是由于七个新兴经济体还是发展中经济体，人口众多，其人均 GDP 与发达的工业化国家还有一定差距。从图 2 可以看出，这一差距正在逐渐缩小，而且由于七个新兴经济体强劲的经济增长率，其增长空间巨大。

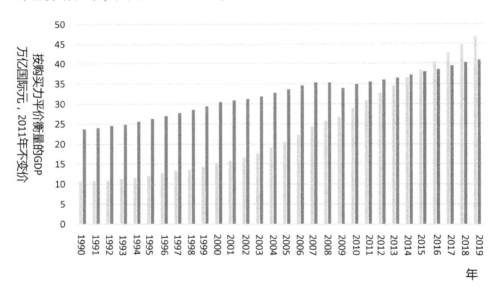

■ 七个新兴经济体的经济总量（中国、俄罗斯、印度、巴西、墨西哥、印度尼西亚和土耳其）
■ 七国集团的经济总量（美国、英国、德国、法国、意大利、加拿大和日本）

图 1　新兴经济体的崛起：七个新兴经济体与七国集团的经济总量比较

资料来源：林毅夫、付才辉：《解读世界经济发展》，高等教育出版社，2020。2018 年以后数据由作者更新。

---

① 林毅夫、付才辉：《解读世界经济发展》，高等教育出版社，2020。

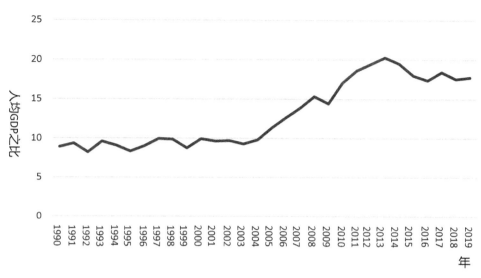

图2 七个新兴经济体与七国集团的人均GDP比较

资料来源：林毅夫、付才辉：《解读世界经济发展》，高等教育出版社，2020。2018年以后数据由作者更新。

关于新兴经济体的界定，学术界并没有得到一致结论。正如七国集团不能代表所有的发达经济体一样，七个新兴经济体也不能完全代表新兴经济体。2018年的一项研究①概括了新兴经济体的特征，新兴市场国家应具备较大的体量规模、较好的制度环境、较快的经济增速、应发生了较好的结构变化、应具备较充足的发展动力。根据这5个特征，该研究界定了30个新兴市场国家（E30），包括亚洲的中国、印度、印度尼西亚、伊朗、哈萨克斯坦、马来西亚、巴基斯坦、菲律宾、沙特阿拉伯、泰国、土耳其、乌兹别克斯坦、越南，欧洲的波兰、罗马尼亚、俄罗斯，非洲的埃及、加纳、摩洛哥、南非、突尼斯，以及拉丁美洲的阿根廷、巴西、智利、哥伦比亚、多米尼加、厄瓜多尔、危地马拉、墨西哥、秘鲁。

① 胡必亮、唐幸、殷琳、刘倩：《新兴市场国家的综合测度与发展前景》，《中国社会科学》2018年第10期，第59—85页。

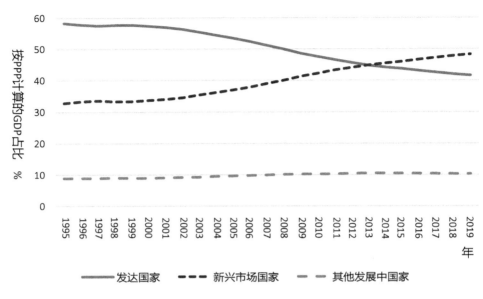

图 3　新兴市场国家占全球 GDP 的比例不断上升态势

资料来源：胡必亮、唐幸、殷琳、刘倩：《新兴市场国家的综合测度与发展前景》，《中国社会科学》，2018 年第 10 期，第 59—85 页。2016 年以后数据由作者更新。

如图 3 所示，新兴市场国家和发达国家的国内生产总值之和占全球的比例约为 90%。其中，发达国家初始占比高于 50%，但呈明显的逐渐下降趋势，在 2008 年国际金融危机爆发后尤为突出。而新兴市场国家则呈现相反的趋势，危机发生前其国内生产总值占全球的比例尚不到 40%，但在 2008 年后的占比快速上升，成为全球经济增长的引擎。如表 4 所示，新兴市场国家和 34 个发达国家的经济体量约占全球的 90%，亚洲的新兴经济体贡献了新兴市场国家的绝大部分 GDP。表 5 显示，国际金融危机的爆发极大地改变了世界经济增长格局。危机前，34 个发达国家对世界经济增长的贡献率较大，危机后则大幅下滑，2013—2015 年连续 3 年，发达国家的贡献率下滑至不足 1/3（31.33%）的水平。新兴市场国家则呈现相反态势，贡献率不断上升，尤其在 2008—2012 年 5 年间竟高达 87.52%。特别是亚洲新兴市场13国，逐渐成为推动世界经济增长的主要力量，在此5年间对世界经济增长的平均贡献率高达74.05%。2015年，34个发达国家对全球经济增长的贡献率约为31.33%，而30个新兴市场国家的贡献率将近60%。

表4　不同类型国家（地区）按购买力平价计算的GDP全球占比

单位：%

不同类型国家（地区）	1998—2002年	2003—2007年	2008—2012年	2013年	2014年	2015年
发达国家（34）	55.37	51.23	45.02	42.10	41.48	41.06
新兴市场国家	35.34	38.96	44.60	47.39	48.03	47.31
亚洲（13）	20.96	24.53	30.02	33.02	33.95	33.69
非洲（5）	1.91	1.92	2.00	1.98	1.95	1.95
拉丁美洲（9）	7.96	7.55	7.58	7.57	7.40	7.17
欧洲（3）	4.51	4.96	5.00	4.82	4.73	4.50
其他发展中国家（119）	7.60	8.11	8.58	8.60	8.44	7.86

资料来源：胡必亮、唐幸、殷琳、刘倩：《新兴市场国家的综合测度与发展前景》，《中国社会科学》2018年第10期。

表5　不同类型国家（地区）按购买力平价计算的GDP增量对全球GDP增量的贡献率

单位：%

不同类型国家（地区）	1998—2002年	2003—2007年	2008—2012年	2013年	2014年	2015年
发达国家（34）	51.72	35.92	0.78	32.78	27.29	31.33
新兴市场国家	38.14	52.16	87.52	55.60	62.67	58.93
亚洲（13）	27.42	36.76	74.05	49.29	51.79	57.14
非洲（5）	2.10	1.96	2.73	1.70	1.53	1.93

不同类型国家（地区）	1998—2002 年	2003—2007 年	2008—2012 年	2013 年	2014 年	2015 年
拉丁美洲（9）	5.16	7.36	6.14	6.69	4.74	0.28
欧洲（3）	3.46	6.08	4.60	-2.08	4.61	-0.42
其他发展中国家（119）	7.95	9.79	9.59	9.65	7.70	6.74

资料来源：胡必亮、唐幸、殷琳、刘倩：《新兴市场国家的综合测度与发展前景》，《中国社会科学》2018 年第 10 期。

　　如果把发展中国家作为一个群体，其在世界经济格局中的地位发生了巨大的变化。发展中国家主要由不发达的国家或地区所组成，大多数曾经是发达国家的殖民地，其与发达国家的差距在 20 世纪上半叶一度扩大。世界最富裕国家与最贫困国家的平均收入之比，从 1820 年的大约 2∶1 上升到 1950 年的大约 13∶1，在 2000 年甚至达到了 19∶1。[①] 但是在 2000 年之后，由于非洲经济增长的复苏，中低收入经济体整体上开启了快速增长之路。进入 21 世纪后特别是 2008 年国际金融危机以后，高收入国家的经济增长有所放缓，而其他类型经济体持续增长，与高收入国家的差距越来越小。如图 4 所示，2015 年，按照购买力平价计算的 GDP，中等收入国家已经超过高收入国家。

---

　① 德怀特·波金斯等：《发展经济学》，中国人民大学出版社，2018，第 13—14 页。

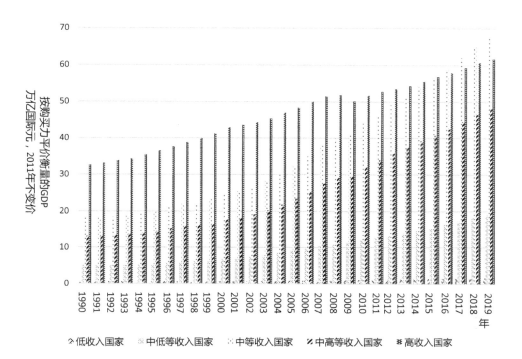

图4 不同收入国家经济总量的比较

资料来源：世界银行。

图 5 展示了发展中国家与高收入国家的人均收入之比。可以看出，在20 世纪后半叶，发展中国家与发达国家的收入差距在持续扩大。其原因在于战后广大发展中国家受到不当的以追赶发达国家产业结构为主要目标的结构主义思潮的引导，采取了错误的赶超战略，发展违背比较优势的资本密集型现代化产业，在开放的经济中没有竞争能力，为了把这样的产业建立起来，导致系统性的经济体制扭曲，经济效率低下，增长停滞，危机不断。① 但是有一些经济体如亚洲四小龙、中国大陆和越南等，采取外向型的经济政策，充分发挥比较优势而获得了成功。进入 21 世纪后，得益于

---

① 林毅夫：《经济发展与转型：思潮、战略与自生能力》，北京大学出版社，2008。

对结构主义思潮的反思和向外向型经济的学习，广大发展中经济体逐步调整了发展战略，开启了动态的增长之路。如图 5 所示，进入 21 世纪后，发展中经济体与发达国家的差距开始不断缩小，逐步实现了对高收入经济体的追赶。

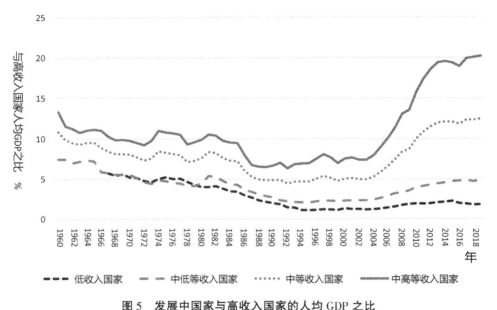

图 5　发展中国家与高收入国家的人均 GDP 之比

注：横坐标每两年显示一次，数据截至 2019 年。
资料来源：世界银行。

在经济格局变迁之下，各大区域经济比例也在发生着变化。"东亚奇迹"以及中国的经济起飞，让东亚和太平洋地区的经济总量快速增长，在 2012 年超越了欧洲与东亚地区，成为经济体量最大的地区。南亚、中东和北非、撒哈拉以南的非洲地区以及拉美在 21 世纪后也经历了快速增长。于此相对应的是，欧洲和北美在 21 世纪后增长疲软，甚至一度出现了下滑（见图 6）。尽管亚非拉美的 GDP 占全球的比例在不断上升，但是其人均收入与北美的差距减少得并不明显，依然存在着巨大的增长空间（见图7）。例如，2019年东亚与太平洋地区的人均收入只有北美的18.2%，拉丁美洲与加勒比海地区的人均收入只有北美的14%，而撒哈拉以南非洲地区的人均收入只有北美的2.5%，表明这些国家增长潜力巨大。

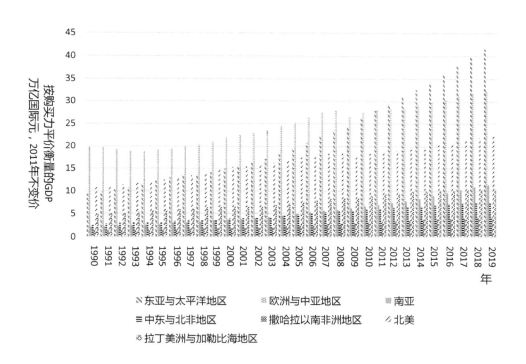

图6 亚非拉的崛起：全球主要区域的经济总量比较

资料来源：世界银行。

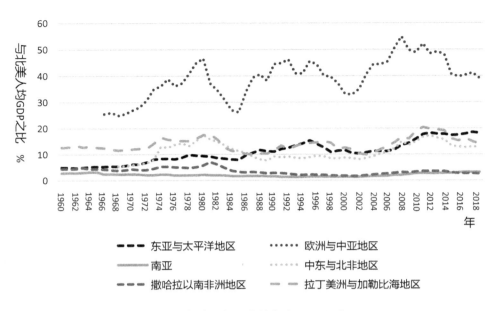

图 7   各地区与北美的人均 GDP 之比

注：横坐标每两年显示一次，数据截至 2019 年。

资料来源：世界银行。

中国经济的快速崛起是世界经济格局变化中最凸显的因素。中国的高增长使得其经济体量逐步赶超以七国集团为代表的老牌工业化强国。如图 8 所示，20 世纪 90 年代以后，中国的经济总量逐步赶超七国集团成员，并且依然保持着强劲的增长，势头远超七国集团。虽然按照汇率计算，中国是仅次于美国的第二大经济体，但是按照国际货币基金组织的数据，中国按照购买力平价计算的 GDP 在 2013 年已经超过美国。2019 年，中国的人均 GDP 已经超过 10 000 美元，按照世界银行界定的高收入国家人均 GDP 12 535 美元的标准，中国即将迈入高收入国家。图 9 表明，中国的人均收入差距与发达工业化国家正在逐渐缩小，且增长态势旺盛。但同时也可以看出中国与发达国家还有一定差距，2019 年，中国的人均 GDP 只有美国的 15.6%，日本的 25.4%。预示着中国的经济发展还有较大的增长空间。

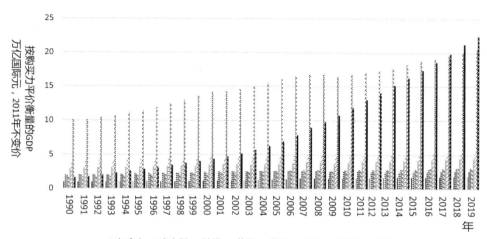

图 8　中国的崛起：中国与七国集团的经济总量比较

资料来源：世界银行。

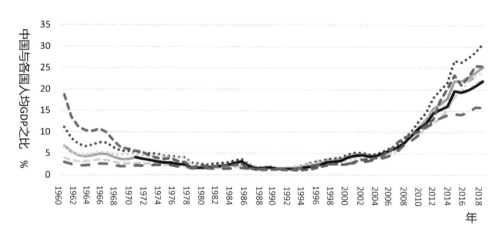

图 9　中国与七国集团的人均 GDP 之比

注：横坐标每两年显示一次，数据截至 2019 年。

资料来源：世界银行。

二、经济全球化的利与弊

在多边体系的推动下，世界市场逐步开放，越来越多的国家加入开放的世界经济体系，各国间形成紧密的联系，世界经济成为一个整体，经济的全球化得到快速、深入的发展。

经济全球化是一个涉及内容比较广泛的现象，不仅包括资本、信息、商品的全球流动，也包括企业的全球性战略。联合国贸易和发展会议（以下简称"联合国贸发会议"）认为，统一的世界市场和生产区组成了世界经济，不仅仅由国家间的贸易和投资流动来连接，从实质上看，经济全球化在于生产者和投资者行为日益国际化。"全球化是指穿越国家的和地区性的政治边界的经济活动在拓展，更确切地说是不断加快的拓展。它反映在有形的和无形的商品和服务（包括所有权）通过贸易和投资途径在不断地加快流动，并且通过移民途径进行的人员流动也在加快"。[①] 国际货币基金组织把经济全球化视为世界经济发展的客观过程，在其发表的《世界经济展望》中提出，经济全球化应该是"通过贸易、资金流动、技术涌现、信息网络和文化交流，世界范围的经济调整融合，其表现为贸易、直接资本流动和转让"。[②]世界银行的研究认为，"全球化指的是一种一体化现象，即世界各国的经济、社会发展秩序所表达出的高度渗透、融合并最终形成一个统一体的形态"。[③]

---

① 谈世中：《经济全球化与发展中国家》，社会科学文献出版社，2002。
② 国际货币基金组织：《世界经济展望》，中国金融出版社，1997。
③ 世界银行：《世界银行报告》，转引自胡必亮、武岩、范莎：《全球化与新农村》，重庆出版社，2016。

（一）经济全球化成为经济发展的驱动器

在经济领域，全球化表现为商品、服务、生产要素和信息的跨国界流动规模不断扩大，形式不断变化，通过国际分工和信息的跨国投资，世界市场范围内的资源配置效率不断提高，各国经济相互依赖程度也日益加深。在这个过程中，全球经济系统正在发生巨大变化。例如，金融资本与工业积累的分离，导致资本在全球范围内快速流动；与此同时，金融机构在空间上日益集中；知识作为一种重要的生产要素，其生产、分配和流动在生产系统中日益重要；伴随着技术快速增长而出现技术国际化趋势；跨国公司的国际垄断不断加深；主要国家的发展战略全球化倾向十分明显。其中，跨国公司是经济全球化的核心力量，对外投资和国际贸易的大幅度增长是其最直接的表现。概括而言，当前的经济全球化主要有以下一些表现形式。[①]

1. 全球贸易增长速度快于经济增长速度

如图 10 所示，1961—2019 年，在绝大多数年份中，全球出口的增长速度高于 GDP 的增长速度（按现价美元计算的名义增长率）。从 1960 年到 2019 年，世界经济总量增长了 64 倍，而出口增长了 155 倍（见图 11，均为现价美元）。1990 年，世界货物和服务出口额占全球 GDP 的比例只有19.3%，2019 年上升到 30.5%。这个现象主要是由两个原因造成的。一方面，经济全球化使资本在很大程度上可以在全球范围内寻求成本最低的生产区位，充分发挥各个经济体的比较优势（禀赋优势），导致世界生产活

---

① 刘卫东：《"一带一路"引领包容性全球化》，商务印书馆，2017。

动空间集中的趋势十分明显。例如，在制造业领域，中国生产全球 80% 以上的手机、笔记本电脑、台式电脑等信息技术产品，以及 2/3 以上的白色家电产品，而其中的很大一部分是通过国际贸易的形式销往世界各国。另一方面，随着全球价值链的深入发展，更加精细的生产方式和劳动分工越来越流行，实现同一物件上的不同零配件在不同国家或地区予以分别生产最后再进行集中装配。这一过程，不仅节省了生产成本，还使国际贸易流量大大增加，同时，这带来了过去三四十年供应链贸易的迅速发展。以苹果手机为例，虽然产品组装全部在中国大陆完成，但 70%—80% 的零部件包括存储器、触摸屏、处理器、蜂窝无线系统来自日本、韩国、中国台湾等国家和地区，而 80% 左右的产品销售到世界各国。①

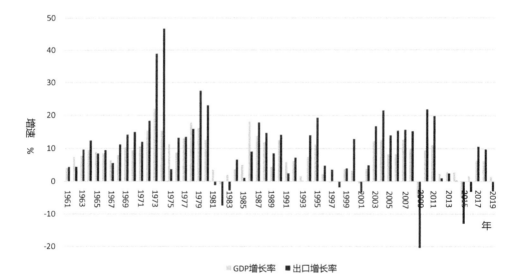

图 10　全球 GDP 增速与出口增速

资料来源：世界银行。

---

① 刘卫东：《"一带一路"引领包容性全球化》，商务印书馆，2017。

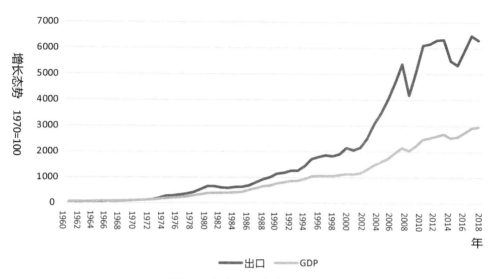

图 11 全球 GDP 与出口增长

注：横坐标每两年显示一次，数据截至 2019 年。

资料来源：世界银行。

2. 全球外国直接投资的增速快于贸易增速

尽管世界对外投资的波动性很大，如有的年份增长速度高达 50%—60%，有的年份出现 30%—40%的负增长，但从长期趋势来看其增长速度明显高于出口增速。如图 12 所示，1970—2019 年，全球外国直接投资流量增长了 132 倍（在 2016 年外国直接投资甚至增长了 223 倍），而出口增长了 63 倍。这个增长态势早期主要是由欧美发达国家资本输出带来的。但 2008 年的金融危机给世界经济带来了重创，同时也影响了国际资本流动。如图 13 所示，发达国家的对外投资在 2007 年后急剧减少，甚至在两年的时间里减少了一半。与此形成鲜明对比的是，来自发展中国家的对外直接投资不降反升，在 2018 年甚至快要赶上发达国家了。发展中国家的对外直接投资在最近十年中对世界经济的复苏和发展做出了不可磨灭的贡献。根据联合国贸发会议的统计，2008 年以前发达经济体对外直接投资一直占全世界的 85% 以上，2014 年下降到 60%，2018 年又下降到 55%。

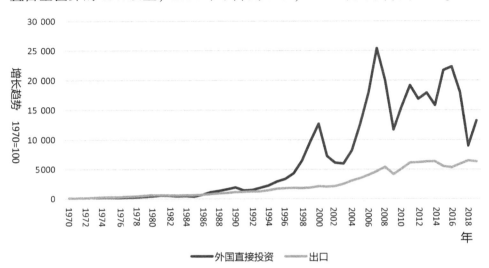

图 12　全球出口与外国直接投资（FDI）增长

注：横坐标每两年显示一次，数据截至 2019 年。
资料来源：世界银行。

图 13　不同国家的对外直接投资

资料来源：联合国贸发会议（UNCTAD）：《世界投资报告》。

3. 跨国公司的地位上升及国际市场结构变化

跨国公司指在两个或以上国家从事生产和经营活动的公司。大多数大规模、高水平的贸易与投资活动，均以跨国公司为载体进行。伴随着对外直接投资的迅速增长，世界范围内跨国公司的数量迅猛增长。20 世纪 50 年代初期，全球跨国公司的数量只有不到 2000 家，到 60 年代后期增加到 7000 多家，80 年代初达到 1.5 万家，1997 年进一步上升到 5.3 万家。[①] 根据联合国贸发会议近年来发布的《世界投资报告》估算，目前全球大约有 7 万—8 万家跨国公司，控制着 70 万—80 万家子公司，遍及 180 多个国家和地区，直接控制着世界经济总量的 2/5，通过其领导的全球生产网络，间接控制着世界经济的 3/4 以上，世界贸易总量的 2/3（其中海外子公司的贸易额占世界贸易总量的 38%），以及对外直接投资的 90% 以上。很多大的跨国公司可谓"富可敌国"，对世界经济的影响巨大。2015 年希腊的国内生产总值为 2400 多亿美元，而苹果公司的资产为 2905 亿美元，销售收入为 2337 亿美元，利润为 534 亿美元。跨国公司的发展使生产进一步国际化，表现为跨国公司在进行国际经营决策时，将世界各个国家或地区作为一个整体进行考虑，采购、生产、销售和服务面向整个国际市场，从而在一定程度上实现资源优化配置。跨国公司在全球重新配置资源，使产业链从低端到高端分布于不同的国家或地区，从而形成全球产业链，也使得不同国家或地区形成不同的产业集聚和市场结构。一般而言，这种资源的重新配置会导致国际市场结构发生变化，对各国或地区的产业结构升级带来机遇与挑战。

---

① 刘卫东：《"一带一路"引领包容性全球化》，商务印书馆，2017。

（二）全球化推动世界经济的转变

全球化大大促进了全球投资、贸易、经济增长，无论是发达国家还是发展中国家，都是全球化的受益者，发展中国家因为全球化得到了比较快的发展，全球贫困在全球化过程中大大缓解和削减。

经济全球化可使世界范围内的资金、技术、产品、市场、资源、劳动力进行有效合理的配置。经济全球化在有效促进国际合作的同时，也加剧了各国间的竞争。竞争的原因，经济上是由于世界资源的有限性和资本的扩张性；政治上则是由于国家的存在，各国都试图通过增强自身的实力来实现别国对自己的依赖，从而较多地获取收益，较少地付出成本。经济全球化加速了生产要素在全球范围内的自由流动，形成了统一的全球市场，从而推动跨国公司的全球化经营和全球产业结构的调整，并最大限度地实现资源的优化配置。从一国的角度看，本国企业将突破本国资源和本国市场的限制，在全球范围内寻求资源的最优配置与有效利用。发达国家可发挥其资金和技术优势，通过资本和技术的输出和转移，不断向发展中国家开拓市场，并利用发展中国家丰富的资源和廉价的劳动力，以获取利润。发展中国家则可通过吸收和引进发达国家的资金和技术，来发展本国和本民族的经济，以满足人民的物质利益需求，逐步缩小与发达国家的差距。这种不同国家、不同地区的经济要素的有效组合，客观上促进了全球社会生产力的发展，促进了发展中国家经济的发展，减少或避免了人类社会现有的各种资源的浪费。

经济全球化将促进贸易和投资的自由化。贸易与投资自由化是世界经济全球化的产物，又是全球化的强大推动力。正是贸易与投资自由化的加速发展推进了世界经济全球化的进程。反之，世界经济全球化的发展又要求贸易与投资自由化的进一步完善。世界贸易自由化最重要的内容和核心就在于减少和取消关税壁垒和非关税壁垒。世界贸易组织正式运转后，首次将服务贸易、知识产权和投资等非货物贸易也纳入多边规则之中，使扩大多边自由化的领域以及扩大国际贸易自由化进程成为世界贸易组织的一个核心职能。此外，投资自由化已经成为当前国际投资发展的主流，不仅是发达国家而且越来越多的发展中国家也积极采取投资自由化措施。一方面大量引进外资，另一方面又积极进行对外投资，从而使世界直接投资额迅速增加，投资活动遍及全球，全球性投资的规范框架和规则也开始形成。

经济全球化加速技术转让和产业结构调整的进程。经济全球化带来了国际分工的大发展，产业的大转移和资本、技术等生产要素的大流动，这对于发展中国家弥补国内资本、技术等要素缺口，发挥后发优势，迅速实现产业演进、技术进步、制度创新对促进经济发展十分有利。跨国公司为了延长技术的生命周期，扩大技术效用以及给自己的技术寻找出路，大大加快了技术转让活动。这种加速转让在客观上有利于发展中国家的技术发展，有利于发展中国家加快产业结构的升级和工业化进程，加速从传统经济向现代经济的转变。此外，经济全球化的加速发展，还加快了发展中国家从发达国家引进外资的进程，有助于弥补发展中国家资本的不足。再有，经济全球化的发展不仅为发展中国家的产品，特别是劳动密集型产品进入世界市场提供了更多的机会，而且也有助于弥补发展中国家市场发育的不足，特别是跨国公司的组织形式，越来越突破国家的界限，出现了所谓无边界的企业，从而非常有利于发展中国家引进发达国家先进的管理经验。①

---

① 陈军：《经济全球化的利弊分析》，《国际市场》2010年第8期，第70—73页。

经济全球化加剧了世界经济的不平衡，造成收入分配不平等。尽管全球化使所有人受益，但每个人和每个国家的受益程度却是不一样的，因此就会造成在普遍受益基础上的收入差距扩大。客观地讲，这是有一定合理性的，由于市场力量的影响，不同的人或国家，由于受教育水平、资源禀赋、发展基础等各不相同，从全球化中得到的机会不同，就会导致收入的不同。经济全球化首先带来的是对发展中国家民族经济的冲击，而且这种冲击是建立在不平等关系基础之上的。一方面，国际经济组织（世界贸易组织、国际货币基金组织、世界银行等）都掌握在发达国家手中，世界经济运转的各种原则、制度和秩序都是由他们制定的；另一方面，西方发达国家所拥有的经济、技术和管理优势，是发展中国家远不可及的。因而经济全球化中获益最大的当然是社会生产力高度发展的发达国家，而经济和技术相对落后的发展中国家尽管具有一定的中长期利益，但在近期或较长的时间内，是很少或很难受益的，甚至可能受到很大的损害和冲击，如许多民族企业亏损或倒闭等。

经济全球化会造成产业空心化。在全球化背景下，由于全球产业链的形成与发展，发达国家只负责产业链中很小部分的业务，主要是高端的研发与设计，其他诸如零部件生产、组装等业务通常都会转到发展中国家去，这是发展中国家劳动力成本低的缘故。苹果手机的全球生产网络体系就是一个典型的例子。由于全球生产网络体系不断向纵深发展，原本在一些国家的生产过程逐渐迁往世界其他国家，有些国家就逐步形成了产业空心化现象尤其是出现制造业空心化现象，当然其经济发展就直接受到一定程度的影响。资源在地域、行业间的转移，会引起产业空心化的出现。人力、资本、技术的流失使地区竞争力或者行业竞争力下降，产业从市场退出，逐渐出现产业空心化。① 产业空心化现象最早出现在部分发达国家，而美国和日本是最具有代表性的。例如，日本经历快速工业化和经济增长后，到 20 世纪 70 年代末时，日本的第三产业比例已经超过 50%，进入后工业化阶段。随后日本通过海外直接投资和技术转移，将国内失去竞争优势的产业转移到海外，开启大规模的海外直接投资和生产，这促使日本产业空心化现象的出现。日本经济泡沫化程度的日益提高使产业空心化成为困扰日本经济发展的重要问题。1992 年日本经济泡沫破裂，产业空心化问题日趋严重，日本经济持续下滑。日本的产业空心化进程在产业结构方面主要表现为，以制造业为代表的第二产业在国民经济中的比例长期快速下降，第三产业比例长期大幅提升，日本出现经济增长乏力的局面，从 20 世纪 90 年代至 21 世纪头 10 年，日本第二产业比例下降 10%，而第三产业的发展无法弥补第二产业下降带来的损失，从而造成经济增速长期低迷。并且从就业的产业分布来看，日本第三产业就业比例的上升无法弥补制造业等第二产业就业比例的下降，日本第二产业就业比例从 1991 年的34.43%下降到 2016 年的 24.32%，并且呈现持续下降趋势，从第二产业中流失的就业机会没有在第三产业的发展中得到补偿，使整个国民经济出现失业率长期上升的趋势。

经济全球化使世界经济不稳定性加强。现在，全球经济的一体化不仅体现在实物产品市场上，更重要的是还体现在金融领域。随着世界各国金融领域的逐渐开放，加快实行自由化以及金融产品的不断衍生，各国的货币市场、债券市场、外汇市场、股票市场、期货市场等已经形成了一个全球性的巨大交易网络。全球化导致一些国家在经济结构和经济周期上的高

---

① 国彦兵：《产业空心化：温州经济面临新尴尬》，《经济论坛》2003 年第 12 期。

度一致与趋同，因为市场力量驱使投资向回报率高的地区和行业不断集中，譬如，全球投资不断地向 IT、金融、房地产等行业集中，当投资集中到一定程度后，某些行业就会形成巨大的泡沫，就有可能造成经济危机的爆发。因为哪个地区和行业利益丰厚，投资就到哪里，最终出现高度同质化的投资，形成泡沫，只要泡沫破灭，就会出现危机。在经济全球化背景下，金融资本的国际化流动正在迅速加强，而促使国际金融市场联动和互相影响程度逐渐加深，造成的直接后果是金融风险向全球化扩散，与此同时，实体经济因为大宗商品金融定价权的原因也越来越受到金融市场波动的影响。[1]20 世纪 80 年代以来，全球金融产品的交易额遥遥领先于实物产品的交易额；而且金融产品的交易是全天候的，交易极其迅速，成本极其低廉。在这种背景下，最近几十年发生的金融危机都与国际资本快速流动和冲击有着密切关系，例如 1994 年的墨西哥货币危机、1997 年的亚洲金融危机等。爆发于 2008 年的美国次贷危机发生于房地产市场，并通过信贷市场、金融市场、资本市场，最终又反作用于实体经济，引起世界经济整体动荡。

三、大变局下的世界经济

在新的历史时期，世界经济重心在发生变化：原来经济中心在大西洋两岸，现在经济中心开始向太平洋两岸转移；传统的七国集团统领世界的格局正在发生变化，二十国集团发挥的影响更大，更为广泛，更为深远。

---

① 胡必亮、刘清杰、孙艳艳、王琛、孙芯蕙：《 "一带一路" 与全球化转型》，《经济研究参考》2017 年第 55 期，第 3—4 页。

全球化的进程也在发生重大的变化，退群、脱欧等逆全球化的现象开始频频出现。与此同时，新的科技革命浪潮的出现也催生了很多新产业、新机遇、新业态，使世界经济的格局飞速变化。尤其是新冠肺炎疫情的暴发引发了世界之变，现在对世界经济的影响已经十分深远，并且很有可能继续影响全球化进程和世界经济政治格局的变化。在面临世界未有之大变局时，机遇和挑战并存，重要的是沉着应对，化危为机，各国之间需深化合作，共谋发展。

（一）世界经济发展面临的挑战

当前，世界经济处于深度调整期，表现为低经济增长、低贸易增速、低通货膨胀率、低投资和低利率。经济下行压力与各种风险交织在一起，世界经济发展环境不确定性增加，其中既有地缘政治因素引起的局部紧张和动荡，也有能源安全、粮食安全、气候变化、重大传染性疾病等全球性非传统安全挑战。国家内部贫富差距和国家之间严重的发展不均衡，也使可持续发展面临严峻挑战。

而同时，在新的经济格局下，坚持全球化与反对全球化又成了国际上的一个热门话题。与以往不同的是，这次不仅只是研讨会上的唇枪舌剑，也不仅只是少数人的游行示威，而是以不同的政治主张、发展纲领与政策措施在不同的国家得以具体实施：有的国家开始退出全球多边治理体系（如英国脱欧）；有的国家开始退出国际合作条约（如美国退出《跨太平洋伙伴关系协定》和《巴黎协定》）；有的国家开始严格限制国际移民（包括正常的国际移民）；有的国家专注于发展自己，大幅减少提供全球公共产品；有的国家通过不同形式搞贸易保护，超越国际贸易制度安排对其他国家实行贸易打压；有的国家通过各种优惠政策召回本国在其他国家的投资企业；等等。因此，有人认为，全球化目前正在遭遇历史上最严峻的挑战，其严重程度类似于从1914年到1945年由于两次世界大战造成的对全球化进程的摧毁的情形。

"逆全球化"在某种程度上正在发生着。例如，麦肯锡全球研究院的研究表明，在科技革命和网络技术作用下，廉价劳动力、运费降低等推动全球产业布局的传统动力正逐渐消逝，而且全球地缘政治对产业安全性、稳定性要求提升，导致产业链倾向于本土化，一些跨国公司将核心技术和关键设备转向本国。1990—2007年，全球贸易额的平均增速是实际国内生产总值（GDP）增速的2.1倍，但自2011年以来，这一增速仅为1.1倍。[1] 在2018年中美贸易摩擦发生之前，全球化已经处于下滑边缘，2007—2017年跨国贸易额与本地供应链产出之比由28.1%下降至22.5%，每年外国直接投资占GDP比例由3.5%下降至1.3%。2013—2017年，区域内贸易在全球商品贸易中所占份额增加了2.7个百分点，其中欧盟国家在欧盟内的贸易额已达到其贸易总额的63%。[2] 与此同时，国家和地区之间正在签署的区域性贸易协定大幅减少，结束了之前数十年的上升趋势。

值得关注的是，在新冠肺炎疫情的冲击之下，欧美各国对5G、稀土、石油之外的其他重要物资的进出口进一步加强了管制。随着欧洲疫情日趋严重，欧盟采取"医疗防护用品授权计划"实施出口限制，其他一些国家也有对重要物资出口限制的类似规定。疫情冲击正在加剧国家间的结构性洗牌，促使西方国家重新审视高度依赖"中国制造"的问题，全球供应链呈现本地化、区域化、分散化趋势。[3]

---

[1] 数据来源：世界银行。

[2] McKinsey Global Institute, "Globalization in Transition: The Future of Trade and Value Chains," January 2019.

[3] 张定法、刘诚：《逆全球化的发展趋势及中国的积极作用》，《经济研究参考》2020年第23期，第5—12页。

（二）应对挑战，实现世界经济的可持续发展

有鉴于目前全球经济增长低迷，尤其是不少新兴市场和发展中国家经济增长出现大幅回落的情况，全球经济要加强互动，促进全球经济的联动增长。从发展动力上来讲，应该从新的发展现实出发，坚持发挥新兴市场和发展中国家作为全球经济增长新的动力源的重要作用，从各方面支持这些国家对全球经济增长继续做出新的贡献。从发展模式来讲，"华盛顿共识"对有些国家在其发展的一定阶段所起到的积极作用是不能否定的，但是否就是促进所有国家在其全部发展阶段的普遍真理，就需要打一个大大的问号了。换言之，经济发展模式的选择应该从各自国家和地区的实际出发，应该是多元的，鼓励各国根据自身实际选择适合其特点的经济发展模式。

针对人们目前对全球化的抱怨，许多问题实际上是与政府治理能力与水平是直接相关的。比如说，不少国家尤其是发展中国家的治理能力和管理水平比较差，导致其政局不稳、社会动荡、基础设施建设不足、国民受教育水平低下等，因此不仅没有能力解决全球化造成的问题，反而使问题越来越严重了，出现了全球化过程中的"政府缺位"和"政府失灵"问题。因此要加强不同国家与地区之间关于治国理政经验的交流、关于发展战略与宏观政策的沟通，尤其是要在经济得以发展和财富大量创造的情况下，特别关注社会治理方面的问题，缩小社会差距，减少社会不平等，促进社会公平公正。①

当今世界的经济发展格局有可能导致有些国家落伍，国家之间的发展

---

① 胡必亮：《"一带一路"与全球化转型》，《社会治理》2017年第7期，第13—20页。

差距越来越大。在这样的情况下，有两个国际机制是可以也应该发挥作用：一个就是国际合作包括区域合作机制；另一个就是全球治理机制。但目前这两方面的机制都存在十分严重的问题。前者的问题在于目前的国际合作机制遵循的是老一套的地缘政治理念，往往缺乏普惠性，排他性很强；后者的问题在于目前的全球治理机构往往被极少数国家把持，缺乏广泛的全球参与性，弱势国家和地区在需要全球治理机制发挥积极支持作用的时候，往往是很难得到的，因此需要改革和完善目前的全球治理体系与全球治理机制。

事实上，大变局下的世界经济最紧迫，也是最重要的变革是发展范式的转变。西方创造了工业化模式，推动了世界的大发展，让更多的国家步入工业化行列。现在这个追赶型现代化模式出现了各种问题，出现综合性危机，包括资源危机、能源危机、生态危机等。传统工业化发展的基本特征是以生产越来越多的物品为目标，越来越多的国家加入工业化进程，物品的生产和对物品的需求也就越来越多，事实表明，这种范式难以为继，因此，出现了"发展范式"的危机。

世界需要新的发展范式。但是，发展范式的转变是一个长进程。新发展范式是一个不断蜕变的创新过程，就生产而言，生产的内容不断发生变化，效率不断提高，向社会的供给不断创新，从而创建基于新范式的可持续发展；就生活方式而言，消费的模式会发生变化，更少的物品消费，更高的生活质量，从而创建基于人本为基本价值的新理念。发展范式转变是大势所趋，没有回头路。

国际治理的演进与变革

东艳　朱铭铮[*]

有关"治理"问题,学术界常用诸如"国际治理""世界范围内的治理""全球治理"等概念加以表述。二战后的国际治理体系,经历了从国际治理到全球治理演进的过程。传统的国际治理领域的研究主要是基于国际机制而展开,这些机制通常指国家之间的关系和国家参与的正式机构,如联合国、北大西洋公约组织或东南亚国家联盟,重点在于探讨国际合作模式。全球治理区别于国际治理,既包括这些正式组织,但也包括全球性组织、区域性组织、跨国公司甚至个人等非正式组织的力量。

从政策实践层面,"治理"一词从 20 世纪 90 年代在全球范围逐步兴起,1992 年联合国成立"全球治理委员会"并在 1995 年联合国成立 50 周年之际,发表了《天涯若比邻》(*Our Global Neighborhood*)报告。该报告从实践层面定义了治理的内涵,"治理是各种各样的个人、团体——公共的或个人的——处理其共同事务的总和。这是一个持续的过程,通过这一过程,各种相互冲突和不同的利益可以得到调和,并采取合作行动。这个

* 东艳,中国社会科学院大学国际政治经济学院教授、中国社会科学院世界经济与政治研究所研究员;朱铭铮,中国社会科学院大学博士研究生。

过程包括授予公认的团体或权力机关强制执行的权力，以及达成得到人民或团体同意或者认为符合他们的礼仪的协议"。① 该报告强调组建持续进步的互动、协调与合作的国际机制，认为全球治理是治理在全球层面的拓展，是管理全球性事务的综合，是调和全球性冲突的持续过程，是全球性的正式或非正式的制度安排。该报告被广泛地认为是全球治理理念正式形成的开端。

在学术层面的分析中，美国经济学家詹姆斯·罗西瑙在 1992 年出版的《没有政府的治理》② 一书中，将"治理"定义为一系列活动领域的管制机制，而这些活动的主体未必是政府，也可以是其他非正式的、非政府的机制；全球治理是多种主体为追求全球共同利益而进行的全球合作活动，其中的很多规制是在没有中央权威的情况下运作的，是没有政府的治理模式；这本书将全球治理议题推向了学术高度。此外，戴维·赫尔德、托尼·麦克格鲁③认为全球治理是多层次的，是从地方到全球的多层面中公共权威与私人机构之间一种逐渐演进的（正式与非正式）政治合作体系，其目的是通过制定和实施全球的或跨国的规范、原则、计划和政策来实现共同的目标和解决共同的问题。而彼特·卡赞斯坦、罗伯特·基欧汉、斯蒂芬·克拉斯纳④认为，全球治理不仅要关注民族国家，还要重视国际组织、非政府组织和私人机构等的作用；在主权国家的正式制度框架

① Commission on Global Governance, *Our Global Neighborhood* (New York: Oxford University Press, 1995).

② Rosenau, J., & Czempiel, E., *Governance without Government: Order and Change in World Politics*, Cambridge Studies in International Relations, 1992.

③ 戴维·赫尔德、安东尼·麦克格鲁主编《治理全球化》，曹荣湘等译，社会科学文献出版社，2004。

④ 彼特·卡赞斯坦、罗伯特·基欧汉、斯蒂芬·克拉斯纳：《世界政治理论的探索与争鸣》，秦亚青等译，上海人民出版社，2018。

之外，还有非正式制度下的全球治理。[①] 因此，全球治理指的是国家、市场、公民、政府间和非政府组织之间的，正式或非正式机构、机制、关系和过程的综合体，通过全球治理来表达全球层面的集体利益、明确权利和义务、调解彼此差异或分歧。

全球治理是若干国家联合起来，通过一系列的国际制度和规则共同解决全球问题的过程，而具体的治理主体、治理机制和治理领域等三个方面的内容就构成了全球治理的基本框架。

全球治理主体对应的是"由谁治理"的问题，主要有以下五类：民族国家、国际组织、政府间组织、非政府组织、跨国公司和技术专家等，形成了一张巨大的全球治理网络。首先，民族国家依然是当今全球治理的主要行为体，是国家间相互影响推进治理进程的关键角色。民族国家是多边机构的主要成员，也是政府间组织的主要创立者，同时主权国家作为国际法和国际规范的主要建设者和维护者，保证了部分国际机制的有效实施。然而，全球治理也强调各种国际组织、政府间组织、非政府组织和跨国公司在全球治理中的重要参与作用。由于世界政府的缺乏，全球治理很大一部分是通过基于委托——代理的国际组织实现的，这些国际组织是全球治理的重要平台和载体，包括联合国及其下属机构以及国际货币基金组织、世界银行、国际清算银行等。此外，全球治理还依托于全球性或区域性的政府间组织和非政府组织，如欧盟、亚太经合组织等；随着全球化的深入，民间社会团体和跨国企业从微观机制参与到全球治理体系中并发挥着越发重要的作用，如世界自然基金会等，他们通过间接参与政府间会议，向社会治理机构进行游说、宣讲、监督等方式，影响着全球治理的实施。

① Rodrik, D., "Putting Global Governance in Its Place," *World Bank Research Observer* 35, no. 1 (2020): 1-18.

全球治理机制对应的是"如何治理"的问题。由于当前并不存在一个世界政府凌驾于国家和其他治理主体之上，在缺乏权威机构的情况下，即使各行为体作出治理决策，很多承诺仅限于愿景和倡议的层面，很难通过惩戒等强制手段保证贯彻落实，存在"治理失灵"，需要国际制度、规则和机制来确保全球治理的顺利进行以达成预期目标。因此，全球治理是大国之间的协议与惯例的常务，涵盖了政府间的协议规章与非政府机制，主要包括：（1）政府间国际合作，指由若干国家或政府基于一定目的，依国际条约建立的国际组织，如联合国、亚太经合组织等；（2）非政府组织合作，指不同国家的社会团体或个人资源组成的，为努力实现共同目标、发展某一事业而达成的国际合作；（3）国际条约、国际惯例以及各国承认的一般法律原则，是主权国家之间及其他具有国际人格的实体之间的法律规则的总体，也即国际法；（4）国际规范与公约"软法"，是在国际交往中被大多数国家承认并遵守的行为规范，如《联合国宪章》等；（5）国际机制等管理体系，是一系列治理安排的总和，包括一系列规则、规范与行为惯例，如全球货币管理体系——布雷顿森林体系；（6）临时集团、安排与全球会议、私人提供的全球治理，如国际信用评级，等等。

全球治理领域对应的是"治理什么"的问题。全球治理要解决的就是国际社会共同性问题和跨国问题，包括：（1）全球安全，包括避免国家间或地区性的武装冲突、禁止核武器的生产与扩散、限制大规模杀伤性武器的生产与交易等；（2）国际经济，包括稳定全球金融体系、减少贫富差距、反避税、公平竞争、促进贸易开放等；（3）生态环境，包括资源的合理使用与开发、污染源的控制、珍稀动植物保护、应对气候变化等；（4）跨国犯罪，包括走私、非法移民、反对贪腐、应对国际恐怖主义等；（5）公卫人权，包括防止全球大流行传染性疾病、保证粮食安全、维护女性权益、关注种族灭绝、屠杀平民等。

国际治理体系的形成、演进与变革方向是当代国际问题学者考察的重要问题。国际体系的研究离不开对传统威斯特伐利亚体系下民族国家和政府的主体性的分析，即国际体系中的实力优势国家主导国际秩序，提供国际公共产品。然而，自从二战后布雷顿森林体系建立，国际治理的主体从主权国家转向国际组织，国家中心主义受到削弱；随着全球化的深入发展与全球主义的诞生，跨国公司驱动的全球贸易和国际投资呈现爆发式增长，全球主义得到广泛传播，越发广泛的国际问题有待解决，治理范围也在全球范围内拓展。全球化进程中存在的三大矛盾——全球公共物品需求上升与供给不足之间的矛盾、国际规则约束与国家自主性之间的矛盾以及国际制度非中性①与全球治理民主化的矛盾，成为全球治理实践存在和发展的根本原因。为此，国际治理的研究逐步从对民族国家的关注，转向对国际组织、非政府组织的重视，全球治理理论逐渐形成并发展。

二战后的国际治理体系大致经历了以下三个阶段的发展与演变，如图1所示。第一阶段，二战后雅尔塔体系下形成的以联合国为核心的国际治理体系。受到现实主义理论的影响，国家行为体对国际治理常常持有工具理性的态度，民族国家作为国际体系中的重要行为体，根据国家实力状况参与全球治理活动，联合国等政府间治理组织主要以霸权大国为主导，国际治理呈现国际组织框架下的霸权国家主导国际治理的特征。第二阶段，自

---

① "制度非中性"指"同一制度对不同人意味着不同的事情。在同一制度下不同的人或人群所获得的往往是各异的东西，而那些已经从既定制度中或可能从未来某种制度安排中获益的个人或集团，无疑会竭力去维护或争取之"。参见张宇燕：《利益集团与制度非中性》，《改革》1994年第2期。

变局与破局

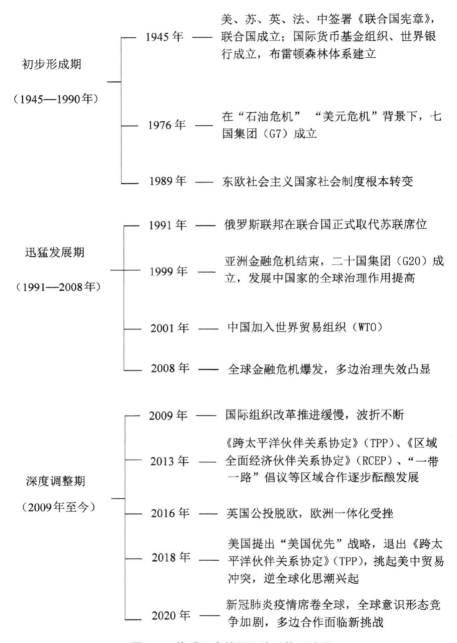

图1　二战后至今的国际治理体系演进

资料来源：作者整理。

20 世纪 90 年代冷战结束和全球化的兴起，更多的全球问题凸显出来，贸易、环境、安全等全球性挑战凸显，"全球治理"在理论研究和实践影响下都受到了广泛的国际关注，以联合国为核心的国际组织加速发展，各种非政府组织在国际治理中的作用也在不断增强，全球多边主义得到迅猛发展。第三阶段，自 2008 年国际金融危机尤其是 2018 年中美经贸争端以来，伴随着发达国家主导的逆全球化思潮背景下，国际权力转移与国际格局的变化带来了新一轮的治理竞争，原有国际治理体系的滞后性与不确定性问题凸显，国际组织的发展呈现区域化和碎片化的趋势，进入了深度调整阶段。

当前，中美贸易摩擦持续升级，逆全球化思潮席卷全球，新冠肺炎疫情与全球气候变化对原有国际秩序造成了新一轮的冲击，国际治理变局已是大势所趋。本文旨在分析面对国际治理体系的演进阶段、面临问题及其变革力量，探讨中国参与国际治理体系变革的路径选择。

一、雅尔塔体系下的美苏两极格局

二战结束前夕，战争胜利方代表英国、美国和苏联在苏联黑海北部的克里木半岛的雅尔塔召开会议，商讨建立战后新秩序。雅尔塔体系是以雅尔塔会议的决议为中心的一系列相关会议达成的协定。其中，联合国和布雷顿森林体系构建了二战后安全治理和经济治理的基本框架。在经贸领域，布雷顿森林体系建立的目的包括：（1）构建国际货币和金融体系，防止货币的竞争性贬值，为战后国际经济的重建提供金融制度保障。（2）促进自由贸易发展，改变以邻为壑的贸易战争。两次世界大战和大萧条造成了严重的贸易停滞，这一时期，发达国家和发展中国家的贸易均出现停滞。20 世纪 30 年代经济危机时期，美国率先采用以邻为壑的贸易保护主义来应对危机。1930 年，美国国会通过《斯穆特—霍利关税法》，将美国平均关税大幅度提升至 59% 的高位，导致其他国家只能被动跟进使用报复性关税。最终，在美国拖累下，全球经济付出了惨重的代价。从 1929 年到 1934 年末，全球贸易额缩水了 2/3，严重延缓了世界经济复苏的进程。

（3）美国经济实力的不断强大，需要塑造其在全球的领导地位，建立以美国为主导的战后全球经济治理体系。

雅尔塔体系的形成促进了世界由战争转向和平，为战后世界重建构建了基本构架，促进了第三世界的崛起。与此同时，雅尔塔体系导致了大国强权政治和美苏两极格局。传统的欧洲大国在战后失去了主导地位，而美苏由于在反法西斯战争中的贡献，综合实力强大，成为国际体系中的两大超级强国。1946 年 3 月 5 日，英国前首相温斯顿·丘吉尔发表"铁幕演说"，由此拉开了冷战序幕。美苏两极的对立格局，使得这一体系中的实力对比、国际秩序竞争与观念分布也相应地呈现两极对峙状态。在两类社会制度、两种意识形态下，"相互遏制，不动武力"的冷战，使全球治理由此形成了相应的两个对立的平行体系，即两极格局。

雅尔塔体系继承了凡尔赛—华盛顿体系的治理主体模式，设置超主权国家行为主体来治理国际事务的模式，并将"国联"拓展为"联合国"。冷战时期，联合国是全球治理的核心机构，也是通过政府间国际组织方式进行治理的有效的实践，联合国系统包括各类国际组织，并不断吸纳新的国际成员进入其中，从而具有最广泛的代表性。在联合国的作用下，非政府组织迅速发展，数量上升、影响力扩展，日益走向成熟。

就安全治理而言，《联合国宪章》与安理会是主要机制。这一机制治理的重点包括：一是管控大国关系、控制军备。联合国确立并强化了集体安全原则，强调集体防御及其合法性。为维持大国间和平，联合国倡导裁减军备，实行军备管制，尤其是控制核武器扩散。为此联合国组织召开了多次裁军会议，美苏也成功达成多项军控协议。二是遏制地区冲突。联合国组织会员国派出维和部队，并对各类国际冲突、内战进行调停、斡旋，推动国际冲突的和平解决。

除了安全治理，联合国的绝大多数资源都用于经济发展、社会发展和可持续发展等经济治理议题上。在经济治理方面，构建了以国际货币基金组织、世界银行、《关税和贸易总协定》为三大支柱的布雷顿森林体系。布雷顿森林体系确立了以美国为主导的全球经济治理体系。确立了黄金—美元本位制，建立国际货币基金组织来监督货币体系的运行，并建立国际复兴与开发银行来为发展中国家提供促进发展的贷款，以形成促进经济自由化的环境。布雷顿森林体系构建了以国际货币基金组织和世界银行等国际金融机构为支柱的国际金融体系，对战后发展中国家减缓经济冲击，促进国际金融市场的发展和国际资本流动的增加，《关税和贸易总协定》对降低贸易壁垒、促进贸易自由化发挥了积极的作用。

此外，美国在冷战时期的全球经济治理中占据绝对中心地位。自二战后至20世纪70年代初，美国提供了联合国发展系统半数以上的技术援助、发展援助和人道主义援助，并帮助建立了多数发展治理的新机构。然而20世纪70年代后，由于美国经济实力的相对下降、布雷顿森林体系瓦解，美国在全球发展治理中的地位下降。发展治理的制度安排大体以经济实力分布为基础。随着20世纪70年代世界经济多极化的发展，美国失去了经济上的霸权地位，美元难以继续维持国际货币地位，无力独自提供多数援助。所以国际发展援助的治理安排也开始呈现多极化格局为有效应对此类问题，解决世界经济和货币危机，协调各国宏观经济政策，西方国家开始组织七国集团，回归传统的"大国协调"方式来应对全球挑战。

在非政府组织方面，二战结束至 20 世纪 70 年代，国际非政府组织数量平稳增长，而 70 年代后，非政府组织迅速增长，至 20 世纪 80 年代已经增加到 1.4 万个。这一时期的国际非政府组织对国际事务的参与主要由三个途径，一是通过影响联合国发挥作用，如在人权委员会、人口委员会中积极活动，并直接参与联合国项目实施；二是通过对各国政府的影响发挥作用，对政府积极建言献策、向政府施加压力、调解政府间的争端等；三是直接参与国际事务，如在环境保护、妇女地位等领域发挥作用。这一时期的非政府组织逐渐走向成熟，数量跃升，在全球事务中的作用日益显著。

从 20 世纪 70 年代以来，相互依赖和技术的飞速发展逐渐让人们认识到，仅凭单个国家的力量无法解决许多问题。考虑到多边主义的话语面临的危机，单一国家解决上述议题的能力和意愿也明显不足。非国家行为体在数量和重要性上的纯粹扩张，尤其是那些具有跨国影响力的公司，在全球事务中发挥着越来越显著的作用。加速发展的全球化正在带来跨界和全球性问题，这些问题需要不同国家之间以新形式的"超国家治理"为基础，通过政治合作加以解决。全球治理中的国家、国际组织、区域组织、非政府组织等将以平等关系，共同承担对于全球性问题的责任。

二、冷战结束后的全球化时代的治理

冷战后美国成为世界唯一的霸权国家，西方新自由主义在转轨经济体和传统发达国家中广泛传播，许多学者将其称为"全球化时代"（global age）。这一时期产业内贸易兴起，发展中国家参与世界贸易的比例不断上升。全球贸易的扩张型发展，很大程度上是由于技术进步带来的贸易成本降低，例如，商业民用航空的发展，商务海运效率的提高，电话成为主要通信方式等。交易成本的降低在提高贸易量的同时，也催生了新的贸易模式，产业内贸易出现，相似的商品和服务的国际交换变得越来越普遍。全球化促进了"国际治理"向"全球治理"演进。全球化首先改变了人类的经济生活，从而使社会形态、政治规则以及文化生活也受到了深刻的变化。全球化进程中，全球性组织、区域性组织、跨国公司，甚至权威性个人的影响都在日益增大，对传统民族国家、国家主权、政府体制和政治过程提出了挑战。

20 世纪 90 年代，世界银行、国际货币基金组织等国际金融组织在评估受援国现状时，对"治理"和"善治"进行了专门研究，并将"善治"（good governance）作为主要评估标准。对那些在它们看来没有实现"善治"的国家，它们就要求进行必要的改革，使其符合其评判标准。1989年，世界银行首次使用了"治理危机"的表述，1992 年发表了《治理与发展》的年度报告。联合国有关机构于 1992 年成立了全球治理委员会，并创办了《全球治理》杂志。1995 年在联合国成立 50 周年之际，全球治理委员会发表了题为《天涯若比邻》的报告。联合国前秘书长科菲·安南在 2000 年联合国千年首脑会议上所做的报告全面阐述了全球治理。联合国全球治理委员会认为："治理是各种各样的个人、团体——公共的或个人的——处理其共同事务的总和。这是一个持续的过程，通过这一过程，各种相互冲突和不同的利益可望得到调和，并采取合作行动。这个过程包括授予公认的团体或权力机关强制执行的权力，以及达成得到人民或团体同意或者认为符合他们的利益的协议。"国际机构对新的政治机制的理解，从"治理"逐步发展到了"全球治理"。

从国际层面看，全球治理是冷战结束后国际政治领域中最引人注目的问题之一。这不外乎以下三个原因。首先，冷战的结束并不意味着国家间和地区间冲突的结束，相反，这些冲突依然在全球范围内广泛存在，在个别地区甚至空前地激烈，成为威胁人类生存、破坏人类和平、践踏人权和人道的主要根源。对国家间和地区间的这些暴力冲突，国际社会不能熟视无睹，而应当采取积极的措施，进行调解和平息，以维持人类的和平。其次，在经济全球化背景下，国家之间在政治、经济、文化和科学技术等方面的合作与交流空前地增加，这些合作与交流已经超越了政治制度和意识形态的差异，尤其需要在不同的国家之间确立一种共同遵守的规则和制度框架，以发扬人类的普遍价值，增进人类的共同利益。最后，冷战后虽然美国成为唯一的超级大国，但世界政治仍然朝着多极化的方向发展，单极世界不但不可能出现，也不符合全球治理的目标。有效解决诸如保护环境、消除贫困、遏制国际恐怖主义、消灭跨国犯罪等人类共同面临的问题，以维护国际社会的正常秩序，仍需要各国的共同努力。

联合国在冷战结束后的经济全球化时代依旧发挥重要作用。全球化时代，面临重建并维持全球政治经济新秩序的需要，而已有的国际性组织、政府间组织和民族国家无法凭借现存的力量达到全球治理的目的。而在布雷顿森林体系崩溃后，七国集团在宏观经济政策协调方面发挥了重要作用，同时，七国集团关注并尝试解决多种全球性问题，如各国国内治理状况、恐怖主义、气候变化、粮食安全等，成为西方大国通过国际会议形式进行治理的有效工具。七国集团是在"一超多强"格局下，美国领导的多国合作协调机制。在机制中，美国具有超级强大的经济、政治和军事实力，与其他大国是具有相同意识形态的稳定盟友，同时，美国仅使用软实力而非武力方式领导其他大国达成共识，这样，美国可以向其他大国施加权力，但这种权力的使用具有不可逆性。① 七国集团作为治理机制存在很多局限。一是其成员只有西方发达国家，缺乏代表性，也凸显了当时治理结构的不平衡性；二是治理的覆盖范围只有西方国家，第三世界和社会主义阵营并未纳入其中，因而并非地理上的"全球"治理；三是七国集团成立也被视为对社会主义阵营的对抗，所以具有明显的意识形态色彩，缺乏全球合作的理念与价值。

在国际贸易治理领域，美国领导的乌拉圭回合谈判体现了多边协调的原则，并促进了世界贸易组织的建立。20世纪80年代，发达国家服务贸易快速发展，贸易中的假冒商品问题日益严重。1993年结束的乌拉圭回合谈判中，服务贸易、知识产权问题被美国等发达国家作为新议题引入谈判，该回合最终达成了《服务贸易总协定》（GATS）、《与贸易有关的知识产权协定》（TRIPs）。1995年世界贸易组织（WTO）成立，其目标是通过"建立国家间全球贸易规则的国际组织，确保贸易流动的流畅性、可预测性和最大可能的自由化"。

此外，全球治理主体的发展也日趋多元化。随着经济全球化进程的加

---

① 王磊、郑先武：《美国与新大国协调机制的构建：以七国集团为视角》，《当代亚太》2012年第2期，第5—25页。

剧，国际性的非政府组织无论在数量上还是在对国际事务所产生的作用上都在与日俱增，对全球治理的作用也在不断增大。据 2020 年出版的《国际组织年鉴》统计，在现有的 72 831 个国际组织中，非政府的国际组织占 89.28%，达到 65 027 个。① 又如，1972 年，参加联合国环境大会的非政府组织还不到 300 个；而到 1992 年注册参加联合国环境大会的非政府组织多达 1400 个，同时参加非政府组织论坛的非政府组织多达 18 000 个。1968 年在德黑兰国际人权大会上，只有 53 个非政府组织获得了观察员身份，4 个非政府组织参加了大会预备会议；而在 1993 年的维也纳国际人权大会上，248 个非政府组织取得了观察员身份，593 个非政府组织参加了大会。1975 年，只有 6000 人参加了墨西哥世界妇女大会的非政府论坛，114 个非政府组织参加了正式会议；而到 1995 年，作为联合国第四次世界妇女大会辅助性会议的 '95 北京非政府组织妇女论坛在北京怀柔召开，与会总人数达 31 549 人。② 除了非政府国际组织，全球的另一个主要组成部分迅速发展起来，即依靠互联网等高科技手段建立的全球网络社群。没有人能够准确统计全球网络社群的数量，但可以肯定的是，世界各地每日每时都在产生着形形色色的全球网络社群，在数量上远远多于全球性的组织。尽管到目前为止，各国政府和政府间国际组织（如联合国）在全球治理中仍将一如既往地起主导作用，但这种作用正日益为全球所共享。

全球治理顺应了世界历史发展的这一内在要求，有利于在全球化时代确立新的国际政治经济秩序。从理论上说，它力图发展起一套管理国内和国际公共事务的新规制和新机制；它强调管理就是合作；它把治理看作当

---

① 根据《国际组织年鉴（2020—2021 年）》整理汇总，详见 https://ybio.brillonline.com/。

② 赵伸：《第四次世界妇女大会、'95 北京非政府组织妇女论坛丛书》，载刘菊兰主编《中国出版年鉴》，中国出版年鉴社，1999，第 616—617 页。

代民主的一种新的现实形式等，所有这些都是对政治学和国际政治学研究的贡献，具有积极的意义。虽然关于治理和全球治理的理论还很不成熟，它的基本概念还十分模糊，在一些重大问题上还存在着很大的争议，但是，这一理论无论是从实践上看还是从理论上看都有其十分积极的意义。从实践上看，冷战结束后，国际政治格局面临着重大调整，作为唯一超级大国的美国在对外政策上呈现出单边主义的态势，全球治理强调国际关系的公平和公正，客观上有利于消解和制约单边主义和霸权主义。随着全球化进程的日益深入，国家主权事实上受到严重削弱，而人类所面临的经济、政治、生态等问题则越来越具有全球性，需要国际社会的共同努力。

新兴经济体的崛起使七国集团体系的作用逐渐减弱（见图 2），2000 年后，新兴市场和发展中经济体 GDP 增速始终高于发达经济体；按购买力平价计算，2008 年前后，新兴市场和发展中经济体 GDP 占全球经济比例已

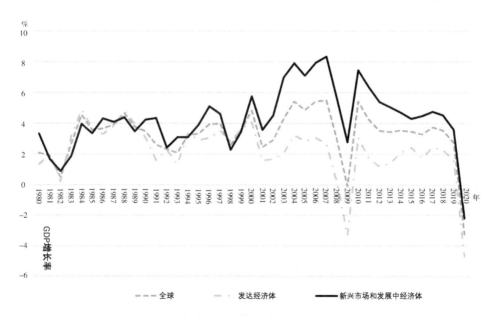

图 2　全球各经济体经济实际 GDP 增速

资料来源：IMF, World Economic Outlook database, April, 2021。

经超过发达经济体，七国集团难以维系"全球经济治理中心"的地位，在亚洲金融危机、墨西哥比索危机中没有发挥有效的作用，而 2008 年美国金融危机的出现，则彻底改变了全球治理的主导模式。

三、二十国集团及全球治理体系改革

2008 年金融危机后，二十国集团（G20）已经逐步发展为全球治理的体系中心。[1] 曾经控制全球治理体系的发达国家也不得不承认，传统的治理体系已经无法适应当前世界经济政治格局的变化，如德国前总理施密特在《大国和它的领导者》前言中指出"工业国家的八国集团会议——今天已经不合时宜，就当今的多极世界秩序而言，二十国集团才是真正框架，中国在该机制中理所当然扮演着核心角色"。[2] 二十国集团发展至今经历了两大主要阶段：第一阶段（1999—2007 年），从八国集团领导人会议升级为二十国集团财长与央行行长会议。1997 年东南亚爆发了金融危机，随后，这场危机逐步蔓延至俄罗斯和巴西，引发世界经济的动荡。为了防止类似危机的重演，1999 年 9 月由八国集团财长在华盛顿提出的召开二十国集团峰会，为有关国家就经济、货币政策举行非正式对话提供一个平台。成立公报指出，"G20 是布雷顿森林体系框架内一种非正式对话机制，目标是推动具有'系统重要性'的经济体之间就经济、金融核心政策开展对话、扩展合作，以实现有益于全球的世界经济稳定、持续增长"。[3] 第二阶

---

① Kirton, J. J., "G20 Governance for a Globalized World,"*Global Review* 103, no. 3（2013）：362-364.
② 施密特：《大国和它的领导者》，海南出版社，2014。
③ 黄薇：《G20 主导下的全球经济治理与中国的期待》，《国际经济合作》2015 年第 6 期。

段（2008年至今），为了摆脱全球20世纪80年代以来最严重的全球性金融危机，2008年11月二十国集团由部长级会晤升级为领导人峰会，这标志着二十国集团从审议论坛向决策机构的转变。二十国集团峰会成为全球经济合作的主要论坛，从根本上改变了全球经济治理的结构。二十国集团历次峰会成果参见表1。

表1　二十国集团历次峰会成果简表

二十国集团峰会	时间	地点	成果
第一次峰会	2008年11月	华盛顿	应对国际金融危机，达成47条金融领域改革行动计划
第二次峰会	2009年4月	伦敦	峰会出台总额1.1万亿美元的全球经济复苏和增长计划
第三次峰会	2010年9月	匹兹堡	启动"强劲、可持续、平衡增长框架"以及相互评估进程
第四次峰会	2010年6月	多伦多	承诺在11月首尔峰会前完成国际货币基金组织份额改革，设定发达国家削减赤字和公债的量化指标和时间表
第五次峰会	2010年11月	首尔	承诺制定全球经济失衡制定"参考性指南"；将发展问题设置为长期议题
第六次峰会	2011年11月	戛纳	承诺继续加强宏观经济政策协调，促进增长和就业行动计划
第七次峰会	2012年6月	洛斯卡沃斯	支持欧洲国家处理好主权债务问题；许多成员国宣布参与国际货币基金组织增资
第八次峰会	2013年9月	圣彼得堡	决定建设开放型世界经济，把不采取贸易保护措施承诺延长至2016年

二十国集团峰会	时间	地点	成果
第九次峰会	2014 年 11 月	布里斯班	设定 2018 年二十国集团整体经济增长在当前政策水平上额外提高 2% 以上的目标
第十次峰会	2015 年 11 月	安塔利亚	确定三个方面的优先关注领域,推动包括结构性改革、基础设施投资等 11 项重点议题
第十一次峰会	2016 年 9 月	杭州	达成"放眼长远、综合施策、扩大开放、包容发展"的杭州共识,强调创新增长与数字经济发展,决心完善全球经济金融治理
第十二次峰会	2017 年 7 月	汉堡	承诺继续推动贸易投资,发挥数字化潜力,推动可持续发展,与非洲国家建立伙伴关系,实现强劲、可持续、平衡和包容增长等 3 大发展目标
第十三次峰会	2018 年 11 月	布宜诺斯艾利斯	承诺维护女性的经济社会权益。重申引领可持续发展转型承诺,支持以 2030 年议程和二十国集团行动计划的框架来推进目标
第十四次峰会	2019 年 6 月	大阪	承诺在维护女性工作权益和反对贪腐方面进行合作。面对蓬勃发展的数字技术,承诺以人为本的人工智能技术,提倡非约束的二十国集团人工智能原则
第十五次峰会	2020 年 11 月	利雅得	致力于引领世界塑造一个强大、可持续、平衡和包容的后疫情时代。承诺推进全球流行病的准备、预防、检测和应对,包括通过支持有需要的国家的能力,并继续共享及时、透明和标准化的数据和信息

资料来源:作者根据二十国集团峰会官网（www.g20.org）、多伦多大学二十国集团研究中心（www.g20.utoronto.ca/analysis）等资料整理而得。

2008 年金融危机后，由于强有力的政策刺激，中国经济表现突出，已超过美国和欧盟，成为拉动世界经济增长的第一大引擎；中国对大宗商品的巨大需求，也带动新兴经济体快速增长。伴随着世界经济格局和力量对比的变化，中国在全球经济治理中发挥着越来越重要的作用。国际社会对中国承办二十国集团峰会充满了期许，关注于中国如何发挥强劲的崛起能力，重新塑造二十国集团与全球治理。2016 年二十国集团杭州峰会领导人宣言中达成的诸多成果即体现了对二十国集团传统核心议题的继承和深化。推动经济增长、金融监管、国际金融机构和贸易领域改革等，都是中国参与二十国集团峰会一贯重视和关注的议题。此外，杭州峰会为中国进一步深度参与全球经济治理，实施对外开放新战略，深化中国经济改革，提供了难得的契机和良好的平台。峰会的改革议题与中国的对内改革、对外开放，构建开放型经济新体制的目标相统一，成果体现了鲜明的中国特色，具体见表 2。①

表 2　二十国集团杭州峰会主要成果

领域	具体承诺和行动方案
贸易	达成《二十国集团全球贸易增长战略》；反对贸易保护主义；推动尽快实施世贸组织《贸易便利化协定》
投资	达成《二十国集团全球投资指导原则》
国际金融体系	达成《二十国集团迈向更稳定、更有韧性的国际金融架构的议程》
发展	推动包容、联动式发展，推动落实 2030 年可持续发展议程
创新	首次将"创新增长"纳入二十国集团核心议题；达成二十国集团创新增长蓝图共识
结构改革	完成了二十国集团结构性改革的顶层设计；确定了结构性改革的 9 大优先领域和 48 条指导原则

资料来源：作者汇总整理。

---

① 以下部分内容作者根据《二十国集团领导人杭州峰会公报》整理汇总，详见 http://www.g20.org/dtxw/201609/t20160906_3394.html。

在贸易投资议题中，杭州峰会实现了二十国集团框架下的贸易投资合作的突破。首次设置了贸易和投资工作组，使二十国集团的贸易部长会议常规化和机制化；发布了第一份二十国集团贸易部长会议共同声明。① 二十国集团杭州峰会批准了《二十国集团全球贸易增长战略》，这成为继世界贸易组织巴厘会议、内罗毕会议之后，全球贸易自由化推进的重要内容，具有里程碑意义。在金融议题中，杭州峰会继续推进国际金融体系改革。峰会批准了《迈向更稳定、更有韧性的国际金融架构的二十国集团议程》，重启了国际金融架构工作组，承诺积极迎接国际货币基金组织2010年份额和治理改革的落实。在可持续发展议题中，杭州峰会承诺力求落实2030年可持续发展议程，为未来15年的全球发展制定了明确的时间表和路线图。该议程是二十国集团峰会第一次将发展问题置于全球宏观政策框架的突出位置，也是第一次围绕落实2030年可持续发展议程制订行动计划，展现了二十国集团协调和引领世界经济发展的领导力，对巩固二十国集团在全球经济治理中的核心地位意义重大。在创新增长议题中，杭州峰会通过了《二十国集团创新增长蓝图》，支持以科技创新为核心，带动发展理念、体制机制、商业模式等全方位、多层次、宽领域创新，推动创新成果交流共享；通过结构性改革、新工业革命、数字经济等新方式，为世界经济开辟新道路，拓展新边界；形成"协同、合作、开放、包容"长效创新机制，帮助提升全球经济增长的中长期动力。在机制改革议题中，杭州峰会完成二十国集团结构性改革顶层设计。峰会领导人宣言明确表示，大力推进结构性改革，为全球增长开辟新路径，全面提升世界经济中长期增长潜力。

---

① 东艳、张琳：《G20峰会的中国特色——与历届G20峰会的比较》，《人民论坛》2016年9月。

二十国集团治理模式的产生和发展适应了世界经济调整过程中对全球治理的内在需求。当前，世界政治经济正在发生持续的巨大变化，世界经济金融创新，新技术不断发展，全球化进程不断加快，同时全球面临着巨大的危机和挑战，结构性矛盾和深度调整的压力依然存在，全球宏观经济失衡，贸易增速下滑，金融形势复杂，过去仅仅凭借一国或一个集团的实力来影响全球，确保世界经济稳定发展的模式已不再适用，全球治理日益倾向于依靠一个范围更广的领导人集团来实现，二十国集团正是符合这一规律的多边治理机制。二十国集团成员在世界经济中占有绝对重要的地位，其 GDP 总和占全球 GDP 的 90%，贸易总额占全球贸易额的 80%，人口总和占世界人口的 2/3，是全球政策协调合作的重要机制，是除联合国以外最具影响力的国际治理平台，对世界性问题和国际规则制定具有较强的号召力和凝聚力。

二十国集团机制的有效运转依赖于发展中国家和新兴经济体在全球治理中发挥着日益重要的作用，[1] 而中国在逐步提升全球治理中的领导作用。张宇燕[2]认为，"长期以来，特别是中国共产党第十八次全国代表大会以来，中国积极参与和践行全球治理，贡献了完善全球治理的中国方案，为人类社会应对 21 世纪的各种挑战做出了重要贡献"。杭州峰会开创了二十国集团在全球治理方面的新起点，[3] 融入和体现了中国作为发展中大国，对于当前全球治理的理解，以及所做的责任承担。杭州峰会在会议目标、议题设置、成果达成、方案落实等多方面有其鲜明的特点，是中国近年来主办的级别最高、规模最大、影响最深远的多边经济会议。这次会议既包

---

① 爱迪生·达希尔·费略：《G20 与多边经济议程下新兴经济体的作用》，《国外社会科学》2013 年第 6 期，第 27—30 页。

② 张宇燕：《全球治理的中国视角》，《世界经济与政治》2016 年第 9 期。

③ 丁一凡：《杭州峰会成为 G20 全球治理框架的新起点》，《人民网理论频道》2016 年 9 月 4 日。

含对传统核心议题的关注和突破，又针对当前二十国集团发展新阶段、世界经济面临新挑战，引领了全球经济治理新方向。

二十国集团治理模式不断演进和调整完善，体现了全球治理理念的变化。全球经济治理的研究涉及国际关系、全球治理、国际经济等多个视角。柯顿（Kirton）从国际关系的现实主义、自由制度主义、建构主义、网络、俱乐部等理论出发，认为八国集团是以大国实力和民主政体为标准的协调平等模式，而二十国集团并非八国集团权力协调的放大版，而是由国际体系中的重要国家所组成的完全不同的俱乐部。①

二十国集团的治理理念随着治理机制的扩展也在不断深化。二十国集团创立之初强调成员平等发挥治理作用，实现治理主体广度的扩展，同时通过创建峰会俱乐部来提升治理有效性；随后二十国集团更关注治理对象的扩展，从着眼于应对金融危机，到涉及贸易与投资、气候变化、可持续发展、国际税收合作、反腐败等转变，二十国集团已经由应对危机的金融合作为主，向通过修正全球治理体系的不适合之处，实现最优全球治理结构的模式进行调整。

四、全球治理体系的发展特点

2008 年全球金融危机后，世界各国都认识到全球治理的重要性，改革全球治理机制成为国际社会的广泛共识，但现实发展却事与愿违。英国脱欧致使一体化运作最好的欧盟出现裂痕、多哈回合谈判破裂宣告世界贸易

---

① Kirton, J. J., "G20 Governance for a Globalized World," *Global Review* 103, no. 3 (2013): 362-364.

组织改革失败、美国"退群"引发逆全球化兴起、恐怖主义和地缘政治冲突仍不时发生，这些现象表明全球治理陷入深度困境。现有国际规则体系并不能有效管理全球各类重大事务，不能及时应对全球的重大挑战，全球治理出现了"失灵"的局面。解决全球治理难题，需要全面准确地认识全球治理。

全球治理困境自 2008 年全球金融危机起开始显现，后来，随着欧债危机、欧洲难民危机、英国脱欧和美国"退群"等问题持续涌现，全球治理的难度越来越大。与危机前相比，全球治理在多个方面出现了新变化。

第一，发展中国家在全球治理中的地位不断上升。全球治理概念源于西方。西方发达国家面对世界政治、经济、社会、环境等变化，产生了诸多疑虑和见解，并试图采取一系列措施来维持世界秩序的良好运行。联合国、世界贸易组织、世界银行、国际货币基金组织等重要的全球治理组织和机构都是在第二次世界大战以后，为了维护战后的国际经济体系，由发达国家主导建立起来的。但是随着全球化的深入发展、发达经济体实力的相对下降和发展中经济体实力的相对上升，全球治理的主导力量发生了变化。世界银行统计数据显示，2000 年发展中国家经济总量占全球 GDP 的比例仅为 18%，到 2018 年则达到了 37%，增长了超过一倍。其中，金砖五国占比从 12% 增长到 23%。1992 年中国经济对世界经济增长的贡献率是18.91%。2018 年上升到 27.44%，同期美国从 46.56% 下降到 20.34%。[①]此外，发达国家对现有全球治理和国际秩序的立场出现了转变，少数发达国家尤其是美国，试图修改现有全球治理制度，多数发展中国家则希望维护现有制度并增加话语权。比如，美国在特朗普上台后纷纷从多个国际组

① 根据世界银行数据整理汇总，详见 https://data.worldbank.org.cn/。

织和协议中"退群",先后退出 20 多个国际组织、双边和区域协定,并多次宣称要退出世界贸易组织;英国"脱欧"虽闹剧不断,但基本上也已成定局。与此同时,中国提出"一带一路"倡议,加强与东盟国家合作,推进《中日韩自贸协定》的签署,采取多个举措推动全球化;俄罗斯于 2012年 8 月加入世界贸易组织,希望融入全球贸易体系。因此,全球治理的主导力量在悄然发生着变化,美国等发达国家希望承担更少的全球治理任务,中国等发展中国家则有意参与更多的全球治理,拥有更多的话语权。

第二,非政府力量在全球治理中的参与度不断提高。长期以来主权国家是全球治理的绝对主体,但是近年来,在逆全球化背景下,国家间制度协调的困难增大。国际组织、非政府组织、私人机构等非政府层面的机构对全球治理的参与度提高,是全球治理的重要补充。与过去几个世纪中任何时期相比,权力本身变得更加分散。在某些问题上,公司、基金会、市民社会等非政府组织比政府的影响力更大。联合国、国际货币基金组织、世界贸易组织、世界银行、新开发银行等国际组织及机构对全球安全、金融、贸易等领域的稳定发挥着重要作用。国际红十字会、国际儿童救助会、国际爱护动物基金会、世界爱护自然基金会等非政府组织在全球青少年问题、生态保护等方面的作用也越来越大。很多私人基金会,比如比尔及梅琳达·盖茨基金会、苏珊汤普森·巴菲特基金会等在艾滋病、疟疾等疾病防治、贫困儿童上学等公益事业上都做出了积极贡献。随着全球化的深入发展,非政府组织的规模大幅增长。1980 年全球非政府组织不到20 000 个,到 2020 年超过了 60 000 个,并且非政府组织的参与人员也大幅增加。①

———————————

① 根据《国际组织年鉴(2020—2021 年)》整理汇总,详见 https://ybio. brillonline.com/。

第三，非正式制度和机制在全球治理中的作用越来越大。制度既包括正式制度，也包括非正式制度。正式制度与非正式制度都是约束人们行为的规则。全球化的快速发展要求建立全球性的制度安排来约束和规范生产要素的全球流动。但是，一方面，现有的正式制度和机制不能适应全球权力变迁和全球化的新变化；另一方面，在逆全球化的背景下，跨国的正式制度很难发挥作用，美国"退群"、英国脱欧、世界贸易组织改革停滞等都说明正式制度的影响力在下降。而非正式的国际机制如七国集团、二十国集团、金砖国家、亚太经合组织等，以及人们长期形成的各种习俗、惯例、文化、价值理念等非正式制度，反而对全球治理的影响越来越大。

国际社会对生态环境保护、跨国犯罪、太空、极地等全球性问题提出了治理原则和方法。但是全球治理仍然缺乏针对互联网金融、数字经济、网络安全等新业态的全球性规则。二十国集团、亚太经合组织都在尝试采用非正式制度、机制来规范全球治理，并为逐渐酝酿新规则创造条件。也正是在以民族国家为主要治理单元的世界秩序难以维系高效能治理的背景下，中国提出构建"人类命运共同体"，呼吁从人类社会共同命运的角度形成新的全球治理体系，以应对各类危机。"人类命运共同体"思想是从全球共同发展、人类共同繁荣出发，以和平、发展、公平、正义、民主、自由等人类共同价值理念构成软约束，是最具代表性的全球治理的非正式制度。

第四，全球治理开始从大国集团化转向碎片化、分散化。第二次世界大战以后的世界秩序是由美英等发达国家主导、多个发达国家形成集团来共同参与全球治理。但随着经济全球化的发展，发达国家之间差距开始拉大，内部出现分化，全球治理也走向碎片化和分散化。欧债危机对西班牙、意大利等老牌发达国家产生了重大冲击。英国脱欧后，欧盟只剩德国一枝独秀。美国实力虽然有所下降，但霸权地位依旧稳固，盟国对其霸权行径敢怒而不敢言，比如在重新谈判《北美自由贸易协议》（NAFTA）和《美日自由贸易协定》的过程中，其行为均引发其他签约国的极大不满。2018 年七国集团峰会上，七国集团领导人针对贸易、减税、气候变暖等问题激烈交锋，峰会无疾而终，以大国集团式进行全球治理的模式越来越难以推进。而同时，全球化的背景下国际分工深化，生产效率和收入水平提高，生活水平大幅提升，生产生活方式发生深刻变化。各类问题也在全球蔓延，日益受到民众的关注和重视。相互推诿、互相纷争、以邻为壑等行为备受公众指责。基于对人类共同居住的地球的保护、对全球安全的充分考虑、对世界各民族的一致态度等，全球治理有从被动转向主动，从约束性走向自觉性的趋势，各个国家或团体积极参与全球治理是大方向。各国主动履行其在全球治理中的义务，如自觉减少碳排放、自觉维护地区安全、自觉加强对儿童和青少年的保护等。

现有的国际治理机制、治理手段存在明显的局限。从目前来看，联合国是当前唯一的全球性的治理主体，但是囿于大国关系、运作机制、关注重点、治理能力等各种历史与现实的因素，在国际金融危机、全球气候变化和资源竞争、移民和难民、人道主义救援、打击跨国恐怖犯罪，以及一直以来备受关注的国际贸易体制改革等问题日益成为全球治理对象的形势下，随着越来越多具有潜在威胁的问题的出现，仅仅依靠联合国作为全球治理的重要支撑，来避免世界范围内的危机和动荡这一目标的实现有相当的难度。事实上，上述问题也无法通过一个集中统一的治理体系来实现。全球治理需要的是各种多层次、多行为体参与的制度安排，这些行为体既包括政府间组织，也包括半官方及完全非官方的团体，还包括企业甚至个人。联合国、各民族国家应发展、培育"新"的全球行动者去解决这些问题。

五、中国在全球治理中的角色调整

党的十八大报告明确提出"加强同世界各国交流合作，推动全球治理机制变革，积极促进世界和平与发展"。这是中国官方第一次在党的重要文献中以"全球治理"取代了"全球经济治理"，意味着中国不再把全球治理仅仅局限在经济领域，它同时也涵盖了政治、安全、社会和其他新领域的全球治理内容。而党的十九大报告指出，"中国秉持共商共建共享的全球治理观，倡导国际关系民主化，坚持国家不分大小、强弱、贫富一律平等，支持联合国发挥积极作用，支持扩大发展中国家在国际事务中的代表性和发言权。中国将继续发挥负责任大国作用，积极参与全球治理体系改革和建设，不断贡献中国智慧和力量"。同时，党的十九大修改后的党章将坚持正确义利观，推动构建人类命运共同体，遵循共商共建共享原则，推进"一带一路"建设等全球治理的中国方案写入党章。这是官方对于全球治理问题的最新理论概括和战略判断，它表明，中国正在成为全球治理的重要参与者和治理机制变革的推动者，明确了中国积极参与全球治理的战略选择。

中国参与全球治理是国际政治经济新格局重构的客观需要。经过改革开放的经济腾飞，中国已经成为全球化世界中最重要的组成部分之一。一方面，国际社会对正在崛起的中国在全球治理中发挥更大作用抱有较高的期待，"中国在全球治理中的作用"甚至成为一些国家学术和政策研究的突出议题；另一方面，日益全球化的中国需要进一步参与全球治理，这不仅是维护中国自身发展和安全利益的需要，也是中国作为大国的责任所在。对于中国来说，即要充分认识到，更多、更积极参与全球治理，对于维护自身利益、促进自身发展以及推进国际政治经济新格局的构建具有重要的意义。同时，也要看到，虽然自 20 世纪 70 年代以来，中国在组织形式上完成了加入国际体系的过程，中国与外部世界之间已经存在着广泛的物质利益关系，中国已经是国际制度的"会员国"，并积极且广泛地参与到国际体系当中来，但中国还不是一个完整意义上的、有全球性影响力的大国，只是一个发展中的大国，中国与外部世界之间仍然存在着各种非正常的政治与利益的摩擦和冲突，外部世界对中国的理解和判断还充满了猜疑和不信任。为了回应构建世界政治经济新格局的需要，中国应该超越既有思维方式，将维护国家主权和核心利益与发出自己的声音、承担相应国际责任有机结合起来。

中国参与全球治理是应对全球挑战的战略选择。在经济问题方面，2008 年全球金融危机使世界经济处于动荡和调整中，逆全球化思潮汹涌，世界经济持续低迷，中国作为经济大国有责任引领世界经济，贡献中国智慧；在安全问题方面，恐怖主义和极端组织的活动频繁，局部地区冲突加剧，中国周边地区危机蔓延；在数字发展方面，有关数字经济和信息安全的国际规则制定缓慢，中国作为数字经济大国需要更加有为；而在环境问题方面，全球气候与环境问题成为全人类不可忽视的严峻考验。此外，我们还面临着发展过程中的南北问题以及核扩散、人权、疾病等各种危机。

当前，旧的治理体系负重前行，而新的治理方式又尚未成熟，全球治理的成效不佳。作为世界上最大的发展中大国，中国应该努力维护全人类共同利益，并自觉承担更重大的国际事务，中国自身实力的增强，使中国参与全球治理机制的态度和角色也进行了相应的调整和变化，即在对待全球治理机制的态度上从消极被动向积极主动转变，在身份定位上从谨慎保守者向开放务实者转变，从参与者向引领者转变。而且，参与全球治理同时也是将自身本土化的治理经验概念化为全球治理的共识性知识，从而在全球治理过程中推动平等、互信、对话、沟通、互惠的新结构和机制。在治理理念方面，倡导"包容""共享"与"共赢"。中国的持续稳定增长已经成为引领世界经济发展的重要引擎。在中国经济发展的新起点上，中国提出创新、协调、绿色、开放、共享的发展理念，这与中国全球经济治理中提出的创新、包容、联动、共享等主张相通。中国在发展进程中，秉持发展成果由人民共享；在全球治理中，中国倡导各国寻求利益共享，实现共赢目标，共同构建合作共赢的全球伙伴关系，体现"共享"和"共赢"的中国理念。

在治理主体方面，引领新兴经济体提升在全球治理中的制度性话语权。中国正从规则接受者向制定者转变，从被动参与者向主动塑造者转变，从外围协商者向核心决策者转变。中国积极参与全球治理的制度性建设，减少治理规则的碎片化，打破多边决策的僵局，提高决策效率和机制的有效性，构建全球治理的新秩序。在治理机制方面，促进新多边合作机制的形成。中国通过倡导成立亚投行、提出"一带一路"倡议、积极构建双边和多边区域自由贸易区，引领和推进全球经济治理。共建"一带一路"遵循共商共建共享原则。在《推动共建丝绸之路经济带和 21 世纪海上丝绸之路的愿景与行动》文件中，中国明确提出了共建原则、框架、合作重点与机制等。首届和第二届"一带一路"国际合作高峰论坛 分别于2017 年 5 月及 2019 年 4 月在北京举行，为促进国际经济合作搭建了新平台，为完善全球经济治理拓展了新实践。亚投行的成立、人民币加入国际货币基金组织特别提款权货币篮子、丝路基金的建立等均是近年来中国在国际经济治理中的重要突破。中国通过加速推进自由贸易区建设，加快构筑立足周边、覆盖共建"一带一路"国家、面向全球的自由贸易区网络，促进了亚太一体化与经济全球化的发展。

六、全球治理体系变革方向

国际治理体系经过了二战后三个阶段的发展，国际治理向全球治理的演变越发清晰。随着全球化程度的加深，原有的治理主体、治理机制、治理议题的积弊暴露，加之以逆全球化的思潮、新兴技术的变革、世界经济此消彼长的新趋势和全球大流行的新冠肺炎疫情的影响，全球治理体系亦有破局之势。具体来看，全球治理体系呈现出治理主体多元化、治理力量分化、治理问题复杂化、治理理念冲突加剧与治理机制创新化发展的特征。

（一）治理主体多元化与治理力量分化

欧美发达国家主导的全球治理规则和贸易体系遭遇全球金融危机和全球疫情等一系列变革因素的冲击，国际话语权持续减弱，而中国、俄罗斯、印度等发展中经济体的国际影响力随着经济实力的上升而持续增强，权力中心呈现东移趋势。发达经济体和发展中经济体对国际话语权的争夺已经从传统的贸易规则体系向投资自由化、市场开放度等更深层次更高标准的维度转变，尤其近年来，对数字经济、服务贸易、5G等高精尖前沿技术领域的规则制定和主导权争夺愈演愈烈。

非政府组织、跨国公司、行业协定在全球治理中的影响力提升，全球治理的力量出现分化。全球治理中的公正性和权威性受到挑战。例如，

"良好棉花发展协会"（BCI）号称是"最大的棉花可持续发展非营利组织"，该组织通过制定了"环保标准"等相关标准，要求会员必须使用其认可的符合标准的棉花，才能使用良好棉花发展协会标识，这些所谓的行业标准，已经对国际经济和政治格局产生显著影响。

（二）数字经济时代治理问题复杂化

全球生产和创新网络迭代更替。大数据、物联网、人工智能、5G 技术、航空航天、生物化工等高新技术的革命加速世界范围内生产方式变革，核心生产要素向技术领先的区域聚集，引发全球生产、投资和贸易格局的深刻变革。[①] 新技术革命将对产业结构、贸易方式、社会体系产生颠覆性的影响，引发国际格局和贸易治理体系的调整，过往人类经历了 3 次科学革命、4 次技术革命和 3 次产业革命，无一例外都对全球格局和治理体系产生了深刻影响。历次的技术创新都通过全球生产网络和供应网络等价值链体系的变革推动主导国经济实力崛起，促进国际地位和国际话语权提升。新一轮的技术创新以数字化转型为主要特点，传统的由国家或大企业主导的国际贸易模式逐步向大中小企业群体参与和分散化、数字化的平台经济模式转变。

新冠肺炎疫情的蔓延一度导致全球价值链断裂，全球贸易滑入低谷，2020 年全球贸易量同比下降 5.3%，是 1940 年以来全球遭受的最大降幅，世界主要经济体仅中国、土耳其等少数几个国家实现正增长，传统的线下贸易缺口被在线的跨境电子商务等新技术引领的贸易模式弥补，全球贸易体系治理已经由传统的线下多边贸易规则治理向线上贸易规则治理转变。

---

① 裴长洪、倪江飞：《坚持与改革全球多边贸易体制的历史使命——写在中国加入世界贸易组织 20 年之际》，《改革》2020 年第 11 期。

全球治理制度创新与技术变革与其在全球拓展之间存在矛盾。全球生产模式调整，生产一体化和边界内规则强化。新一轮的技术创新促进全球产业分工持续深化，全球生产模式重构和产业价值链不断延伸，溢出效应影响周边产业，并催生新的产业发展和不断细化的行业分工。区域贸易合作规模的扩大和合作深度地加强，促使区域内部生产一体化趋势显现，生产全球化向区域内部一体化生产转变。全球贸易规则治理难度明显高于区域内部的规则治理，全球规则治理向区域内部的边界规则治理转变。

全球治理面临诸多难题，主要表现在当前的制度框架缺乏促使主权国家、非政府组织、私人机构等主体共同解决全球性问题的有效约束，本质上是全球治理制度创新与技术变革与其在全球拓展之间的矛盾。全球治理改革归根结底是制度创新问题，要实现有效的全球治理必须建立全球性的制度安排。但是，目前在以主权国家为主导的世界格局中，协调各国的国内制度与达成国际规则的难度都很大，主权国家之间的合作直接决定着全球治理改革的成败。全球治理改革的核心问题就是面临"信任赤字、治理赤字、发展赤字、和平赤字"，需要以共商共建共享为原则，各国相互协作，采取渐进式改革路径，完善现有制度框架并建立新的规则，进而完善优化全球治理，推动全球包容性发展。

（三）治理理念冲突加剧

存在制度差异的大国间竞争加强，使全球治理合作的难度加大。经济全球化使国家间的交往从商品要素交换向生产一体化演进，在更紧密的交往中，制度异质性的国家间的制度矛盾逐步显现，例如，中美之间的贸易摩擦从微观经济摩擦向综合性摩擦及制度摩擦扩展。制度协调的重要性显著增强，摩擦双方从局部政策协调转向全面的制度协调。而 2020 年的新冠肺炎疫情又加剧了中美的矛盾冲突。

多边主义需正本清源。当前，美欧等西方国家强调所谓的价值观差异，构建盟友组成的联盟，以多边主义之名，行单边主义之实。拜登政府的国家安全战略将民主价值观放在突出重要的位置。2021年3月，拜登签署《重塑美国优势——国家安全战略临时指南》，提出践行并捍卫美国生活方式核心的民主价值观，将其作为美国持久的核心利益之一。声称当今世界处于重要转折点，自由与专制两种不同前景正展开激烈较量，美国要"重振民主"，需要对内践行、对外捍卫美国价值观，团结全世界"民主"国家，挫败对"自由社会"的威胁。提出贸易政策要服务所有美国人，而不只是少数特权阶层，在贸易政策中要体现美国价值观，包括加强劳工权利、平等机会和环境管理。欧盟将促进人权和民主纳入其对外行动的所有领域。欧盟在2020年11月发布《欧盟2020—2024年人权与民主行动计划》，提出欧盟要在对外行动的所有领域（如贸易、环境、发展）始终如一地促进人权和民主，强调劳工权利和数字人权。促进对童工采取零容忍政策，消除强迫劳动，包括支持各级伙伴关系、欧盟贸易关系中的劳工权利、促进全球供应链中的人权尽职调查以及促进批准劳工组织《强迫劳动议定书》。强化欧盟贸易政策中人权条款，包括通过普惠制和在自由贸易协定中促进劳工权利，充分利用监测机制的潜力，进一步提高透明度。

中国提倡以构建人类命运共同体为目标，主张全球治理应致力于实现民主的治理，国家、国际组织、区域组织、非政府组织等将以平等身份，共同承担解决全球性问题的责任；实现有规则的治理，全球性规则是治理过程的权威来源，规则的制定与施行是各国及不同组织共同参与的结果。全球治理是一种诉诸共同利益与价值的治理，维护全球利益是全球治理主体的共同责任；实现协商与合作的治理，维护全球秩序和利益，必然要超越暴力和冲突，依赖于协商、对话和合作的治理。

（四）治理机制创新发展

当前，联合国依然是最重要的全球治理的国际组织，也是最有效的政府间跨国治理机制。在国际权力转移的进程中，国际治理体系也在不断地演进与变革。从二战后的美苏争霸到全球治理蓬勃发展到此后深度调整的变局中，国际政治的复杂性日益增加，国际治理的参与主体不断丰富，治理需求也不断增加，因此，国际治理体系发展的不确定性与有效治理的挑战性也日益增强。坚持真正的多边主义，需要继续维护以联合国为核心的国际体系和以国际法为基础的国际秩序，同时，也需要适应全球政治经济格局发展的新特点，把握全球化的趋势，促进全球治理机制的创新发展。

在全球经贸治理方面，世界贸易组织作为国际贸易的多边主义平台承担着主要的引领作用，然而在多哈回合谈判陷入僵局以来，世界贸易组织的多边对话陷入僵局，世界贸易组织改革呼声日渐高涨。对此，美国提出就具体议题和共同利益成员进行世界贸易组织多边体系下的诸边谈判，而中国也在积极推动"投资便利化协议"的联合倡议声明，将投资等相关议题引入世界贸易组织，以期建立包括贸易和投资的完整的全球经贸治理体系，诸边谈判将是未来一段时间世界贸易组织框架下全球贸易治理的主要模式。

在全球金融治理方面，二战以来全球金融治理的核心由维护以美元为核心的布雷顿森林体系，转变为 2008 年全球金融危机后以维护国际金融体系安全为核心，关注银行业安全与国际监管、金融自由化、微观审慎与宏观审慎管理相结合的监管理念。全球宏观经济政策协调及金融治理为应对危机，稳定世界经济发挥重要作用。2021 年 8 月 2 日，国际货币基金理事会批准了规模为 6500 亿美元（约合 4560 亿特别提款权）的新一轮特别提款权（SDR）普遍分配，以增加全球流动性。

在全球气候治理方面，从 1992 年《联合国气候变化框架公约》签署，到 2005 年《京都议定书》强制生效，再到 2015 年气候变化《巴黎协定》在联合国批准通过，全球气候治理模式由以国家谈判为主的"自上而下"的模式向更具有社会民主共识的"自下而上"的模式转变，虽然国际协定仍在强制性和弱约束之间反复权衡，各治理主体都有自己的立场和考量。2021 年以来，气候变化和经济转型正在成为影响世界经济政治格局和大国博弈的中心议题，气候变暖对全球环境和经济社会的影响不断加速，根据世界气象组织《2020 年全球气候状况》报告指出，2020 年是有记录以来三个最暖的年份之一，气候治理刻不容缓；2020 年新冠肺炎疫情的暴发对世界经济和气候变化产生了复杂影响，触发了人与环境关系的深刻思考，也给了欧盟加速重塑其以气候为核心的经济议程的绝佳契机。气候问题将重构全球政经格局和秩序，世界各国亟须战略转型调整，大国博弈不断加深，各国参与气候治理背后有其战略布局目的，气候变化领域的博弈加强。

新力量格局下的战略竞争

高祖贵　李杨[*]

近代以来的国际关系史表明，国际格局演化的直接动因源自国际力量对比消长及其引发的战略竞争，战略竞争的展开推动国际关系演化。从冷战结束到新冠肺炎疫情全球大流行，国际力量对比变化不断呈现新的态势，国际战略竞争不断呈现新的特点，国际关系和国际格局也在不断呈现新的形态。

一、国际格局演进中力量对比的变迁

在近代以来的国际关系史上，国际格局的演变大致经历了两个阶段，这两个阶段的国际力量对比、战略竞争特点、国际关系变化相互之间自成逻辑。在第一阶段，主导国际格局变化的最重要的变量是权势大国之间的战争，国际权力格局由拿破仑战争后的均势格局过渡为第一次世界大战后

---

* 高祖贵，中共中央党校（国家行政学院）国际战略研究院院长、教授；李杨，中国气象局气象干部培训学院副教授、博士。

欧美主导的多极格局，再过渡为第二次世界大战后的美苏两极格局。在第二阶段，主导国际格局变化的主要变量变为了综合国力的竞争，苏联解体后形成了以美国为超级大国、多强并立的多极化趋势，进入21世纪以来，在"9·11"事件、阿富汗战争、伊拉克战争、2008年金融危机以及2020年新冠肺炎疫情全球大流行等多种因素的催化下，多极化趋势正在向多极格局加速过渡。

（一）均势格局的兴衰：从近代到第一次世界大战后

在近代以来的国际关系史上，从威斯特伐利亚体系形成到第二次世界大战前，欧洲作为民族国家理念的发源地，一直处于国际政治的中心，英、法、德、俄（苏）等欧洲大国的权力交互角逐以及战争构成了这一时期国际格局变化的主题。在拿破仑战争后，欧洲大国之间形成了暂时性的均势格局，但德国的崛起又很快终结了这一格局，其结果就是第一次世界大战和第二次世界大战接踵而至，随着美国、苏联两极格局的形成，欧洲在国际政治的中心地位不复存在。

1. 拿破仑战争与欧洲均势的终结

从1648年的《威斯特伐利亚和约》开始，欧洲各国始终在尝试构建一个均势的欧洲权力格局。所谓均势，就是指国家之间的力量对比相对平衡。经过连年战火，欧洲国家认为均势是解决权力对比冲突最为有效的解决办法。《威斯特伐利亚和约》在一定程度上为欧洲奠定了均势格局的基础。海上霸主英国与陆路强国法国之间的权力较量贯穿18世纪中叶欧洲国际政治的演变。但权力对比变化是不以人的意志为转移的，经过七年战争的冲击，英国战胜法国，进一步确立了海上霸主地位。法国尽管战败，但领土广大、人口众多、资源丰富的强大国家力量基础，以及几乎遍布整个欧洲的发达的外交网络，确保了法国依旧是一个在欧洲国际事务中影响不可小觑的大国。至此，英国、法国、普鲁士、俄国、奥地利形成了五强并立的局面。在五强并立的权力格局下，任何一方的权力变化势必给整个权力对比格局造成系统性的影响。同时，英国、俄国作为欧洲两个侧翼的大国，都控制着其他欧洲三强难以比拟的自然资源。俄国的领土、人口数量居于欧洲首位；英国在经济实力对比上优势显著，并主宰着海洋。因此，侧翼的这两个大国在权势上的突出优势严重挤压了法国的生存空间和国家利益，这也是促使法国在18世纪末走向扩张的重要原因。1789年法国大革命后，欧洲乃至整个世界范围的力量对比发生了深刻变化，传统旧秩序遭受极大冲击。从军事实力对比看，法国的军队规模在1789年只有18万人，到1812年则达到60万人，超过英国和俄国，成为欧洲军事力量最强大的国家。其中，法国在1790—1815年，拥有的服役军舰数量已经达到80艘，虽然与英国差距仍然较大，但同1739年的50艘相比已经有了巨大的提升。①

　　1799年11月9日，拿破仑·波拿巴发动雾月政变夺取政权，元老院1804年正式宣布法国为帝国，拿破仑称帝即拿破仑一世，之后颁布了《拿破仑法典》这一被恩格斯称为"典型的资产阶级社会的法典"。② 拿破仑的上位让整个欧洲的封建势力为之震动，一场大范围的资产阶级革命即将席卷欧洲。为了围堵法国，整个欧洲的封建旧势力联合起来形成了反法联盟。本质上看，反法联盟与法国之间的矛盾既是国际权力对比变化作用的

---

　　① 保罗·肯尼迪：《大国的兴衰》，王保存等译，求实出版社，1988，第123页。
　　② 中共中央马克思恩格斯列宁斯大林著作编译局：《马克思恩格斯全集》中文版第21卷，人民出版社，1974，第347页。

结果，同时也是封建旧势力和资产阶级新势力争夺国家利益和国家权力的体现。

法国的扩张最终以失败而告终。1814年9月，在英国、普鲁士、俄国、奥地利等国的主导下，维也纳会议召开。会议通过的《最后议定书》，依据正统主义、遏制、补偿三原则重新规划了欧洲，重构了欧洲大国之间的均势格局：荷兰、德意志邦国和撒丁王国得到加强；瑞士成为永久中立国；俄国占领波兰的领土被承认；英国确立了一直延续到第一次世界大战前的海上霸主地位，成为维也纳体系均势格局的最大受益者。[①] 为了从政治上、军事上、意识形态上进一步稳固维也纳体系，1815年9月，俄国、奥地利、普鲁士签订了旨在维护正统原则的《神圣同盟条约》。《神圣同盟条约》加强了封建君主国在道德层面上对民众的引导，以巩固其封建政权。该条约从本质上看就是为了在意识形态层面抵消法国大革命以后民主自由思想对于欧洲封建国家的影响，因而神圣同盟的影响在封建君主国十分广泛，除了英国、奥斯曼帝国和罗马教皇国，当时几乎欧洲的所有君主国家都先后在《神圣同盟条约》上签字加入同盟。在军事层面，英国、俄国、奥地利、普鲁士在军事上签订了《四国同盟条约》，条约规定各国共同维护第二次《巴黎和约》，并保证其按时实施。当一方未来遭受法国攻击时，四个国家均应出兵至少六万人，共同对法国作战。同时，这四个国家还定期举行会议，共同磋商解决欧洲秩序及社会问题，以保证欧洲繁荣与和平。至此，英国、俄国、奥地利、普鲁士在欧洲的均势格局上达成了协调一致。当时的欧洲，任何一国寻求权力霸权的行为都将影响以及破坏

[①] *Final Act of the Congress of Vienna/General Treaty (1815)*, Public International Law, April, 14, 2014, http://www.dipublico.com.ar/english/final-act-of-the-congress-of-viennageneral-treaty-1815/，访问日期：2021年10月10日。

欧洲的国际力量对比，进而引发战争，因此，英国、俄国、奥地利、普鲁士希望用制度的形式把权力对比格局稳定下来，通过大国协调机制化解权力冲突带来的矛盾。的确，维也纳体系的建立在一定时间内实现了英国、俄国、奥地利、普鲁士等大国之间暂时的权力对比均势，但拿破仑播下的民主、自由的种子也同时在欧洲发芽，随着欧洲工业革命进程的加快，欧洲范围内资产阶级等进步力量与封建阶级等保守力量之间的矛盾越发尖锐。同时，力量对比的变化、欧洲社会的发展进步又是动态的，而机制的变化总是滞后，因此，随着 1830 年法国七月革命推翻了波旁王朝，1848年全欧范围爆发了革命，1853 年克里米亚战争爆发，维也纳体系所维系的均势格局最终瓦解。随后，意大利和德国各自的统一，更加深刻地改变了欧洲大国之间的权力对比，尤其是一个统一的、团结的、强大的德意志在中欧的崛起和扩张，彻底改变了以往俄、奥等国对欧洲大陆的主宰，欧洲由均势逐渐向多极权力格局转变。正如保罗·肯尼迪所言，德国的统一使"欧洲失去了一个主妇，却得到了一个主人"。① 在欧洲各国为维持均势格局而费尽周折时，远在大洋彼岸的美国和日本则利用国内改革和国际有利环境，对外积极扩张，迅速提升了国家的经济和军事实力，逐渐走进了国际政治舞台的中央。

从拿破仑战争前后的国际权力对比看，以英法为权力核心，奥地利、俄国、普鲁士等之间的权力互动构成了欧洲的国际政治格局。在这五强中，国际权力逐渐由英法向俄国以及统一后的德国转移，新的力量对比逐步打破欧洲之前五强并立的均势格局。

---

① 保罗·肯尼迪：《大国的兴衰》，王保存等译，求实出版社，1988，第 228 页。

2. 第一次世界大战与凡尔赛—华盛顿体系形成

随着第二次工业革命的开始，欧洲大国、美国、日本等国家资本积累迅速膨胀，生产力得到了巨大发展。随之而来的是这些列强对全球殖民地的瓜分狂潮。到 19 世纪末 20 世纪初，整个世界基本已经被帝国主义国家蚕食殆尽。19 世纪末，权力转移和国际力量对比变化的效应已经十分显著。德国在工业化后迅速成为欧洲军事强国。到 1880 年，德国的军队规模已经达到 43 万人，是德国统一之后首次超过英国，仅次于俄国和法国。同时，德国在世界经济中所占的比例在 1913 年达到 12%，超过了英国的 9%和法国的 3%。[1] 从象征军事实力的钢产量上看，1913 年，德国的钢产量为 1760 万吨，超过了英国、法国、俄国钢产量的总和。在世界工业生产所占的相对份额上，1913 年德国已达到 14.8%，英国为 13.6%，法国为 6.1%，俄国为 8.2%。[2] 从综合实力上看，那时的德国已然成为欧洲军事第一大国。实力的高度膨胀使得德国觊觎更大的利益，也引起了欧洲其他国家的恐惧。这就如 100 多年前拿破仑的上位称帝引起整个欧洲的恐慌一样，历史再次回到了相似的轨道，位于欧洲中心的德国没有能够超越历史，为了攫取更多的国家利益，同 100 多年前的法国一样走上了扩张之路。为了平衡德国日益增长的权力，欧洲逐渐形成了以英国、法国、俄国集团和德国、奥地利集团的两极对峙格局，其中，英德两国的权力对比变化主导了当时欧洲国际政治格局的走向。这两个集团的针锋相对最终演变为第一次世界大战。尽管第一次世界大战以德奥的失败而告终，并在新的力量对比格局下，战胜国建立了凡尔赛体系。然而，一个国际体系如果要

---

[1] 米歇尔·博德：《资本主义史（1500—1980）》，东方出版社，1986，第 158 页。
[2] 保罗·肯尼迪：《大国的兴衰》，王保存等译，求实出版社，1988，第 252 页。

长期存在下去，必须与权力对比的格局相对应。从这个角度看，凡尔赛体系并没有真正反映出当时国际力量对比的实际状况。之后，美国的退出以及英国和法国在德国赔款、裁军问题上的分歧，使得这一体系自诞生之日起就注定失败。随后，日本的崛起改变了远东的力量对比，华盛顿体系作为美国主导的、旨在建立远东和太平洋新秩序的国际体系，在本质上成为凡尔赛体系的补充。在此意义上，凡尔赛—华盛顿体系可以说是那个历史时期欧洲和东亚国际力量对比的产物。

3. 第二次世界大战与欧洲中心地位的瓦解

第一次世界大战后，欧洲大国在世界范围内的霸权地位开始解体。美国在实力上成为世界头号强国，苏联作为社会主义大国的实力不断提升日趋稳固，这是加剧欧洲霸权地位衰落的重要因素。到 1929 年，美国的工业产量已经占到世界工业总产量的 42.4%，超过包括苏联在内的所有欧洲国家的总和。[1] 同时，美国通过道威斯计划、杨格计划进一步扩大了其在欧洲的影响。

一战不仅使德国作为战败国失去了欧洲的霸主地位，同时也让英国、法国重新回到了欧洲权力角逐的核心。英法在力量对比上的消长，以及两国在地缘政治上和战略上的差异，使得这两个国家在战后德国问题的处理上持有相左的意见。在英国看来，坐拥海洋天然屏障，维持整个欧洲的均势是最符合自身利益的。而法国由于地理上与德国紧邻，因此更希望将德国彻底压制，英法两个大国的不同意见给德国的又一次崛起留下了空间。有一点可以肯定的是，对于欧洲而言，力量对比变化所带来的动荡与冲突

---

① 保罗·肯尼迪：《大国的兴衰》，王保存等译，求实出版社，1988，第 253 页。

已经让主要国家疲惫不堪，英法深切地感受到，安全是最大的国家利益。但对于崛起的国家而言，安全必然需要足够的领土空间作为缓冲。因此，20世纪初期，地缘政治理论在国际政治中影响力不断扩大，德国、日本、意大利等国政府深受这种理论影响，大肆开展地缘政治扩张。随着1929—1933年世界范围的经济大萧条的强烈冲击，法西斯政权利用国内不断加剧的社会政治矛盾，粉墨登场。大国之间的军备竞赛加剧，欧亚战争策源地逐步形成。明治维新后，日本的国家实力有了长足的提升，但作为一个新兴的东亚国家，欧洲传统大国并没有充分认识到日本崛起对国际力量对比带来的影响，日本也始终没有获得与其国家实力相匹配的国家地位，因此，日本寄希望通过战争来取得亚洲霸主地位，进而撼动欧洲传统大国的利益。1939年9月，德国闪击波兰，接着，英法对德宣战，标志着第二次世界大战爆发。随后爆发的苏德战争、太平洋战争使得战火波及了全世界。最终，经过六年艰苦的作战，世界反法西斯联盟战胜了轴心国集团。战后满目疮痍的欧洲彻底失去了国际上的霸权地位。以美国为主导建立的联合国、布雷顿森林体系奠定了二战后的国际政治、安全、经济秩序。

二战同一战、拿破仑战争一样，都是力量对比变化导致的大国及其关联国家之间的冲突，都推动形成了新的国际格局。通过这几次战争，大国更加深刻地认识到通过挑起冲突来重塑力量格局的成本和代价过高，因此，开始着力于在制度层面构建既反映国际力量对比，又体现大国协调一致原则的超国家行为体来进行国际治理，联合国就是在这样的背景下产生的。

（二）两极格局的形成与解体：从第二次世界大战后到冷战后

二战后，国际力量对比例新洗牌，欧洲在短短几十年内经历两次战火，彻底丧失了近代以来对世界的领导权。1946年3月28日，柏林管制委员会下辖的工业水平委员会公布了"赔偿与战后德国经济水平计划"，该计划规定军备、飞机、航海船舶及与此相关的14种工业为被禁止工业，1949年德国的出口额为30亿马克，进口额不能超过30亿马克。它还确定战后德国的工业水平为1938年的50%—55%，亦即1932年的水平。① 美国由于远离两次大战的核心战场，生产力没有遭到重大破坏，其经济实力迅速提升。到1945年，美国的国民生产总值以1939年不变美元计算，从1939年的880.6亿美元增至1945年的1350亿美元。1940—1944年，美国工业发展极为迅速，年增长率15%以上，其速度之快超过了历史上任何一个时期。战争结束时，美国有1250万名军事人员，其中海外驻军750万人。② 苏联虽然遭受战争重创，但也通过二战进一步增强了世界大国地位，尤其是在军事实力上与美国并驾齐驱。加上二战后一批社会主义国家相继建立，苏联在社会主义国家中的影响力明显提升。可以说，二战后美国和苏联两个大国之间的力量对比构成了两极格局的基础。

1947年3月杜鲁门主义的提出，标志着美苏战时同盟关系正式破裂，冷战正式爆发。美苏两极的战略竞争随着双方力量对比的变化，经历了战略扩张、战略僵持、战略收缩等阶段。这两个超级大国虽然没有直接发生冲突，但在亚洲、欧洲等地区的地缘政治博弈则发生了多次间接对抗。在已经取得经济霸权的基础之上，美国在冷战开始后就把谋求世界军事、政治霸权作为战略目标，企图从经济、军事、政治权力上全面掌控国际事务。但朝鲜战争的结果致使美国控制东亚的地缘战略图谋彻底失败。后

---

① 周鑫：《由〈波茨坦会议公报〉看战后对德国的经济制裁》，《理论月刊》2009年第7期，第154页。

② 保罗·肯尼迪：《大国的兴衰》，王保存等译，求实出版社，1988，第446页。

来，美国又深陷越南战争的泥潭，导致国际力量对比出现有利于苏联的变化。从 20 世纪 70 年代开始，美国不得不开始战略收缩，相继从越南撤兵、撤出台湾海峡、同中国建立外交关系，容忍盟国提高地位，与苏联进行战略武器的谈判。相比之下，苏联在冷战初期，为了尽快从二战后恢复实力，在对美战略上采取积极防御的态势，对外扩张相对比较保守，只是通过军事、经济、政治合作等间接方式扩大自己的影响。1959 年赫鲁晓夫访美标志着美苏战略缓和的形成。随着美国在朝鲜、越南相继遭遇挫折，苏联开始利用美国留下的战略空间积极扩张。从 20 世纪 70 年代开始，苏联的战略扩张开始采取直接军事介入的方式，其谋求世界霸权的野心也昭然若揭。1979 年出兵侵占阿富汗标志着苏联的扩张达到顶峰。从数据上看，从 1948 年到 1970 年，美国的国防开支由 100.9 亿美元上升到 770.8 亿美元，苏联也由 131 亿美元上升到 720 亿美元，这两个超级大国任何一方的国防开支都超过了世界其他国家的总和。① 中国作为社会主义国家在亚洲板块的力量崛起成为二战后最大的地缘政治事件，在相继成功试验原子弹、氢弹之后，进一步发展成为影响国际力量对比的举足轻重的力量。西欧北约国家和日本经济的复苏则增强了两极格局中美国阵营的力量。在冷战中后期，中苏关系恶化、中美建交等事件使得中美苏大三角的权力互动在一定程度上主导了国际格局的走向。

回顾国际力量对比变化的历史，冷战时期的美苏两极格局是近代以来第一次出现两个超级大国竞争的局面，国际政治出现两个平行的社会制度、意识形态，进而形成了社会主义和资本主义两个阵营的对峙局面。同时，由于两个超级大国力量投射已经遍布全球，双方的战略博弈已经超出

---

① 保罗·肯尼迪：《大国的兴衰》，王保存等译，求实出版社，1988，第 475 页。

了传统意义上的国际战略意义，任何一方的战略调整都直接影响国际力量对比和国际格局变动。随着冷战结束，东欧剧变，苏联解体，世界政治经济进入全球化加速发展的时代，新兴经济体为代表的广大发展中国家呈现多点并发的群体性崛起，国际组织和跨国公司等非国家行为体的影响上升，世界主要国家的力量对比消长明显，国际格局从之前的两极格局逐步演变成以美国为"一超"，中国、俄罗斯、欧盟等为"多强"的格局。

二、金融危机以来国际力量对比变化与战略竞争特点

2008 年开始的全球金融经济危机从美国的银行次贷危机开始，到欧盟演化为多国的政府债务危机，然后蔓延到世界其他国家和地区，引发自 20 世纪 30 年代以来最为严重的经济危机。危机的冲击及其在全球化条件下的传导、扩散和放大效应，使得国际力量对比、国际战略竞争、大国关系互动都不同程度地发生了历史性变化。2020 年以来新冠肺炎疫情全球大流行的冲击，使得很多国家内部矛盾凸显，国际力量对比和分化进一步加剧，国际战略竞争态势出现新变化，国际关系和国际秩序演进更加复杂多变。

（一）金融危机冲击下国际力量对比的变化

在金融危机的冲击下，国际力量对比变化加快，多极化不仅越来越不可逆转，而且在不同层面和不同领域持续深化。世界权力从一个中心向多个中心扩散、各中心之间力量差距逐渐缩小。从世界主要国家的力量对比看，"9·11"事件、阿富汗战争、伊拉克战争的冲击与金融危机、中东大

变局的影响叠加，使世界唯一超级大国美国的实力与世纪之交的顶峰时期相比已经明显下降，在全球国内生产总值（GDP）总和中所占比例从 2000 年的 30. 89%下降至 2009 年的 23. 98%，[①] 与其他大国的综合实力差距持续缩小。欧盟通过加强一体化建设来保持国际地位和影响力，整体经济实力随着成员的增加而上升，在 2004 年即已超过美国。中国、俄罗斯、印度、巴西等新兴经济体连续多年保持经济快速增长，其中，中国、印度这两个最大新兴经济体在 2008 年和 2009 年的增幅分别为 9%、7. 5%和 8. 5%、5. 4%，[②] 经济总量同美国的差距不断缩小。

从全球范围内两类国家的力量对比看，西方发达国家的世界主导地位持续走弱，同新兴经济体及广大发展中国家的差距持续缩小。[③] 根据世界银行统计，2000 年到 2019 年，以美国等西方国家为主的高收入国家 GDP 的全球占比从 82. 25%下降到 62. 77%，中国和印度这两个传统东方国家的占比则从 5%上升到 19. 33%。近年来，新兴市场国家和发展中国家占全球经济总量的比例已接近 40%，对世界经济增长的贡献率已经达到 80%，成为全球经济增长的主要动力。[④] 以不断增强的经济实力作为支撑，新兴经济体和发展中国家加强协调，推动提高自身在国际货币基金组织和世界银行中的投票权，在联合国、金砖国家、二十国集团等多边框架下持续增大影响力，扩大共同利益和发展空间。此外，东盟、非盟等地区合作机制的作用不断增强，也在推升新兴经济体和发展中国家的整体国际影响。这是

[①] 数据根据世界银行数据库搜集整理，参见 https://data. worldbank. org/。

[②] 数据根据世界银行数据库搜集整理，参见 https://data. worldbank. org/。

[③] Evelyn Cheng and Yen Nee Lee, "New chart shows China could overtake the U. S. as the world's largest economy earlier than expected," CNBC, January 31, 2021, https://www. cnbc. com/2021/02/01/new-chart-shows-china-gdp-could-overtake-us-sooner-as-covid-took-its-toll. html.

[④] 《〈中共中央关于制定国民经济和社会发展第十四个五年规划和二〇三五年远景目标的建议〉辅导读本》，人民出版社，2021，第 131 页。

近代以来国际力量对比中最具革命性的、历史性的甚至是难以逆转的变化。

（二）大国战略竞争加剧

面对国际力量对比日益突出的变化和不断深入展开的多极化趋势，特别是国际混乱失序因素明显增多、不确定性和风险性持续高企的全球环境，世界主要战略力量纷纷重新厘清自身定位、资源条件、内外战略，力求更好地因应变局、维护利益、确保安全，在日益显现的多极格局中抢占比较有利的国际地位。从总体上看，大国之间竞争与合作并存交织的关系形态持续演化。特别是在全球性挑战日益突出的大背景下，包括全球经济发展面临多种困难、恐怖主义和极端主义威胁居高不下、难民移民问题的经济安全外溢效应凸显、国际能源格局面临深刻调整、全球气候变化应对可能逆转、核不扩散威胁依然严峻，大国之间增进合作的需求不减反增。与此同时，由于整个世界格局演进面临和平条件下前所未有的大变革、大调整，混乱失序因素明显增多，不确定性和风险性持续高企，大国为了更好地因应变局、维护利益、确保安全，战略和政策的进取性普遍强势。这就导致大国之间的竞争、碰撞、摩擦不断上升。从国内经济结构调整转型、社会矛盾治理、政治模式创新，到国际定位的矫正确认、对外战略的设计谋划、实施路径选择和政策策略应用，再到地缘政治布局改变和军事力量部署调整，大国博弈渐呈全方位展开态势。

美国独自掌控地区和国际局势的意愿、决心和能力明显下降，在全球和地区问题上的话语权和影响力有所下降。美国"一超"的总体地位尽管依然突出，但在一系列重大事件的连续冲击下，尤其是其国内经济复苏基础不稳、政府债务大幅上升、两党政治对立和两极分化加重等因素的叠加效应，内顾倾向明显。其对世界格局和国际体系演变的主导力已相对削弱。从经济上看，美国 2021 年国内生产总值约占全球经济总量的 24.42%，相比 2000 年的 30.89% 已有明显下降。[①] 随着拜登政府上台，美国也正在全力恢复在一系列国际组织和多边协定中的影响力，重新加入世界卫生组织、联合国教科文组织、世界人权理事会，重新签署应对全球气候变化的《巴黎协定》等，美国回归全球多边合作进程可能会进一步加快。

欧盟在应对债务危机、乌克兰危机、气候变化、难民危机、英国脱欧的过程中，力图通过持续全面推进银行、财政、能源、投资、数字、防务等联盟的建设，确保团结，有力应对来势猛烈的民粹主义浪潮，穿越"转型时刻"。2020 年 8 月，欧盟委员会公布了新的欧盟内部安全战略《欧盟安全联盟战略 2020—2025》，新战略制定了 4 个优先事项，包括维护面向未来的安全环境、应对不断发展的威胁、保护欧洲民众免受恐怖主义和有组织犯罪的危害、建立强大的欧洲安全生态系统，并分别提出具体方案。[②] 对外，强调战略自主，强化行动能力，注重向其周边的西亚、北非、西巴尔干和苏联解体之前的加盟国倾斜；制定战略，把中国、巴西和其他新兴工业化国家纳入西方主导的国际体系中，以加强欧盟未来作为国际格局一极的地位。

俄罗斯在美欧加大经济制裁的广度力度、北约继续东扩并强化军事遏制力度的情况下，推行创新发展和进口替代战略。对外，俄以深化欧亚经济联盟建设来强化对独联体国家的掌控和巩固周边战略依托，力图"构建

---

① 数据根据世界银行数据库搜集整理，参考 https://data.worldbank.org/，访问日期：2021 年 10 月 9 日。

② 《欧盟出台内部安全新战略》，《人民日报》2020 年 8 月 3 日，第 16 版。

欧亚多层次一体化模式";注重借助金砖国家和上海合作组织来提升和保持国际影响力;平衡推进与中国、印度、日本合作;充分利用叙利亚危机、"伊斯兰国"威胁、伊朗核问题等,同美国争夺中东主导地位,彰显俄罗斯作为世界多力量中心之一的地位。此外,俄罗斯也在谋求改善对美关系。2021年7月,俄罗斯政府发布了《俄罗斯联邦国家安全战略》,强调俄传统的精神道德与文化历史价值观遭到美国及其盟友、跨国企业、外国非营利与非政府组织、宗教组织、极端组织与恐怖组织的主动攻击,强调外部势力谋求推翻政权、"灌输异己思想和价值观"的企图均属"敌对行为",如果外部势力采取威胁俄罗斯主权和领土完整的不友好行动,俄将使用"对称和非对称的必要措施"进行还击。同时,该战略指出,俄罗斯将中国和印度视为合作伙伴,在不结盟的基础上与中印在亚太地区建立地区稳定机制。在经济发展持续下滑、经济结构更加依赖军工和能源的情况下,俄罗斯面临国际地位下滑趋势的挑战。

中国处于近代以来最好的发展时期,综合国力和国际地位提高尤为显著。在公元元年,中国 GDP 占世界经济总量的 26.2%,1500 年中国成为世界第一大经济体。1820 年中国 GDP 占世界经济总量的 32.9%,远高于欧洲国家的总和。1840 年之后,中国开始走向衰败,中国 GDP 下降到1870 年的 17.2%、1913 年的 8.9%,从 1950 年到 1980 年一直在 4.5%左右。新中国成立 70 多年、改革开放 40 多年后,中国已经和平崛起。2020年中国实现 GDP15 万亿美元,占全球经济总量的 17%,占美国 GDP 的70%,2025 年将会达到美国的 85%以上。[①] 2020 年,中国国内生产总值超过 100 万亿元,稳居世界第二。2016—2019 年,国内生产总值年均实际增

---

① 张蕴岭等:《世界大势:把握新时代变化的脉搏》,中共中央党校出版社,2021,第 55 页。

长率为 6.7%，在世界主要经济体中名列前茅。① 中国目前已经具有全球最完整、规模最大的工业体系以及强大的生产能力、完善的配套能力，拥有1亿多市场主体。2020年《财富》世界500强中中国大陆（含香港）企业有124家，历史上首次超过美国，位居全球第一。② 中国已经成为世界最大的货物出口国、第二大货物进口国、第二大对外直接投资国、最大外汇储备国、最大国内旅游市场和国际游客来源国，中国的国民经济已深度融入世界经济，成为世界经济发展的主要引擎。中国是世界上唯一拥有联合国产业分类中全部工业门类的国家，在海外的中国企业有近4万家。中国的崛起不仅大大强化了世界多极化趋势，而且成为提高新兴经济体和发展中国家整体实力并使国际力量对比变得越发平衡的重要因素。这既得益于亚太地缘板块在全球地缘战略格局变动中更加重要的托举效应，更得益于中国改革开放以来综合国力持续快速增长的深厚基础。如果说，之前世界对中国的影响远大于中国对世界的影响，那么如今中国对世界的影响正在快速增大，不断接近甚至超过世界对中国的影响。中国从过去的吸收借鉴和被动接受，发展为越来越多地展示自身理念、提出主张、增加贡献和主动塑造，构建人类命运共同体、"一带一路"倡议深得国际社会认同。中国倡导国际关系民主化，支持联合国等国际多边机制发挥积极作用，坚持继承和弘扬《联合国宪章》宗旨和原则；坚决主张世界各国一律平等，坚持国家不分大小、强弱、贫富一律平等，不能以大压小、以强凌弱、以富欺贫，各国主权和领土完整不容侵犯、内政不容干涉，各国自主选择社会制度和发展道路的权利应当得到维护，各国推动经济社会发展、改善人民

---

① 《〈中共中央关于制定国民经济和社会发展第十四个五年规划和二〇三五年远景目标的建议〉辅导读本》，人民出版社，2021，第113页。

② 同上书，第133页。

生活的实践应当受到尊重。中国坚持走和平发展道路，不称霸、不扩张、不谋求势力范围，主动承担与国家实力相匹配的国际责任，把中国的发展成果惠及世界。但也应看到，以中国为代表的新兴国家的群体性崛起尚未根本改变国际力量对比，国际力量对比仍然呈"西强东弱"。在这样的背景下，世界主要力量开始进一步加大对亚洲的力量投放，中国崛起面临的国际环境更加错综复杂，周边环境的不确定性进一步提升。

日本依然面临国际经济地位与政治地位不相匹配的问题，在日美同盟框架下处于从属地位。随着美国近年来不断实施战略收缩，特别是特朗普政府奉行单边主义，日本对美国的战略信任有所下降。特别是随着中美日力量对比持续变化，中国国内生产总值在 2010 年超过日本，成为世界第二大经济体和东亚第一大经济体；中美经济总量差距缩小，中国国内生产总值占美国国内生产总值的比例从 2009 年的 35%上升到 2019 年的 66%；中日经济总量差距则快速拉大，中国国内生产总值占日本国内生产总值的比例从 2009 年的 91%升至 2019 年的 274%。① 在此背景下，日本的战略焦虑和右倾保守化趋势日益凸显，对内以量化宽松和日元贬值以及税收改革等措施来促进经济发展，从武器装备、军费投入、人员和相关法律修改等多个方面大幅加强军备建设，谋求修改和平宪法；对外借助美国的支持不断突破二战后形成的战略束缚，积极扩展与澳大利亚、菲律宾、印度等国的合作。拜登政府上台以来，日本更加借助美国的拉抬尤其是美国对中国的打压，企图在经贸和地区安全领域发挥引领者作用，重振地区主导权和国际影响力。

印度自独立建国开始，就希望成为一个世界性的大国。印度开国总理

---

① 杨伯江、高承昊：《从金融危机到新冠肺炎疫情：大变局下日本对外战略走向》，《当代世界》2020 年第 9 期，第 17 页。

尼赫鲁曾明确表示："印度以它现在的地位，是不能在世界上扮演二等角色的。要么做一个有声有色的大国，要么销声匿迹，中间地位不能引动我，我也不相信中间地位是可能的。"① 金融危机以来，随着印度经济实力和地区影响力提升，莫迪政府将印度推向国际政治权力中心的愿望愈加强烈，对内力求以科技创新来加快经济增长，以航空航天开发和国防建设为抓手增强综合国力；对外，以强化对南亚和印度洋的主导权为基点，借力美欧日的拉拢，北上更多介入中亚，西向加强与中东国家合作，东进加强与日本、澳大利亚等东亚和西太平洋国家的合作，积极推行大国平衡和强势周边外交，大国心态和相应外交路线持续凸显。印度国家转型委员会制定的印度建国 75 周年（2022 年）的国家战略文件明确提出，要将印度建设成为世界经济强国，实现该目标的第一步是到 2022 年时发展成为 4 万亿美元体量的经济体，到 2025 年成为 5 万亿美元体量的经济体。② 换言之，印度决心在短期内实现赶德（国）超日（本）的目标，使自身经济体量跃居世界第三。在印度看来，影响其崛起的最重要外部因素就是中国。在此理念下，印度进一步向美欧日等靠拢，对华加强竞争甚至采取对抗姿态，在领土边界问题上不断制造摩擦。可以预见，印度的崛起和战略选择、与中国在亚洲和印度洋—太平洋地区的互动将深刻影响地区乃至世界其他地区的国际力量对比和战略竞争走向。

从大国力量对比和战略竞争来看，作为新兴大国和西方发达国家代表，中美两个大国的互动呈现越来越多的崛起国与霸权守成国之间关系的特点，双方在新形势下地区和全球的互动对地区和整个国际格局的演变、

① 贾瓦哈拉尔·尼赫鲁：《印度的发现》，齐文译，世界知识出版社，1958，第 57 页。

② NITI Aayog, *Strategy for New India at 75*, Government of India, January 2019, http://niti.gov.in/sites/default/files/2019-01/Strategy_for_New_India_2.pdf.

对新一轮大国关系的重组的牵动作用都将变得越来越突出。

三、新冠肺炎疫情全球大流行冲击下国际力量对比新变化与战略竞争新特点

当今世界正经历百年未有之大变局，一方面，国际权力由西方大国向新兴大国转移的趋势不断加强，权力此消彼长对国际体系、国际秩序的变革和重塑起到了重要的推动作用；另一方面，人类社会正在经历一场百年未有之大疫，新冠肺炎疫情全球大流行是加剧大变局演进的催化剂，疫情的扩散和蔓延对世界政治、经济等各个方面造成了全方位的冲击和影响，加剧了国际政治中原有的一些矛盾，催生了一些新的问题，世界主要国家的国内政治经济社会都发生了明显的变化，世界格局开始进入动荡变革期。就像2001年的"9·11"事件和2008年的金融危机深刻影响21世纪头20年国际力量对比和国际竞争态势一样，2020年以来新冠肺炎疫情全球大流行仍在发展，其深远影响正在不断显现。

新冠肺炎疫情最为显著的影响就是严重威胁到了全球人民的生命安全，截至2021年10月初，全球累计确诊新冠肺炎病例超过2.3亿例，累计死亡超过483万人。面对新冠肺炎疫情，西方发达国家缺乏召集大规模检测、隔离和必要时采取果断措施的能力，所谓自由民主制度的弊端尽显，导致疫情加速蔓延，社会成员大范围感染。美国累计确诊超过4 300万例，累计死亡超过70万人，分别占全球累计确诊和死亡人数的18.7%和14.5%。欧洲地区累计确诊超过7000万例，累计死亡超过130万人，其中英国累计确诊超过800万例，法国累计确诊超过682万例，德国累计确诊

超过 429 万例。同时疫情也对新兴大国造成了巨大影响，印度累计确诊超过 3300 万例，巴西累计确诊超过 2100 万例，印度尼西亚累计确诊超过 420 万例，南非累计确诊超过 290 万例。[①] 此外，欧洲的英国、法国、德国等面临第三波疫情的冲击。这些国家内部的社会政治问题与疫情防控形势相互交织，面临的矛盾更趋严峻复杂。中国统筹疫情防控和经济社会发展取得阶段性重要战略成果，2020 年中国国内生产总值增长 2.3%，2021 年第二季度中国国内生产总值环比增长 1.3%。[②] 中国疫情防控的战略性胜利与西方国家深陷疫情泥潭的强烈反差，让以美国为首的西方国家深刻认识到了中国特色社会主义制度的优越性以及中国共产党杰出的领导能力，它们更加忌惮中国的崛起对西方政治、经济乃至社会的全方位冲击。为了转移内部矛盾，以美国为首的西方国家对外大搞"疫情政治化"和"病毒溯源政治化"，以疫情为由向中国发起舆论战、外交战，攻击中国的政治制度，挑起经贸、安全事端，试图进一步遏制中国的崛起。新兴经济体和发展中国家在疫情防控问题上同样面临严峻挑战，印度、巴西和俄罗斯确诊人数分别位列全球第二、第三和第五，土耳其、阿根廷、墨西哥等新兴经济体也已成为疫情重灾区。新冠肺炎疫情的发展及其效应已经成为影响国际力量对比的最大变数。

除了对全球人民的生命安全造成重大威胁，新冠肺炎疫情还对全球经济造成了巨大的负面影响，世界经济陷入失速状态，国际贸易、投资、消费等经济活动受到严重冲击。国际货币基金组织 2020 年 10 月 13 日数据显示，全球主要国家用财政政策刺激经济和纾困，已投放了 12 万亿美元。

---

① WHO, "WHO Coronavirus（COVID-19）Dashboard," https://covid19.who.int/table，访问日期：2021 年 10 月 9 日。

② 数据来源：国家统计局网站，https://data.stats.gov.cn/，访问日期：2021 年 10 月 9 日。

货币政策已无空间，财政政策也没有太大的空间。高强度的财政刺激政策和货币刺激政策，比2008年国际金融危机时刺激力度要大得多，但效能小得多。美国2008年以来四轮宽松货币政策，加起来3万多亿美元，在2020年3月之后38周内，美国已向市场投放超19万亿美元的基础货币流动性。① 国际金融协会2021年1月7日发布的周报指出，疫情发生以来，全球债务水平飙升，2020年增加了17万亿美元，达到275万亿美元，这是自该流行病暴发以来前所未有的。这一增长在很大程度上是由政府借款大幅增加所致。全球政府债务与国内生产总值（GDP）之比从2019年的90%升至2020年的近105%。国际金融协会指出，经济刺激政策发挥了一定的作用，但也带来了金融和预算失衡等挑战。②

与之伴随的是世界经济重心逐渐由西方向东方转移。受疫情冲击，2020年美国内生产总值下降3.5%，为20.93万亿美元，这是自2009年以来首次萎缩。而同年中国国内生产总值（GDP）同比增长2.3%，是全球国内生产总值实现正增长的唯一主要经济体，经济总量达到约14.73万亿美元，达到美国国内生产总值的70%。③ 根据国际货币基金组织2021年1月统计和预测，西方发达经济体2020年经济萎缩4.6%，2021年经济将反弹增长5.6%。而疫情防控成果显著的亚洲地区2020年经济萎缩为2.1%，2021年将反弹增长6.3%。④

---

① 张蕴岭等：《世界大势：把握新时代变化的脉搏》，中共中央党校出版社，2021，第67页。

② "Weekly Insight: Debt Clouds over the Post-COVID Recovery," Institute of International Finance, https://www.iif.com/Publications/Members-Only-Content-Sign-in?returnurl=/publications/id/4231，访问日期：2021年10月9日。

③ 《遭遇1946年以来最严重萎缩 2020年美国经济下降3.5%》，参考消息网，2021年1月30日，http://www.cankaoxiaoxi.com/finance/20210130/2433604.shtm。

④ IMF, *World Economic Outlook*, https://www.imf.org/en/Publications/WEO/Issues/2021/01/26/2021-world-economic-outlook-update，访问日期：2021年8月6日。

新兴经济体、发展中国家、低收入国家的经济社会发展同样遭受了疫情的巨大冲击。世界银行行长马尔帕斯（David Malpass）提出，疫情大流行加剧全球财富不均，缺乏社会保障的低收入国家受到的打击最大，发达国家央行通过购买国债来刺激经济则对富人有利；疫情对发展中国家而言是巨大灾难，其长远发展可能受到重创，全球经济可能需时数年才能恢复至疫情前水平。根据世界银行发布的《全球经济展望》预测，2021年全球经济增长5.6%，是过去80年经济衰退后达到的最快增速。但这一复苏是主要经济体大幅反弹的影响。在很多新兴经济体和发展中国家，疫苗接种面临的障碍将继续对经济活动造成压力。全球增长前景依然面临严重的下行风险，包括新冠肺炎疫情再度卷土重来以及新兴市场和发展中经济体债务高企带来的金融压力。① 受限于运输和产能等因素，新兴经济体和发展中国家疫苗接种率远远落后于发达国家，在全球疫苗争夺战中处于下风，对经济复苏和增长也产生制约作用。2021年7月，世卫组织总干事谭德塞表示，全球接种数量已超过35亿剂，1/4以上的人已经至少接种一剂疫苗。但中国、美国、日本、德国、英国、法国、土耳其、意大利、墨西哥、俄罗斯这10个国家接种的疫苗占全世界总接种量的75%。低收入国家只有1%的人接种了至少一剂疫苗，而在高收入国家，这一比例超过一半。② 此外，发达经济体实施"无上限"量化宽松、控制债券并压低国债收益率、采取负利率、向商业银行加大贷款规模、向企业和家庭直接下发货币等刺激政策也给新兴经济体带来输入性通胀、货币贬值和资产市场下

---

① 《全球经济展望》（*Global Economic Prospects*），世界银行，https://www.shihang.org/zh/publication/global-economic-prospects，访问日期：2021年8月6日。

② 《世卫组织总干事在国际奥委会第138届全会上的主旨演讲》，世界卫生组织，2021年7月21日，https://www.who.int/zh/director-general/speeches/detail/who-director-general-s-keynote-speech-at-the-138th-international-olympic-committee-session，访问日期：2021年8月6日。

跌等风险。[①]

在新冠肺炎疫情冲击下，世界主要力量加快重新组合，各大国纷纷调整国际战略，世界多极化加速发展，国际关系分化组合更趋复杂。逆全球化和单边主义、保护主义、孤立主义风潮迭起。特朗普政府时期，美国退出多项国际组织及合约，对国际秩序、国际体系的稳定造成了严重破坏。拜登上任后，对美国的国际战略进行回调，重拾多边主义，重构西方联盟和伙伴关系网络，提出了"印太战略"，一系列举措都将对国际秩序、大国关系产生深远的影响，也会带动世界主要权力大国对外战略的再调整。巴西、印度、印度尼西亚、沙特阿拉伯、南非、土耳其等发展中大国和地区性大国，以不断增强的经济实力为支撑，在地区和国际事务中的影响力上升越发凸显。发达国家与发展中国家力量对比的变化将牵动关系重组。

中国在全球范围内率先控制住疫情，率先实现全面复工复产，成为拉动全球经济复苏的重要引擎。同时，中国在抗击疫情中充分展现了大国担当，国际地位和国际影响力进一步提升。截至 2020 年 9 月初，中国已向 32 个国家派出 34 支医疗专家组，向 150 个国家和 4 个国际组织提供了 283 批抗疫援助，向 200 多个国家和地区提供和出口防疫物资，向世界展示了讲信义、重情义、扬正义、守道义的大国形象。[②] 国际格局在疫情的催化下正在发生深刻变革，加速了权力对比由量变向质变的走向。美国的相对衰落、中国的相对崛起以及发达国家与新兴大国在权力上此消彼长使得国际多极化格局向多极格局发生历史性转变。美国前助理国务卿坎贝尔等战

---

① 习近平外交思想研究中心秘书处：《以习近平外交思想为引导驾驭国际新局势》，载《瞭望》2020 年第 34 期，第 9 页。

② 《四大要"义"——抗疫大考中面向世界的中国"答卷"》，新华网，2020 年 9 月 11 日，http://www.xinhuanet.com/2020-09/11/c_1126483026.htm，访问日期：2021 年 10 月 9 日。

略人士撰文指出，新冠肺炎疫情对国际格局和美国的国际地位产生深远影响，如果决策者不积极应对，疫情可能成为美国的"苏伊士运河时刻"。① 美国和西方其他大国在国际制度、国际机制中的主导权不断下降，中国和新兴大国话语权不断上升。但与之交织的是，以美国为首的西方大国在政治、经济、军事等各个方面全方位围堵遏制中国，这种逆势而为的行为会对国际格局的走向造成更多不确定的影响。

与此同时，疫情蔓延的影响逐渐传导到全球各个领域，全球性挑战和安全问题不断涌现。公共卫生、能源安全、生物安全、金融安全、网络安全、气候安全、粮食安全、移民问题等非传统性安全问题成为影响国际关系尤其是大国关系走向的重要乃至决定性因素，国际安全主要威胁来源及重心转向全球性非传统安全挑战。此次新冠肺炎疫情属于"超级非传统安全"威胁，是百年未遇的流行疫情、当代国际关系的重要变量，并外溢为经济、社会和安全的综合安全威胁。② 同时，国家间传统安全威胁犹在，中美竞争博弈加剧，中印在边界问题上摩擦不断，中东、欧亚、印巴爆发地缘政治冲突的可能性加大，俄与欧美地缘争夺持续，美俄军控体系垂危，部分国家内部治理困境凸显，经济社会脆弱性升高，出现政治和社会动荡可能性加大，冲击全球战略稳定。可以预见，在新冠肺炎疫情的叠加影响下，守成大国美国与崛起大国中国之间的战略互动和战略博弈将越发频繁，权力转移带来的结构性矛盾的复杂性、特殊性可能前所未见，中美之间的竞争已经超越了传统意义上的大国权力竞争，而是政治、经济、军事、社会、意识形态乃至国家制度的全方位竞争。在这样的背景下，国际

---

① Kurt M. Campbell, Rush Doshi, "The Coronavirus Could Reshape Global Order: China Is Maneuvering for International Leadership as the United States Falters," *Foreign Affairs*, March 18, 2020.

② 杨洁勉：《疫情下国际格局和世界秩序变化趋势分析》，《俄罗斯研究》2020 年第 5 期，第 6 页。

权力和利益的重新分配、国际制度的改革、国际秩序的重构道阻且长。

总体来看，透析大国关系的变迁史，国际力量对比和战略竞争具有三个突出特点。

一是科学技术和产业革命的发展一直是推动国际力量对比变化和国际战略竞争发展的重要因素。21世纪以来，数据规模、数据采集存储传输加工能力和数据基础设施，正在成为大国竞争的制高点，并将重塑全球竞争格局。进入21世纪的第二个10年，5G和6G通信技术、人工智能技术等的发展和运用，以及国家治理能力尤其是应对国内国际重大危机能力的强弱，不仅成为国际战略竞争的新焦点，而且对国际力量对比的影响上升。美国、中国、德国、日本、韩国、俄罗斯等16个国家发布了国家人工智能发展战略，18个国家正在研究制订人工智能发展计划。人工智能引发超级计算能力快速发展，据思科（CISCO）的统计数据，2019年全球超大型数据中心约447个，未来会出现爆发式增长。数字化基础设施成为人类更高水平互联互通的新基础设施，与人工智能、超级计算能力等叠加，将出现人们见所未见、闻所未闻的认知革命、业态变革与生活场景。中国从2G跟随、3G追赶、4G并跑到5G领先，在一些领域成为科技创新的前沿部队。2019年，中国数字经济增加值达35.8万亿元，占国内生产总值比例达36.2%。[1] 中国到2020年底已建成71.8万个5G基站，2025年将实现中国境内全覆盖。未来的世界，5G+强大算力，或者6G+量子计算，将构成巨大的不受边界限制的无垠网络空间。[2] 在新技术领域，后发国家可能由于技术鸿沟逐渐被边缘化。

---

[1] 《〈中共中央关于制定国民经济和社会发展第十四个五年规划和二〇三五年远景目标的建议〉辅导读本》，人民出版社，2021，第220页。

[2] 张蕴岭等：《世界大势：把握新时代变化的脉搏》，中共中央党校出版社，2021，第55页。

二是大规模战争和武装冲突作为国际战略竞争的极端表现形式受到越来越多的制约，爆发的可能性变得越来越小。国际战略竞争主要以和平方式进行，竞争领域越来越集中于国际规则、体制、机制的改革和创建，以及太空、网络、海洋、极地等新领域和远程武器精确化、智能化、隐身化、无人化等新技术维度，这些领域具有特殊性，没有任何一个国家能完全控制，因而大国在这些领域既有竞争也有合作，竞争与合作深度交织、不断转化。新冠肺炎疫情对全球的治理体系和治理能力提出了更高的要求，各国认识到建立一个更加完善的国际公共卫生机制，推动人类命运共同体的构建，才是消除疫情的有效方案。在抗击新冠肺炎疫情中，中国共产党的卓越领导和中国特色社会主义的制度优势使"中国模式"得到了世界更多国家和民众的认可，也为中国进一步引领国际体系、国际机制的变革提供了有利条件。

三是发展中国家的整体实力和国际地位不断上升，在联合国、二十国集团（G20）、77国集团、不结盟运动等国际机制和全球治理体系中的影响持续增大，特别是地区大国在地区和全球事务中的重要作用日益凸显。这些特点都将在未来国际关系和国际体系的发展中不同程度地体现出来。

信息时代的地缘政治博弈及中国战略选择

孙志强*

信息作为新科技革命的产物，促进全球交通通信、金融网络及合作机制的构建，也影响着社交媒体、外交网络及武装力量，是经济社会发展的推动力量。信息以其独特的内在规定性渗透到地缘行为体之中，引导或否定行为体行为，扩大行为体互动的频率和范围，改变互动方式。[①] 其不仅打破地缘结构为常量的观点，还将地缘政治推向纵深领域。以对信息资源的获取权、控制权和使用权为特点的制信息权，成为海、陆、空、天之外的一种新型权力模式。[②] 信息发展和信息量的时空关系、分布状况、运行机制及运行轨迹，引发地缘政治博弈的新特点。

信息扩展了国家边界观，在原有地理空间基础上塑造信息空间，并使其成为新的地缘政治博弈场域；信息优势逐步取代军事优势，成为地缘政治的力量基础；国家身份认同发生变化，出现信息强国和信息弱国等新的国家身份；数据资源、高新技术、网络用户成为地缘政治新的竞争要素；信息战、网络攻击、社交媒体上的博弈则成为地缘政治新的冲突方式。同

---

* 孙志强，博士研究生，山东大学国际问题研究院专任研究员。

① 余丽：《互联网国际政治学》，中国社会科学出版社，2017，第4—5页。

② 张维华：《新制权理论：制信息权的几个问题》，《情报杂志》2007年第12期，第57—59页。

时，信息并未改变地缘政治的权力争夺本质以及冲突对抗逻辑，地缘政治格局仍由大国关系主导，民族国家依然是基本地域单元和主要行为体。信息时代的地缘政治不能机械地理解为地理环境和人类社会的简单相互作用，而应找出地理现象背后深层的权力结构和逻辑关系。[①] 信息时代的地缘政治博弈，既有政治、安全领域的显性对抗，也有经济、社会文化领域的隐性牵制。本章着重分析信息时代的地缘政治博弈在政治、安全、经济、社会文化等四个层面的表现、影响及挑战，最后提出中国的战略选择。

一、政治层面

信息挑战传统国家主权概念，塑造信息空间，各国开始拥有信息边界和信息主权。国家及非国家行为体的互动则塑造了信息空间的权力格局。信息霸权主义开始出现，延续现实主义的强权政治。同时，信息还改变政府管理模式，各国竞相建设"数字政府"。

（一）信息挑战以地理空间为基础的传统国家主权概念，扩展国家边界观，国家及非国家行为体的互动塑造全球信息空间权力格局

传统地缘政治思想认为地理是国家的力量根基。信息改变国土面积这一构成综合国力的稳定因素，国土大小与国家实力的泛对称性消失。信息

---

① 张克成：《从地理决定论到结构主义：地缘政治研究方法的变迁》，《学术探索》2012年第3期，第34—36页。

还扩展国家边界的内涵和外延，使国家边界从固化的实体边界转化为弹性的信息边界，并由此形塑了信息空间。[①] 信息空间是一种时空一体化的平滑空间。作为独特的权力域，信息空间不存在前沿和纵深，具有多维度、多领域、多主体、虚拟性，且不断延展的特征。信息空间增强了地缘空间公共性，推动全球非领土化趋势，赋予地缘政治全新的时空基准观念。国家主权突破传统领土、领海、领空概念，扩展到信息领域，获得享有信息主权的应然状态。国家信息主权是指国家获取、占有、控制及管理本国信息，并排除他国或其他行为体干预的国家最高权力，是一种新型的国家权力形态。[②]

信息空间结构复杂、要素多元，处于事实上的无政府状态，并具有网聚效应、蝴蝶效应等特点。[③] 这使得信息空间权力格局呈现明显非对称性。传统对抗逻辑无法被接受，博弈双方可以是实力非对称的个人、组织或行为体。传统地缘劣势的国家，可以谋取信息优势以弥补总体劣势；传统地缘优势的国家，也可能因丧失制信息权而陷入被动局面。

信息空间的结构组成受信息发展水平的制约，不存在因距离过远而导致的力量损耗，一定程度上打破了地理对国家影响力的束缚。信息空间中，国家、组织、个人之间构成复杂互动网络，并与政治、经济与社会关系相互交织。各国相互依赖和斗争冲突并存，深刻改变了国际关系及力量对比。

信息空间内，国家作为主要行为体，不仅想独占信息，更限制、排斥

---

① Friedrich Kratochiwil, "Of Systems, Boundaries, and Territoriality: An Inquiry into the Formation of the State System," *World Politics* 39, no. 1 (1986): 27-52.

② 祝高峰：《大数据时代国家信息主权的确立及其立法建议》，《江西社会科学》2016 年第 7 期，第 191—197 页。

③ 吴世忠：《网络时代地缘政治的新特征》，《中国信息安全》2013 年第 8 期，第 40—42 页。

其他国家获得信息,各国缺乏政治共识和基本互信。① 信息空间发展早期阶段,基本由跨国公司、虚拟社区、技术社群、通信设备商等非国家行为体主导。国家与非国家行为体之间利益主张不同,表现出协作、对抗等关系形式,信息资源也在其中不断转移、调整,引发信息空间治理机制构建进程中的多层次冲突。国家与非国家行为体都努力通过自身实践来拓展在信息空间中的行动范围,以期获取更多行动资源。② 由于非国家行为体之间很少合作,而国家行为体更容易建立各种伙伴关系。因此,在掌控信息资源方面,国家比非国家行为体更具优势。但非国家行为体一旦控制核心信息技术,也可以对抗国家行为体。③

信息时代,伴随交通运输、通信和技术转让的发展,国际制度呈现多层次、全方位发展的特点,为解决信息不确定性、促进互惠合作提供保障。国家、政府和企业等重新定位、加速调整,新的合作机制不断涌现,区域性和小多边合作获得新的动力。但同时,围绕信息空间权力平衡,各国规制理念与主张不同,利益冲突逐渐增多,部分国家甚至被剔除出全球信息网络。

---

① 鲁传颖:《网络空间大国关系演进与战略稳定机制构建》,《国外社会科学》2020 第 2 期,第 96—105 页。

② 沈逸:《后斯诺登时代的全球网络空间治理》,《世界经济与政治》2014 年第 5 期,第 144—155、第 160 页。

③ Georgia Wood, "Geopolitics and the Digital Domain: How Cyberspace Is Impacting International Security," *Independent Study Project Collection* 3290 (2020).

（二）信息转换传统国家身份，使世界各国出现信息强国及信息 弱国的分类，信息霸权主义开始出现，延续了现实主义的 强权政治

依据世界各国占有信息资源的多寡以及对数据的掌控能力，将各国分为信息强国和信息弱国。信息强国在对外干涉时能够跨越时空障碍表达意愿，强化本国意识形态和价值观念，并凭借技术优势控制全球信息流动的内容和方式，强化与信息弱国存在的"数字鸿沟"，剥削支配信息弱国，甚至干涉信息弱国信息主权。①

信息强国具有对全球重要单位的属性信息、高精度的控制信息、特殊行业的语义信息、具有战略价值的个人信息等进行收集、处理、传送的强大能力。② 通过这些行为，信息强国不断增强信息传播主导地位，定义和操纵信息制度规则，侵占信息弱国的信息边界。信息强国还通过审查、过滤、拦截、控制等政策或行为改变全球信息流方向，影响信息弱国中容易受到操纵的个人及群体。这不仅使信息弱国内部产生阶层分化，还造成信息弱国国内深刻的政治裂痕和贫富差距。③

信息强国通过信息技术与综合国力的有机结合，控制信息辐射下的陆海空天多维领域，利用国际机制稳固以往获得的地缘成果。④ 信息弱国则往往对具有战略价值的重要信息资源缺少实际控制。2020年初，新冠肺炎

① Benjamin M. Compaine, *The Digital Divide: Facing a Crisis or Creating a Myth?* (Cambridge and London: MIT Press, 2001) .

② Joseph S. Nye Jr. and William A. Owens, "America's Information Age," *Foreign Affairs* 75, no. 2 (1996): 20—36.

③ 索尔·科恩：《地缘政治学：国际关系的地理学》，严春松译，上海社会科学院出版社，2011，第10页。

④ 张妍：《信息时代的地缘政治》，世界知识出版社，2010，第259—260页。

疫情全球暴发，各国广泛使用信息技术进行疫情防控。信息强国不仅在疫情管控过程中，有条不紊地进行信息共享、物资调配、流控调查，保障基本经济活动和物资供应；甚至还催生出无接触经济、智慧物流、宅经济等新业态。但信息弱国则面临疫情失控、政府失信，甚至经济崩溃、社会动乱的糟糕局面。

信息垄断导致信息霸权。信息霸权既需硬实力保障的强制性基础，也需软实力保障的合法性基础。[①] 信息霸权国深度影响他国的政治、经济决策以及制度运行，干涉他国在信息空间内享有的生存、安全与发展的权利，推行信息孤立等不公正行为。

（三）信息改变传统政治运作方式及政府管理模式，各国开始加强信息治理，积极建设数字政府

信息改变传统政府管理模式，协助建设决策辅助系统，各国开始积极建设数字政府。数字系统已被嵌入政治经济的所有组成部分中。急剧增长的信息流经常超过传统政府流程的反应能力，直接挑战政府对于信息流的垄断控制，改变政府工作流程，推动公共决策科学化。[②] 各国开始广泛开展信息治理，利用掌控的信息资源进行影响、决策、创造，提升社会治理、社会组织及社会协调能力，加快数字政府和电子民主的建设。[③]

数据、代码和算法越来越多地决定着公民获取信息资源的多寡。作为

---

① 蔡翠红：《大变局时代的技术霸权与"超级权力"悖论》，《人民论坛·学术前沿》2019年第14期，第17—31页。

② 弥尔顿·L. 穆勒：《网络与国家：互联网治理的全球政治学》，周程、鲁锐等译，上海交通大学出版社，2015，第5页。

③ 《数字中国建设发展进程报告（2019年）》，中国网信网，2020年9月10日，http://www.cac.gov.cn/2020-09/10/c_1601296274273490.htm。

信息融通者和公共服务者，各国政府利用海量原始数据和持续反馈数据组成的数据集制定公共政策，不断提升决策效率和准确度。同时，通过网络投票、签订通信协议、建设虚拟社区、保护区域网络等方式，降低监控协调成本，完善公共服务体系，改革政府机构透明度和问责制。一些腐败国家在信息技术的倒逼下，逐渐发展出透明、高效、反应灵敏的智慧政府。①

信息降低政治参与成本，提高国家直接民主程度，成为国家控制实体领域的新工具。信息能提升公民政治技能，健全社会利益表达机制，推动政治民主化进程。政府收集基层意见，发起签名请愿、在线投票等活动，再利用虚拟接待、远程访问等方式，使得民众参与公共决策的热情空前高涨。据统计，网上政治公民（online political citizens）比普通市民成为意见领袖的可能性要大7倍。② 政府通过统计公民信念、偏好、情绪、社会关系等关键信息，积极塑造网络情境，重构信息空间的信任关系，并向数据中心、门户网站、虚拟社区等信息空间战略要地施加影响。③

二、安全层面

信息改变传统军事形态，增进武器效能，使信息战成为战争新形式。

---

① Sten Tamkivi, "Lessons from the World's Most Tech-Savvy Government," *The Atlantic*, January 24, 2014.

② Sandor Vegh, "Classifying Forms of Online Activism: The Case of Cyberprotests against the World Bank," in Martha McCaughey and Michael D. Ayers (eds.), *Cyberactivism: Online Activism in Theory and Practice* (New York: Routledge, 2003), pp. 71-95.

③ Laura DeNardis, *The Global War for Internet Governance* (New Haven, CT: Yale University Press, 2014), pp. 199-221.

各国围绕信息控制激烈博弈，不断争夺制信息权。信息空间中，各行为体为达到政治经济目的，频繁进行网络攻击，同时，还在空间内部相互渗透、长期窃密，使间谍战、情报战日趋激烈。

（一）信息技术进步改变军事形态，增进武器效能，使信息战成为战争新形式

信息技术革命促使信息战成为最新的战争形式。信息战是为了获得信息优势而进行的作战。它包括控制信息空间，保护己方信息，同时获取和使用敌方信息，或破坏敌方信息系统并扰乱其信息流。信息战可控性程度高，伤亡程度低，作战力量配置密度小，威慑属性显著。信息战的作战战场扩展至陆、海、空、天、网等五维空间；作战目标并不在于粉碎和消灭对方的武装力量，而在于摧毁敌方的经济军事设施、指挥与控制系统，迅速使对方瘫痪、瓦解；作战方法追求计算机模拟技术优势和远程力量投送优势，强调纵深精确打击，隐形打击，协同作战，非线性、非接触、非对称式战斗等；作战模式追求一体化联合作战、人机协同作战，同时保持自身高度的全局观和敏捷的机动性。

信息技术还带来武器装备的颠覆性发展。信息战中广泛使用隐形武器、定向能武器、精确制导武器、智能反导武器等，可自动寻找、识别、追踪并摧毁目标。信息战高度依赖信息传递的综合性网络，如地理信息系统（Geographic Information System，GIS）等。地理信息系统以数字地图为基础，将作战区域的大量地理信息通过可视化技术进行处理，完美而立体地呈现作战区域。① 交战双方可利用遥感技术、过程模型与地理信息系统

---

① 李德仁、邵振峰：《论新地理信息时代》，《中国科学》2009 年第 6 期，第 579—587 页。

有效整合，进行要素分析、定位显示、图像认知、时间合成等。信息战还大量使用智能无人化机器集群、神经网络构建、交互式仿真等作战形式，甚至数字暴力、虚拟霸凌、逻辑炸弹、信息强制等新式作战方法。①

（二）各国围绕信息控制激烈博弈，争夺制信息权，传统安全理念被颠覆，信息安全成为地缘政治安全的基石

科技是历史的杠杆，是世界霸权更迭的手段。科技革新的主线贯穿着地缘政治发展历程，直接表现为对地缘政治争夺目标的不断更新，战略战术手段的持续发展，以及对区域控制力的优势获取，并最终内化为国际格局形成与演变的推动力。信息是全球应用范围最广、边际效益最高、战略意义最强的科学技术。信息改变国际关系中基本行为体的性质和行为，使国际体系的架构与核心要素呈现情境性及多元化发展趋势。②

尽管信息是无形的，但获取信息和使用信息的能力则与人口规模等传统地缘政治因素密切相关。就像工业时代控制特定的地理领土对战争胜利至关重要一样，信息时代，进行军事或商业活动的关键是获得处理大量信息并把信息纳入人们思想过程的能力，即获得制信息权。③ 制信息权是一种驾驭其他形式的上层权力，是国家在信息空间生存的重要保障，也是地缘安全的战略制高点。④ 在角逐制信息权的过程中，国家改变其与市场和

① 彭玉龙：《对近代以来世界军事革命的历史考察》，《军事历史》2001 年第 2 期，第 46—51 页。

② 蔡翠红：《网络地缘政治：中美关系分析的新视角》，《国际政治研究》2018 年第 1 期，第 9—37 页。

③ 詹姆斯·多尔蒂、小罗伯特·普法尔茨格拉夫：《争论中的国际关系理论》，阎学通、陈寒溪等译，世界知识出版社，2003，第 165 页。

④ 陆俊元：《论地缘政治中的技术因素》，《国际关系学院学报》2005 年第 6 期，第 9—14 页。

公民的互动形式，重新定义国家利益和战略重心。① 各国开始在信息领域积极创新，大力发展物联网、人工智能、空间技术等，对领土内外的网络进行管理、限制或禁止访问，提升情报监控和溯源反制能力，遏制网络监听和网络攻击。②

在高度数字化的信息空间里，传统安全理念被颠覆，信息安全成为国家利益和对外战略的重点。③ 全球信息节点日益铰链为一体，信息空间中任何一点发起的威胁，将使得受伤害的不仅是威胁所指向的直接目标，其他行为体也将或多或少地受到伤害。安全的去领土化也导致信息空间的集体行动困境，使得传统安全架构基本失灵。网络作为信息的主要载体，对正面和负面的信息一视同仁，不加筛选地进行创造和传播。因此，信息安全需要更加开放和更具吸纳力的集体协商和合作。国家与非国家行为体应努力确保信息通畅，降低对其他行为体政策和行为的误判，增强行为体间政治互信，防止信息侵权、信息渗透、信息倾销等行为，防范网络恐怖主义及跨国犯罪，全面加强信息安全建设。

（三）各行为体为达到政治经济目的而频繁进行网络攻击

信息时代，国家政治、政府决策以及企业经营越来越依靠信息网络进行操作。国家、政府、企业对于网络威胁或网络中断的脆弱性大幅增加，

---

① Eric Rosenbach and Katherine Mansted, "The Geopolitics of Information," Defending Digital Democracy Project, Harvard Kennedy School, May 2019.

② Wolff Heintschel von Heinegg, "Legal Implications of Territorial Sovereignty in Cyberspace," In Christian Czosseck, et al (ed.), *2012 4th International Conference on Cyber Conflict* (Tallinn: NATO CCD COE, 2012), pp. 7−19.

③ Iulian F. Popa, "Cyber Geopolitics and Sovereignty. An Introductory Overview" (5th International Scientific Conference "National and International Security 2014"), pp. 413−417.

而越是信息强国，其脆弱性也越强。国与国之间，以及国家与非国家行为体之间，经常通过电子干扰、系统漏洞进行网络攻击，引发公众恐慌或进行敲诈勒索，以破坏目标行为体的稳定性。

网络攻击手段包括削弱通信系统、窃取机密信息、实施网络诈骗、散布虚假信息、侵犯知识产权或个人隐私等，其来源常常难以识别和判断。一个规模很小的极端组织就可以跨越国界，对目标国发动暴力袭击。比如，劫持客机、侵入政府官网或进行个人自杀式袭击。[1] 网络攻击也常常成为民族主义的非理性工具。比如，利用网络推行种族主义和分裂主义，进行思想渗透，甚至煽动实施恐怖活动，直接威胁国家政治安全和社会秩序。

国家及非国家行为体经常利用网络，攻击目标国的政治制度合法性，削弱其政权公信力。2008 年俄罗斯与格鲁吉亚战争期间，俄罗斯军方发动网络战，对格鲁吉亚、南奥塞梯、阿塞拜疆的政府网站和媒体出口进行分布式拒绝服务攻击。[2] 2009 年至 2010 年，以色列利用震网病毒感染控制伊朗纳坦兹核电站离心机的计算系统，不仅使离心机出现故障，还向监控软件提供虚假数据，成功使伊朗核计划陷入瘫痪。[3] 黑客团体也经常组织网络犯罪或攻击政府网站。2018 年，由网络犯罪引起的经济损失高达 6000 亿美元，约占当年全球 GDP 的 1%。[4] 2017 年 5 月，俗称"魔窟"的勒索软件"永恒之蓝"感染了数十万台电脑，范围覆盖 150 个国家，黑客通过

① Ron Deibert, "The Geopolitics of Cyberspace after Snowden," *Current History*, January 2015, pp. 9-15.

② 珍妮弗·韦尔什：《历史的回归：21 世纪的冲突、迁徙和地缘政治》，鲁力译，南京大学出版社，2020，第 195 页。

③ Eric Rosenbach and Katherine Mansted, "The Geopolitics of Information," Defending Digital Democracy Project, Harvard Kennedy School, May 2019.

④ James Andrew Lewis, "Economic Impact of Cybercrime," *Center for Strategic and International Studies*, February 21, 2018.

加密电脑硬盘的文件勒索比特币。① 2019 年 3 月，黑客利用网络防火墙中的漏洞攻击了美国加利福尼亚州、怀俄明州和犹他州的部分电网，造成持续大约 10 小时的故障。②

（四）各行为体在信息空间内相互渗透、长期窃密，间谍战、情报战日趋激烈

从古至今，情报机构就一直存在，间谍活动同战争一样古老。18 世纪的欧洲，国家塑造新闻和舆论的能力就已经延伸到国界以外。③ 几个世纪以来，培养战略军事情报、专业市场数据和内政参考消息的可靠来源，一直是国家安全政策的核心。④ 到了信息时代，核心数据搜集应用、信息系统联网运行、基础资源匹配协调、技术协议审查监控，以及权力架构和体制生态等方面复杂纠葛，使得国家比以往更易受攻击。恐怖主义、极端宗教、分裂势力、毒品走私、洗钱活动、商业间谍都演化为常规型作战新形式，侵蚀、削弱、挑战国家权力。针对这种情况，各国情报机构在信息空间大肆渗透，大量使用算法技术、量子密钥以及强加密技术进行情报刺探，获取机密信息，执行监视任务，甚至干涉别国内政。⑤

美国作为最具实力的信息强国，建立了全球最大的信息情报交流监控

① 尼尔·弗格森：《广场与高塔：网络、阶层与全球权力竞争》，周逵、颜冰璇译，中信出版社，2020，第 47 页。

② "Report Reveals Play-by-play of First U.S. Grid Cyberattack," *Energy Wire*, 2019, https://www.eenews.net/stories/1061111289.

③ Jeremy D. Popkin, *News and Politics in the Age of Revolution* (Ithaca: Cornell University Press, 1989).

④ 丹·席勒、翟秀凤、刘烨：《信息传播业的地缘政治经济学》，《国际新闻界》2016 年第 12 期，第 16—35 页。

⑤ 罗伯特·D. 卡普兰：《无政府时代的来临》，骆伟阳译，山西人民出版社，2015，第 100—105 页。

系统。二战后，美国为打造信息安全协调体制，与英国、加拿大、澳大利亚、新西兰组成情报间谍联盟，签订电子间谍网络协议，内部实行互联互通的情报信息，被称为"五眼联盟"。[①] "9·11"事件后，美国进一步发展情报业务，仅中央情报局每年的经费就高达 260 亿美元。当前，网络活动已成为美国国家情报部门威胁清单的首要任务，仅五角大楼每天就有超过 1000 万次的入侵未遂发生。[②]

2013 年"棱镜门事件"的曝光，使美国丧失信息空间道德制高点。美国国家安全局职员爱德华·斯诺登叛逃，指责美国从 2007 年开始实施"棱镜计划"（PRISM）监控全球。"棱镜计划"实质上由美国国会授权，其不仅对美国公民进行秘密监视，甚至对西方盟国领导人也多方监听，严重伤害盟国的政治互信。斯诺登披露，自 2007 年始，美国国家安全局要求微软（Microsoft）、雅虎（Yahoo）、谷歌（Google）、脸书（Facebook）、苹果（Apple）等美国大公司提供在线数据，作为"棱镜计划"监控的一部分。[③] 时任美国总统奥巴马声称"棱镜计划"仅为反恐需要，美国不可能拥有百分之百的个人隐私，同时拥有百分之百的安全。"棱镜门事件"后，美国失去了作为网络自由卫道士的国际信誉。

---

① Matthew M. Aid, *The Secret Sentry: The Untold History of the National Security Agency* (New York: Bloomsbury Press, 2009).

② Brian Fung, "How Many Cyberattacks Hit the United States Last Year? " *Nextgov*, March 8, 2013, http://www.nextgov.com/cybersecurity/2013/03.

③ Barton Gellman and Laura Poitras, "U. S., British Intelligence Mining Data From Nine U. S. Internet Companies in Broad Secret Program," *The Washington Post*, June 7, 2013, https://www.washingtonpost.com/investigations/us-intelligence-mining-data-from-nine-us-internet-companies-in-broad-secret-program/2013/06/06/3a0c0da8-cebf-11e2-8845-d970ccb04497_story.html.

三、经济层面

信息改变综合国力的构成与衡量标准，重塑国际体系经济基础，加速推动经济全球化，各国开始竞相发展数字经济，信息密集区也成为全球新的经济增长极。同时，各国还在人工智能、5G 等高新技术领域激烈角逐。

（一）信息改变综合国力的构成与衡量标准，重塑国际体系经济基础，信息密集区形成新的经济增长极

信息改善社会生产的条件，缩短将资源转换为新生产力的时间，全面重构生产、流通、分配、消费领域，大幅提高劳动生产率，不断创造新的经济增长点。信息化不仅决定一国在全球产业链和贸易链中的地位，还以其先进性和渗透性更新、改造、升级传统产业，提高一国国民经济收入和国际竞争力。[①]

信息时代，拥有信息则意味着获得财富。信息与国家主权、企业产权、个人私权紧密结合，重塑全球经济运动的地理结构，推动全球经济合作从双边到多边，从区域到整体，产生复合相互依赖关系。[②] 市场和组织机构日益全球一体化，商品和服务交易可以在世界各地瞬时完成。[③] 信息

[①] Gearóid Ó. Tuathail, "Postmodern Geopolitics? The Modern Geopolitical Imagination and Beyond," in Gearóid Ó. Tuathail and Simon Dalby (eds.), *Rethinking Geopolitics* (London and New York: Routledge, 1998), pp. 16–17.

[②] Robert Keohane and Joseph Nye, *Power and Interdependence* (Boston: Little Brown, 1977) .

[③] 格泽高滋·W. 科勒德克：《21 世纪政治经济学——世界将何去何从》，龙云安译，中央编译出版社，2015，第 216 页。

还促进通信和交通运输手段的更新换代，推动货币、商品、人力的跨国流通，有利于世界资源的全球配置和国际合作。[①] 全球产业由资本密集型转向知识密集型，各国间的市场、资金、技术、制度形成竞合关系。[②]

全球财富日益向拥有信息优势的国家与地区聚集，信息密集区形成新的经济增长极。如美国硅谷、中国北京、日本筑波、印度班加罗尔等。世界经济论坛发布的网络就绪指数（Network Readiness Index）能有效衡量各国社会信息化程度以及信息技术推动经济发展的成效。2020 年的网络就绪指数排名中，北欧、西欧国家表现突出，在全球前 10 位中占据 8 席。排名前 3 位的国家依次为瑞典、丹麦、新加坡，美国位列第 8 位，中国位列第 40 位。[③]

信息时代，拥有广阔疆土和富饶资源的国家并不一定能成为经济强国，拥有高新技术和智力资源的小国也可成为经济霸主。[④] 例如，日本、韩国、以色列，尽管自然资源匮乏，却依靠前沿技术和智力资源成为世界经济强国；但是委内瑞拉、尼日利亚、刚果，虽拥有丰富自然资源，经济发展却十分落后。[⑤] 拥有几乎相同的自然资源条件，但由于对信息经济更为重视，芬兰比葡萄牙发展好，哥斯达黎加比尼加拉瓜发展好，马来西亚

---

① Yochai Benkler, *The Wealth of Networks: How Social Production Transforms Markets and Freedom* (New Haven, CT: Yale University Press, 2006), p. 131.

② David J. Rothkopf, "Cyberpolitik: The Changing Nature of Power in the Information Age," *Journal of International Affairs* 51, no. 2 (1998): 325–357.

③ Soumitra Dutta and Bruno Lanvin, *The Network Readiness Index 2020: Accelerating Digital Transformation in a post-COVID Global Economy*, Portulans Institute, 2020.

④ 资中筠：《国际政治理论探索在中国》，上海人民出版社，1998，第 276—277 页。

⑤ 詹姆斯·多尔蒂、小罗伯特·普法尔茨格拉夫：《争论中的国际关系理论》，阎学通、陈寒溪译，世界知识出版社，2003，第 159 页。

比菲律宾发展好。[1]

（二）信息加速推动经济全球化，各国竞相发展数字经济

信息增强世界的整体性与合作性，加速创造出一个不断融合的国际市场，引导经济迈向全球相互依存的高级阶段。在新自由主义思潮影响下，资本、商品、服务、人力的跨国流动，促进生产要素及资源的优化配置，全球各国陷入了依存、规制及共管的系统中。[2]

伴随信息技术的加速迭代、交叉融合、跨界渗透和创新演进，全球产业开始以大车间生产、电子信息技术辅助和数字经济为特点。物联网、人工智能、虚拟现实等新应用新业态接连涌现，全要素生产率不断提高，一、二、三次产业相互内置和多层链接，形成全新的产业融合形态。[3] 跨国企业围绕数字结构和数字动力学进行重建，逐步成为数字经济政策的焦点。跨国企业依托云计算的分布式处理、分布式数据库和云存储等，挖掘全球海量数据，掌控全球经济信息，赋能产业升级。

2019 年 6 月，二十国集团日本大阪峰会签署《数字经济大阪宣言》，并就如何通过数字化实现一个包容、可持续、安全、可信、创新性的社会交换了意见。2020 年，全球数字经济规模达到 32.6 万亿美元，占全球GDP 的 43.7%。其中，美国数字经济规模蝉联全球第一，达 13.60 万亿美元，中国位居世界第二，达 5.36 万亿美元；德国、日本、英国位列第三、

---

① 格泽高滋·W. 科勒德克：《21 世纪政治经济学——世界将何去何从》，龙云安译，中央编译出版社，2015，第 232 页。

② 詹姆斯·罗西瑙：《没有政府的治理》，张胜军、刘小林等译，江西人民出版社，2001，第65 页。

③ 江小涓：《迎接网络与数字经济全面发展的新时代》，2020 年 11 月世界互联网大会主题发言，http://www.360doc.com/content/20/1126/18/47186309_948077807.shtml。

第四、第五，规模分别为 2.54 万亿美元、2.48 万亿美元、1.79 万亿美元。[①]

（三）各国在高新技术领域竞争日趋激烈，中美竞争尤为明显

技术水平是国家实力的关键，也是大国崛起的支点。技术研发受到社会性牵引，成为各国衡量权力的尺度，也有利于全球包容性经济增长。短期内，各国经济增长仍可通过扩大要素投入实现，但从长期来看，则取决于技术进步的速度。全球各国力求控制主要的、有潜力的、新领域的垄断性生产，投入大量公共资金来开发控制关键技术。2020 年，全球信息科技支出高达 3.6 万亿美元。[②] 衡量国家技术创新能力的"彭博创新指数"显示，截至 2020 年，德国在综合排名中居于世界首位，美国、日本、中国分列第 9 位、第 12 位、第 15 位。[③]

大数据、区块链、云计算、量子通信等最新科技的研发与使用，使得权力的运作、财富的生产以及文化符号的创造变得越来越依赖各国高新技术水平。各国开始在人工智能、第五代移动通信技术（5G）等高新技术领域激烈角逐。人工智能具有强大的数据收集、分析和信息生产能力，在语音识别、文本识别、视频识别等感知领域影响重大。俄罗斯总统普京 2017 年曾宣称："无论谁成为人工智能的领导者，都将成为

---

① 中国信息通信研究院：《全球数字经济白皮书——疫情冲击下的复苏新曙光》，2021 年 8 月，https://mp.weixin.qq.com/s/G3Mi8GlNOVRygGEfGsAiHw。

② "Information technology (IT) worldwide spending from 2005 to 2021 (in billion U. S. dollars)," *Statista*, https://www.statista.com/statistics/203935/overall-it-spending-worldwide/.

③ Michelle Jamrisko, Wei Lu, "Germany Breaks Korea's Six-Year Streak as Most Innovative Nation," Bloomberg, January 18, 2020, https://www.bloomberg.com/news/articles/2020-01-18/germany-breaks-korea-s-six-year-streak-as-most-innovative-nation.

世界的统治者。"① 根据麦肯锡全球研究院报告，到 2030 年，人工智能有可能为全球额外贡献 13 万亿美元的 GDP 增长。② 5G 则运用物联网技术，推动传统产业数字化转型，使智能城市、工业互联网、无人驾驶汽车、增强型移动宽带、大规模机器类通信成为可能。③ 根据全球移动通信系统协会报告，5G 将在未来 15 年内为全球贡献 2.2 万亿美元的经济增长。④

信息进步加速部分国家的信息垄断与信息集中，并产生连锁和扩散效应。各国开始重视高科技企业及信息基础设施，以掌握信息流通的控制权，领先信息生产，输出特色优质的信息产品。⑤ 作为拥有全球最强大信息力量的国家，美国在电子商务服务、智慧城市工程、跨境光缆建设、数字服务平台等方面均处于世界领先地位。在注重创新的同时，美国加速技术市场转换率，设立知识产权壁垒，限制信息前沿技术转移至其他国家，从而继续保持其优势地位。欧盟不断加大研发投资，试图建立欧盟数字单一市场，推动欧洲数字化进程。日本积极推进数字新政，主张构建有效且安全应用的 AI-ready 社会，促进经济和社会重大转型。印度数字产业发展潜力巨大，选择与美国结盟，并在扩大互联网全球增长点方面发挥重要作用。俄罗斯则提倡本土数字化产业发展，意图在美国的

---

① James Vincent, "Putin says the nation that leads in AI 'will be the ruler of the world'," *The Verge*, September 4, 2017, https://www.theverge.com/2017/9/4/16251226/russia-ai-putin-rule-theworld.

② Jacques Bughin, Jeongmin Seong, James Manyika, Michael Chui, and Raoul Joshi, "Notes from the AI frontier: Modeling the impact of AI on the world economy," September 4, 2018, https://www.mckinsey.com/featured-insights/artificial-intelligence/notes-from-the-ai-frontier-modeling-the-impact-of-ai-on-the-world-economy.

③ Eurasia Group, "The Geopolitics of 5G," *Eurasia Group White Paper*, November 2018.

④ 《5G 产业权威展望：15 年内为全球增加 2.2 万亿美元经济值》，澎湃新闻，2019 年 2 月 28 日，https://www.thepaper.cn/newsDetail_forward_3051487。

⑤ 丹·席勒：《信息拜物教》，邢立军、方军祥、凌金亮译，社会科学文献出版社，2008，第 16—17 页。

轨道以外谋取发展。[①]

中美在高新技术领域竞争尤为明显。从中美研发投入对比来看，2019年，美国研发投入位居全球第一，达6127亿美元；中国自2015年超越欧盟27国后，稳居第二，2019年达到5148亿美元。[②] 根据《联合国2019年数字经济报告》，两国信息和通信技术部门的附加值，合起来几乎占世界总量的40%。[③] 另据《世界互联网发展报告2020》，美国、中国分列世界互联网发展指数指标体系综合排名第一、第二。[④] 中国拥有世界最大的电子商务市场，全球互联网行业规模仅次于美国。因此，美国借助"敏感技术多边行动"[⑤] 等机制对中国进行技术封堵，拉拢日、澳盟友推出"蓝点网络计划"，[⑥] 大搞技术冷战，致使中美高科技"脱钩"进程加快。拜登政府上台后，仍将科技领域视为未来中美竞争主战场，继续以出口管制、市场禁入、专利诉讼等手段制裁中国高科技企业。[⑦]

---

① 丹·席勒：《信息资本主义的兴起与扩张：网络与尼克松时代》，翟秀凤译，王维佳校译，北京大学出版社，2018，第14、第202—205页。

② 《2021年全球主要国家及企业科技研发投入情况对比，美国科研投入规模仍然保持首位》，前瞻网，2021年6月22日，https://xw.qianzhan.com/analyst/detail/220/210622-0e8dcfd2.html。

③ 《联合国2019数字经济报告》，搜狐网，2019年9月15日，https://www.sohu.com/a/340941265_468661。

④ 中国网络空间研究院：《世界互联网发展报告2020》，电子工业出版社，2020，第8—15页。

⑤ Chad P. Bown, "How Trump's Export Curbs on Semiconductors and Equipment Hurt the US Technology Sector," PIIE, September 28, 2020, https://www.piie.com/blogs/trade-and-investment-policy-watch/how-trumps-export-curbs-semiconductors-and-equipment-hurt-us.

⑥ "Blue Dot Network," U.S. Department of State, https://www.state.gov/blue-dot-network/.

⑦ 肖尧、贾舒喆：《拜登与特朗普压制中国科技发展的变与未变》，来源：全球技术地图，网易，2021年1月4日，https://www.163.com/dy/article/FVH5O2SK0514R8DE.html。

（四）数据成为基础性战略资源，各国不断加强数据保护

数据是历次重大科学革命背后的催化剂。① 21 世纪的竞争就是对占有数据资源以及将数据转化为有用信息的科技人员的零和博弈。② 全球数据数量迅猛增长，预计将从 2018 年的 33ZB（泽字节）增长到 2025 年的175ZB。③ 跨境流动的海量数据，多维动态的数据体系，以及千兆字节、太字节和拍字节的非结构化信息累积，给世界经济带来更高的生产率、更优质的创新和更好的可持续发展。数字化促进工作结构的信息化与程式化，对提升效率、打破壁垒、跨界融合起了重大的推动作用。通信技术与计算机技术通过数字的方式有机整合，使个人、组织、机器以各种通信形式任意组合，并创造各种可能性来进行全世界的联网、互动、交流、决策。④

数据资源战略价值意义凸显，使数据保护成为各国关注重点。数据的传输、存储、应用环节有各种安全漏洞，存在被截获、篡改、伪造的风险。手机应用程序通过请求访问个人用户的地理位置信息、联系人，甚至打开设备的摄像头和麦克风，提取个人数据。国家在调取查阅个人数据的过程中，也可能造成个人信息的泄露。⑤ 有关遗传学、生物测量学、种族

---

① Jonathan Shaw, "Why 'Big Data' is a Big Deal: Information Science Promises to Change the World," *Harvard Magazine*, March–April 2014, http://harvardmagazine.com/2014/03/why-big-data-is-a-big-deal.

② Eric Rosenbach and Katherine Mansted, "The Geopolitics of Information", Defending Digital Democracy Project, Harvard Kennedy School, May 2019.

③ European Commission, "A European Strategy For Data," EUR-lex, February 19, 2020, https://eur-lex.europa.eu/legal-content/EN/TXT/?uri=CELEX%3A52020DC0066.

④ 郑春荣、亚历珊德拉·豪斯泰因：《社会科学视角下的数字化进程》，同济大学出版社，2019，第84、第126—128页。

⑤ 蔡翠红、王远志：《全球数据治理：挑战与应对》，《国际问题研究》2020年第6期，第38—56页。

民族相关的个人信息泄露，会明显威胁国家安全。① 数据保护应在数据采集、数据标准、数据确权、数据定价、数据流转等各环节，着重加强数据权属的明确、数据安全的保障、数据交易的监管等。

2018 年 5 月，欧盟实施《通用数据保护条例》（*General Data Protection Regulation*，GDPR），为数字信任奠定法律框架。《通用数据保护条例》严格管制个人数据的跨境流动，推动企业对数据保护进行投资，并通过个人数据处理活动的域外管辖权拓展其主权边界，促进单一欧洲数据空间的形成。② 2020 年，欧盟委员会相继颁布《欧盟数据战略》（*EU Data Strategy 2020*）、《数据治理法案》（*Data Governance Act*），意图构建以欧盟为主要领导的、完善的数据保护法律体系。俄罗斯高度重视数据安全，通过要求数据本地存储的方式来限制数据跨境流动。2016 年，俄罗斯《新反恐法》进一步扩大政府监督权，将内容的强制数据保留期增加到六个月，元数据保留期增加到三年，在所有信息传递应用程序中强制加密后门。③ 2019 年 12 月，印度通过《2019 年个人数据保护法案》，提出使用数据是人与人之间交流的重要手段，应建立一种集体文化，促进自由和公平的数字经济，尊重个人信息隐私，并确保授权、进步和创新。④

---

① 劳拉·德拉迪斯：《互联网治理全球博弈》，覃庆玲、陈慧慧译，中国人民大学出版社，2017，第 12 页。

② 邱静：《中美数字科技博弈中的欧洲策略》，《现代国际关系》2020 年第 9 期，第 8—15、第 58 页。

③ Nathalie Maréchal, "Networked Authoritarianism and the Geopolitics of Information: Understanding Russian Internet Policy," *Media and Communication* 5, Iss. 1（2017）: 29-41.

④ *The Personal Data Protection Bill 2019*, Bill No. 373 of 2019, http://164.100.47.4/BillsTexts/LSBillTexts/Asintroduced/373_2019_LS_Eng.pdf.

四、社会文化层面

信息以数字化和虚拟化的方式与传统社会碰撞，极大地改变了社会形态，成为推动社会变迁的主要动力。媒介系统开始对地缘政治产生重要影响，社交媒体成为引导公众舆论的重要工具。

（一）网络增强信息传播影响力，美国作为信息霸主，掌控网络话语权，不断强化信息竞争方面的意识形态作用

信息时代，具有结构化弹性且追求高度综合体制的网络，成为信息传播的场域和载体。① 网络的模式创新及联动治理，改善信息传播的途径、结构、方式，拓展传播内容和传播范围，发挥着引导社会舆论、提高民众参与、监督权力机构等作用。1998 年，全球只有 2% 的人可以上网，而到了 2020 年，全球总人口的 59%（约 46 亿）被网络所连接，并且每天都会增加 100 万网络用户。②

网络既具有产业属性，也具有意识形态属性，逐渐成为利益分割的主战场及颠覆政权的新工具。网络话语权在鼓舞士气、操纵舆论、争取盟友、摧毁敌人意志方面具有独特威力，直接影响着公众舆论导向。信息强国把控网络话语权，不断输出价值观，对其他国家进行文化渗透、文化入侵及文化扩张。美国等还借助英语网络信息量的绝对优势，输出美式民主

---

① Manuel Castells, *The Information Age: The Rise of Information Society* (Oxford: Blackwell, 1996).

② Soumitra Dutta and Bruno Lanvin, *The Network Readiness Index 2020: Accelerating Digital Transformationin a post-COVID Global Economy*, Portulans Institute, 2020.

自由，力图将盎格鲁-撒克逊文化打造成全球主导文化。

美国掌握信息关键技术及核心资源，逐步从硬控制到软控制，统合全球数据，操纵国际议程，成为信息霸权国。网络在设计之初就融入了美国的信息霸权思维。全球广泛使用的 IE（Internet Explorer）、火狐（Firefox）和谷歌（Google Chrome）等浏览器，均由美国公司设计并推广至全球。美国还掌握因特网根节点，能对全球进行域名分配。全球 13 个根域名服务器中的 10 个在美国，其他国家以主从协议接入美国网络，接受根服务器和域名解释服务器的管辖。[①]

同时，美国还通过协同制度设计、组织机构创建和多利益主体参与等形式，打造信息领域的价值观集团；再通过授权监控、委托执法、替代性执行等方式，划分信息势力范围，构建信息联盟。美国尤其善于思想引领和意识形态煽动，拉拢盟友大搞信息博弈和阵营对抗式的信息冷战，以将中国、俄罗斯等竞争对手排除在"信息俱乐部"之外。

（二）社交媒体开始成为引导公众舆论的重要工具

社交媒体是各种信息汇总并进行交换的平台。它赋予信息可见程度，掌握信息分配权力，改变信息传播渠道，并促使其向外散射式传播。不同社会群体以此形成共同意志或进行文化交流。尽管社交媒体看起来是平等的，但它绕过网络的一些互操作机制，本质上是不公平且具有排斥性的。[②]美国拥有全球最强大的社交媒体，利用谷歌、脸书、推特等引导舆论、发

---

① Kieron O'Hara and Wendy Hall, "Four Internets: The Geopolitics of Digital Governance," *CIGI Papers No. 206*, December 2018.

② Laura DeNardis, "The social media challenge to Internet governance," *In Society and the Internet: How Networks of Information and Communication Are Changing Our Lives*, edited by Mark Graham and William H. Dutton (Oxford, UK: Oxford University Press, 2014), pp. 348-359.

酵舆论以及利用舆论。英国《卫报》指出，2011 年，美国军方曾实施一项企图操纵全球社交媒体的计划，制造大量虚拟网络身份——社交媒体用户称之为"袜子木偶"（sock puppets），进行亲美宣传。①

作为社交媒体代表，谷歌和脸书建立了两个历史上最庞大的商业帝国。据联合国环境署 2018 年发布的数据，谷歌每天处理 42 亿次的搜索请求，声称"组织全世界的信息并让其对全球可及并有用"；② 脸书每天有 11.7 亿活跃用户，声称"赋予人创建社群的权力，让世界融合在一起"。③

2010 年 12 月，社交媒体在席卷中东和北非的"阿拉伯之春"运动的酝酿、爆发、升级过程中起到重要推动作用。当政府面对"大量公民的武器只是一部手机，并且用它来参与挑战官方权威的小型叛乱"时，会变得措手不及。活动人士和技术极客召集"快闪党"，用新的工具来避开防火墙和审查，报道和发布在线新闻。④ 在将埃及总统穆巴拉克赶下台的政治事件发生期间，检测推特标签成为官方预测下一场示威游行活动的主要方式。⑤ 2020 年 9 月 27 日，亚美尼亚和阿塞拜疆在纳戈尔诺-卡拉巴赫地区再次爆发武装冲突，作战双方以短视频方式向外散布战争场景，以战争直播形式影响公众舆论，使社交媒体被拉进战略领域。⑥

---

① "Revealed: US spy operation that manipulates social media," *The Guardian*, March 17, 2011, http://www.theguardian.com/technology/2011/mar/17/us-spy-operation-social-networks.

② 《联合国环境署和谷歌宣布建立开创性伙伴关系，共同保护我们的星球》，联合国环境规划署，2018 年 7 月 16 日，https://www.unep.org/zh-hans/xinwenyuziyuan/xinwengao-6。

③ Mark Zuckerberg, "Bringing the World Closer Together," Facebook, https://www.facebook.com/notes/393134628500376/.

④ Eric Schmidt and Jared Cohen, "The Digital Disruption: Connectivity and the Diffusion of Power," *Foreign Affairs* 89, no. 6 (2010): 75–85.

⑤ Hal Hodson, "I Predict a Riot," *New Scientist*, no. 2931 (August 21, 2013).

⑥ 王强：《纳卡冲突视频呈现信息战新样式》，环球网，2020 年 10 月 19 日，https://opinion.huanqiu.com/article/40LKV6D6zeq。

美国总统大选也表明社交媒体已成为影响公众舆论的关键。2008 年，被击败的共和党候选人约翰·麦凯恩只有 4492 个推特粉丝和 62.5 万个脸书好友；而民主党候选人巴拉克·奥巴马推特粉丝数量是麦凯恩的 26 倍，脸书好友数量是麦凯恩的 4 倍。2016 年，赢得选举的唐纳德·特朗普拥有 3380 万推特粉丝，而对手希拉里·克林顿的推特粉丝数为 2560 万。特朗普的胜利，是基于自我组织和病毒式营销相结合的自由网络，因为彼时大约一半的美国人使用社交媒体网站获取关于竞选的新闻。[①]

五、信息时代地缘政治博弈下的中国选择

"印太战略"的地缘政治架构是以美国为统领，把美国、日本、澳大利亚、印度连接起来。特朗普当政时期，正式将其列入国家战略，美国国防部、国务院等自 2017 年以来先后发表正式文件，明晰了"印太战略"的内容与推进方式。拜登执政后，进一步完善"印太战略"，使其更具有综合地缘政治博弈的性质。一是，美国拉拢盟国、盟友打造团体性竞争优势；二是，把中国作为竞争对手，排斥中国，与中国进行全面战略竞争。显然，美国打造的"印太战略"具有很鲜明的地缘政治博弈的设计，将利用其各方面的优势，特别是在信息领域拥有的优势，力图获得博弈的主动权和掌控力。

面对美国的新地缘政治博弈，中国面临诸多的压力和挑战。从信息能力看，中国在信息技术、信息网络、信息经济和信息安全等领域拥有特别

---

① 尼尔·弗格森：《广场与高塔：网络、阶层与全球权力竞争》，周逵、颜冰璇译，中信出版社 2020，第 13、第 47、第 388—399 页。

的优势。在新冠肺炎疫情中，中国的信息技术、信息网络、大数据、信息经济等得到很大发展，成为经济增长的亮点。

中国誓做新型大国，不参与西方大国的零和地缘政治博弈，也不会以战略对抗的方式与美国的"印太战略"竞争，中国所要推动的是以人类命运共同体理念引领新时代中国的国际发展合作。因此，中国的战略选择主要基于两个战略考量：一是集中精力办好自己的事情，提高自身发展和参与竞争的能力；二是推动合作共赢，让信息成为服务于人类的共享资源。

（一）推进网络空间命运共同体建设

面对美国打造信息霸权，构建排斥中国的信息同盟的挑战，中国应积极推动网络空间命运共同体的建设，以开放和共享资源的方式争取话语权和实际的导向力。信息空间层级秩序将从多元走向扁平，政府、企业、专家分别代表政治力量、市场力量和技术力量参与制定信息空间治理规则，而治理模式方面，美国坚持的主导型模式和中国坚持的合作模式竞争将日趋激烈。各国共同利益和共享空间扩大，呈现多元化的决策动机与行为模式，主导型模式主要有利于主导国家，而合作模式则为各国，包括信息弱国提供参与和共享的空间。

中国应合理确立信息流动界限，维护信息空间秩序，推进信息治理体系变革。加大力度推进合作治理模式的建设，打破美国的单边垄断格局，与其他行为体加强沟通合作、管控潜在危机，维护信息空间战略稳定，减少战略猜疑和战略误判。

2011年9月，中国、俄罗斯、塔吉克斯坦、乌兹别克斯坦在联合国提出"信息安全国际行为准则"，明确各国在信息空间的权利与责任，推动各国在信息空间采取建设性和负责任的行为。2015年12月，习近平主席在第二届世界互联网大会上提出构建"网络空间命运共同体"倡议。这一倡议基于人类共同利益的考虑，重视合法性制度供给，克服排他性主导意识，增强世界的相互依赖性，为信息空间未来发展提供了引领路径，也让网络发展走出零和地缘政治博弈的困境。[①]

（二）推动网络空间国际规则的建设

面对网络攻击、数据泄露、安全漏洞、病毒入侵频发，网络安全形势严峻的局面，加强网络空间的管理，加快基于网络共同安全理念的规则制定，是世界各国的当务之急。根据国际电信联盟发布的《2018 年全球网络安全指数》，从立法措施、技术机制、组织结构、能力建设和合作协定等方面综合评判，英国、美国、法国分列全球前 3 名，中国则位居第 27 名。[②]

2016 年 12 月，中国发布首个《国家网络空间安全战略》，提出建立完善国家网络安全技术支撑体系，完善网络安全重大事件应急处置机制，提升网络空间防护能力。2017 年 3 月，中国发布《网络空间国际合作战略》，倡导各国切实遵守《联合国宪章》宗旨与原则，各国共同制定网络空间国际规则，建立多边、民主、透明的全球互联网治理体系。[③]

数据是信息时代重要生产要素，被视为"新石油"（new oil）。[④] 数字经济将成为大国未来博弈重点。2020 年 6 月，联合国秘书长古特雷斯正式提出"数字合作路线图"，推动数字通用连接、数字信任建立以及数字能力建设等任务。目前，各国围绕数据跨境流动、数字贸易规则等领域激烈

① 世界互联网大会组委会：《携手构建网络空间命运共同体》，2019 年 10 月 16 日，http://www.cac.gov.cn/2019-10/16/c_1572757003996520.htm。

② International Telecommunications Union, *Global Cybersecurity Index 2018*, ITU Publications, 2019.

③ 《中国发布〈网络空间国际合作战略〉》，《人民日报》2017 年 3 月 2 日，第 3 版。

④ "The World's Most Valuable Resource Is No Longer Oil, But Data," *The Economist*, May 6, 2017.

竞争，以获得数字规则话语权。比如，英国、韩国、爱沙尼亚、以色列、新西兰组成以倡导数字实践为主的"数字五国"，[①] 新西兰、新加坡和智利签署《数字经济伙伴关系协定》等。[②] 美国是世界头号数字经济大国，制定核心技术和产业竞争的游戏规则，推行双重国际标准，在全球展开大数据的角逐。[③]

中国应在加强自身网络威慑能力和制衡能力的同时，积极推动基于合作的国际网络空间规则制定。利用上海合作组织等合作机构，加强与周边国家的信息合作，构筑稳定的信息环境，积极推动联合国框架下的国际规则制定，积极参与其他国家构建的数字经济合作协议，打破美西方主导网络规则制定与网络规则垄断的局面。

（三）大力推进"数字丝绸之路"的建设

中国应在共建"一带一路"的发展进程中，大力推进"数字丝绸之路"建设，促进沿线国家和地区数字经济发展。在推进过程中，要高度重视科技企业及信息基础设施建设，推动"一带一路"智慧城市建设，把智能制造作为推动沿线国家数字经济发展新的增长点，把数字经济、信息网络的互联与"一带一路"框架下的价值链、供应链、产业链、服务链紧密结合起来，实现创新发展和共同发展。

美国把"一带一路"看作地缘政治博弈的领域，提出相关应对策略，

---

① 帕拉格·康纳：《超级版图：全球供应链、超级城市与新商业文明的崛起》，崔传刚、周大昕译，中信出版社，2016，第292页。

② MTI, *Digital Economy Partnership Agreement*, https://www.mti.gov.sg/Improving-Trade/Digital-Economy-Agreements/The-Digital-Economy-Partnership-Agreement.

③ Gearóid Ó. Tuathail, "The Postmodern Geopolitical Condition: States, Statecraft, and Security at the Millennium," *Annals of the Association of American Geographers* 90, Iss. 1 (2000): 166-178.

日本、印度等国也提出类似的竞争性方案。在此情况下，一方面应加强由中国推动的"一带一路"建设；另一方面，应以积极的态度，推动不同倡议之间的互联互通，减少和避免恶性竞争，破解传统地缘政治博弈的困境。

六、结语

传统的地缘政治博弈主要以占领和掌控地缘战略要地为目标，信息时代的地缘政治博弈改变了地缘含义、地缘掌控的内涵与方式。在新的地缘政治博弈中，谁掌握了信息技术的优势，谁就可以在博弈中获得主动权和优胜力。

美国的新地缘政治博弈战略是把中国作为战略对手，在"印太"地区打造自己的地缘政治、安全和经济优势。在美国的各种战略设计和实际投入中，创建和维护信息优势是重中之重。美国通过加大在信息领域的投入，构建新的战略联盟，掌控信息规则制定权，在信息领域打压、遏制中国，力图建立信息霸权。

在世界面临百年未有之大变局的形势下，中国作为崛起的大国，并不会通过发起和参与地缘政治博弈获取优势。面对美国发起的新地缘政治博弈，中国应坚定维护多边主义，积极推动网络空间命运共同体建设、基于合作的网络空间国际规则建设，以提升自身、强化协作，破解传统地缘政治博弈下的"零和博弈陷阱"。

中美关系与亚太秩序的演变[*]

牛 军[**]

　　1978 年 12 月 16 日，中美发表建交公报。从 2018 年回顾这段历史，称中美建交为亚太地区划时代的事件并不过分。这 40 年间，世界发生了巨大的变化，包括美苏冷战对抗终结和各种具有全球性影响的新趋势的发生、发展，其中最突出、最美丽的现象就是亚太地区出现了持续的发展与繁荣，并且正在成长为继欧洲、北美之后的第三个世界经济中心。亚太地区出现这个赋予 20 世纪晚期世界历史特殊意义的大趋势，同战后的欧洲复兴和北美贸易圈的兴起等并无不同，它们都取决于一个非常基本的条件，即地区持续的基本稳定与和平，而这里的持续稳定与和平局面恰恰开端于中美关系正常化，之后地区安全形势的变化也同中美关系起伏动荡和向前发展在时间上几乎是同步的。从这个角度看，2018 年开始以两国贸易冲突为中心的中美关系的急剧和系统性恶化，或许成为终结地区繁荣的开端，至少其严重程度和目前呈现的演变趋势的确令人非常担忧。作为历史研究者，则应密切关注 2018 年每一天的变化，这不仅是因为迅速的变化

---

　　* 原文《轮回：中美关系与亚太秩序的演变（1978—2018）》，发表于《美国研究》2018 年第 6 期，收入牛军著《战后东亚秩序》（世界知识出版社，2021）。

　　** 牛军，法学博士，现任上海外国语大学上海全球治理与区域国别研究院特聘教授。

可以证明或推翻以往一些所谓的"战略判断",而且历史有可能证明我们正在经历又一个"划时代"。总之,无论得出何种结论,都会有助于应对即将到来的中美关系"新范式"及其可能给亚太地区安全秩序带来的严重影响。据传,美国前国务卿、曾经为打开中美关系做出巨大贡献的基辛格在 2018 年的北京之行中,于 11 月 14 日与老朋友的晚宴时,就是用"新范式"来定义中美关系的未来的。他断定,中美关系"再也回不到从前了"。①

根据本人对讨论当代中美关系的文献很有限的阅读范围,可以确定中国国内正有越来越多的人相信,中美正从更多的合作(一度还被称为"中美国")转向"竞争性的阶段",而且已经跨过了"临界点","竞争"将成为定义中美关系的关键词,而且这场竞争"一定有长期化的特点"。进一步说,由于已经到来的中美竞争被描述为"丛林法则要起主要作用了",用"争斗"这个词更准确。② 本文论证的出发点和归宿是上述判断,而不是 40 年前建交的重要意义。简言之,就是扼要叙述中美关系在建交 40 年的年头里,是如何跨过那个"临界点",以及不得不开始适应那个未知的"基辛格新范式"的,其本质是对抗将成为未来一个时期中美关系的主导方面,当然也还会存在合作的领域。

同时,在将 40 年中美关系演变作为理解亚太安全秩序的关键因素时,有必要指出,今天中美两国决策者无论打算将两国关系带向何方以及他们能否如愿,都必须考虑 40 年来的世界和地区已经发生了的巨大变化,用中国叙述世界政治的专用术语就是要考虑"时代问题"。中美关系在塑造

---

① 关于基辛格访华期间最后一次晚宴间的谈话,目前尚无直接正式的文字记载,但之后不久已经有专家在使用"新范式",参见李成:《美国正在寻求中美关系新范式》,《中美聚焦文摘》(CHINA-US-Focus Digest)2018 年 11 月 22 日。

② 贾康:《如何认识和正确把握中美关系》,FT 中文网,2018 年 10 月 29 日,这是作者在一次研讨会的演讲稿的基础上修订后由 FT 中文网发表的文稿。

世界，同时也在受变化着的全球和地区的趋势所塑造，从长远看最终还是会淹没在全球趋势之中。这样说是基于一个基本事实：迄今全球人口正逼近80亿，全球生产规模也在不断膨胀，中美在世界的人口、市场份额和生产量等的比例，都面临递减的趋势。这不是否定比较两国在某个阶段上各自所占比例的此消彼长有其独特的重要价值，那些短时段的专业比较可以帮助人们理解和应对中美关系和政策的某些变化。指出这一点，首先是因为中美都自认为各自都是当今世界上的例外，而且会越来越重要。其次更重要的是在叙述中美关系的重大影响时，必须考虑亚太地区正在发生的重大趋势，这类趋势或许可以提醒中美精英们，不必也不应自我感觉太好。

那种可能导致过于夸张中美影响的判断，同一种宿命的历史观联系在一起，即不少人笃信"中美关系是21世纪最重要的双边关系"，以及"没有哪个国家能与美国和中国对21世纪人类命运的影响更大"。[1] 20世纪的历史进程可以证明这个判断为时尚早。例如，在20世纪的前30多年里，并没有人预期并断言美国将主导20世纪后半叶，而早在1870年，美国的总产值就超过了当时的霸主英国；到1913年已经是英国的两倍，美国人的人均收入也超过了英国人。[2] 美国人宣称"20世纪是美国的世纪"，则是1940年的事情。21世纪毕竟还有80余年，最终谁主沉浮并不是笃定的，更何况历史上几个大国可以左右世界政治的态势至少处于递减之中，在亚太地区，这个趋势的发展是相当明显的。中美关系之于亚太安全固然非常重要，但在作针对中美关系的专门研究时，还是需要有意识地限制对其影响的过度解读。

---

① Gregg A. Brazinsky, *Winning the Third World, Sino-American Rivalry during the Cold War* (Chapel Hill: University of North Carolina Press, 2017), p.1.

② 参见韩德：《美利坚独步天下：美国是如何获得和动用它的世界优势的》，牛军等译，上海人民出版社，2011，第23—24页。

一、中美建交与亚太秩序革命

自 1978 年以来，亚太地区形成并维持了约 40 年的基本稳定与和平，中美战略合作的形成和维持在其中起了至关重要的作用。回顾历史，这 40 年可以大致分为三个阶段。

第一阶段开始于 1978 年秋季，结束于冷战体系的解体。1978 年无论如何都可以说是亚太安全秩序革命之年，即基本结束了冷战开始阶段围绕战争和大国对抗而构建起来的对抗性秩序。这段时间的关键事件是中国的对外战略变革。这一年，中国相继与日本签订了《中日和平友好条约》、与美国发表建交公报，以及邓小平访问泰国、马来西亚和新加坡等东南亚国家，根本性改善并提升了中国与东盟的关系。这一系列耀眼的外交活动能够成功，固然与亚太地区正在兴起的经济改革有密切关系，不过，推动中国对外战略革命的关键动力来自中国内部。当年 12 月 18—22 日，中共中央召开十一届三中全会，做出了改革开放的决定。就对亚太地区的影响而言，这次会议标志着中国将越来越深地融入亚太正在兴起的区域现代化和市场化改革的浪潮之中。这次浪潮是从日本掀起的，随后是韩国和东南亚地区的跟进，到 20 世纪 80 年代蔓延至整个地区，中国的加入使其越发势不可挡。

1978 年开启的局面很快促成了维持迄今 40 年的亚太安全秩序，它大致包括了三个部分，即中美战略合作、美国的军事同盟体系和越来越多的多边安全合作机制。如果比较之前太平洋战争以及之后 30 年的战争、冲突、对抗等不断的状况，中美建交对新安全秩序的形成有着划时代的积极影响。中美两国不是盟友，但建立了特殊和很密切的战略合作关系。这种合作开始于 1972 年 2 月美国总统尼克松访华，又因 1978 年 12 月中美宣布关系正常化而得到快速发展。1982 年 8 月 17 日，中美签署第三个联合公报（即《八一七公报》），实际上确认了中美仍然存在一些分歧和矛盾的情况下，战略合作在双边关系中继续占据主导地位，特别是两国领导人确信，中美可以在存在结构性矛盾的情况下，为了共同的利益而展开战略性合作。《八一七公报》当时不仅为引发双边关系动荡的美国对台湾军售问题找到了解决办法，而且为随后深化两国战略合作提供了新的基石。中美随后很快进入史称的"蜜月期"，这对促成冷战以苏联解体的方式所产生的作用至今难以估量。①

有关冷战中后期形成的中美战略合作关系的实质性内容等，在中美两国学术界都有不少论著做过系统论述，也为新公布的档案所不断证明，所以中美关系曾经被当年参加打开中美关系大门的基辛格先生定义为"准同盟"。②

1950 年，随着冷战向东亚的大规模蔓延，美国在亚太地区构建了一个涵盖地域广泛的军事同盟体系，它包括了美日军事同盟、美韩军事同盟、美国菲律宾军事同盟、相关的还有美澳新同盟等，其中最重要的就是美日军事同盟。这个军事同盟体系建立最初就包括遏制——后来变成主要是为了遏制中国。以美日同盟为例，1947 年，乔治·凯南在美国政府内部提出，将日本改造成美国亚太战略的重心，美国对日本的管制最终要发展为

---

① 详细叙述此过程的中国学术界最新成果见樊超：《合作与共赢：蜜月期的中国与美国》，世界知识出版社，2016，第 157—258 页。

② 基辛格：《论中国》，胡利平等译，中信出版社，2012，第 272—273 页。

军事同盟关系。① 凯南的建议最初是针对苏联的，也同当时中国陷入大规模内战、杜鲁门政府对国民政府失望乃至对中国未来很长一段时间可能难以有所作为等判断存在一定关系。凯南有关美国亚太安全战略的构想在中华人民共和国建立前后被确定为杜鲁门政府的政策，而朝鲜战争推动杜鲁门政府加快了构建美日同盟的步伐，而且将这一政策明确为针对中国。20世纪50年代中期，与中国在亚太地区展开积极活跃的对外行动同时，美国的地区军事同盟体系也逐步形成，主要目的是在亚太地区遏制中国。

本文所谓1978年开始的亚太安全秩序革命，其主要表现就包括了美国军事同盟体系中的多数国家同中国逐步建立了正常的外交关系，甚至有些还发展为友好关系，当时中日关系的改善和发展表现得尤为突出。从1972年尼克松访华实现中美和解和当年中日建交，到1978年中国和日本签订和平友好条约并与美国建交，在整个80年代，中国甚至同日本建立了前所未有的友好关系。在此大背景下，中国对美国军事同盟体系的批评明显大幅下降。特别是到冷战后期，中国不仅没有再认为这个军事同盟体系是针对中国的，而且视之为维护中国安全利益的借助力量，在亚太主要就是共同对抗苏联的扩张及其被认为是对中国安全日益增长的威胁。简言之，它们成为与中国共同维护亚太稳定与和平的盟友。

这个时期逐渐形成和发展起来的地区组织和地区的多边安全机制等，也成为地区安全秩序革命的重要组成部分，并发挥越来越明显的作用。其中最有代表性的如东南亚国家联盟。这个地区性组织于1967年8月宣布成立，并终于在1976年2月举行了第一次东盟国家首脑会议，他们签署了《东南亚友好合作条约》《巴厘宣言》等重要文件。反观战后特别是20世

---

① 参见资中筠主编《战后美国外交史——从杜鲁门到里根》上册，世界知识出版社，1994，第158—169页。

纪50年代以来冷战对抗给东南亚地区国家带来的影响，那时，一些国家为自保成为美国的军事同盟；一些国家积极参与亚非运动、不结盟运动；等等。东盟作为地区组织在这个时期的兴起，在一定程度上反映了亚太地区一些中等国家终于选择了建构既区别于强权附属国，又不同于简单诉诸反西方的民族主义运动的身份认同，共同致力于摆脱在冷战体系中选边站、追求更多地区共同利益和推动地区经济更快增长的战略。这些国家显然越来越不愿意被动地卷入地区大国的争端，同时也指望靠团结一致而争取成为能够遏制强权在这里为所欲为的有意义的力量。历史已经证明而且还将继续证明，他们的努力对维护地区稳定是有重要价值的。

以东盟为典型代表的这些地区性组织和机制的出现有其必然性，它是正在兴起的资本、技术和贸易向欧美以外的包括亚太地区的大转移的产物。客观地说，这次转移造就的亚太地区繁荣并非始于中国，在中国决定打开大门时，已经有了关于亚太经济腾飞的各种预期和论述，并在中国广为流传诸如亚洲"四小龙""四小虎"等，它们反映了人们对亚太新兴经济体的肯定甚至欣赏。

就冷战最后10余年在亚太形成的安全秩序而言，中美和解到建交是最关键的事态。在此之前，这里曾两次爆发了冷战后最大规模或持续时间最长的局部战争。前者是持续两年多的朝鲜战争，中美两国在各自境外投入以百万计的官兵，打得血流成河。后者是持续了10年的越南战争，美国失败了。此后，亚太地区没有再爆发大规模的战争，虽然还有一些小的军事冲突和国际危机，但与之前30多年的大战不断相比，亚太地区稳定与和平持续时间之长也算是奇迹了。

傅高义在他的著作《邓小平时代》中，用"星星之火，可以燎原"来形容中美建交对于中国改革开放的影响，实际上这用来描述对亚太地区出现的和平与繁荣也大致不错。^① 到 20 世纪 80 年代，美国在亚太繁荣起步阶段的作用已经越发明显，至少在促进诸多国家的经济发展和接受"自由主义秩序"方面，事实就是如此。中国实行改革开放政策从地区战略的角度看，就是当时的中国领导人明智地把握住了完全有可能被错失掉的历史机遇，选择融入正在兴起的地区繁荣的大潮流。

中美在经历残酷的局部战争和尖锐的对抗后能够实现和解，固然取决于诸多具体的历史原因，包括两国领导人愿意采取戏剧性的行动，但体现在中美三个联合公报中的逻辑和共识更具解释力和持久力，其核心就是两国领导人都认识到，谁也没有能力、更没有必要用武力改变当时大致形成的局面，这个局面在标准的政策术语中就是"现状"，更重要的是谁也不可能从单方面改变"现状"中得到什么好处。所以，在 1972 年 2 月发表的中美第一个联合公报（即《上海公报》）中声明，中美"任何一方都不应该在亚洲—太平洋地区谋求霸权，每一方都反对任何其他国家或国家集团建立这种霸权的努力"。在之后的中美联合公报中，都重申或确认了这个共识。^②

就《上海公报》发表时的情势而言，这个史称"反霸条款"是针对中美共同的威胁——苏联在全球和亚太的扩张的。但它的产生在逻辑上的确反映了两国的亚太地区政策背后的理念有某些重合之处，从这个意义上说，反对在亚太谋求霸权，也是中美基于他们理念和道义中重合的部分向对方做出的承诺。应该承认，在很长时间里，对一些具体历史问题的讨论、强调和争论等，实际上掩盖了"反霸"条款的特别深刻的意义；对它

---

① 傅高义：《邓小平时代》，冯克利译，生活·读书·新知三联书店，2013，第341页。
② 中美三个联合公报见牛军：《中华人民共和国对外关系概论》，北京大学出版社，2010，第244、第289—290页。

的忽视和过于浅薄的理解，很有可能会导致越来越深的分歧和战略猜疑，这正在得到有力的证明。

二、后冷战时代秩序的形成

从 1989 年的政治风波、东欧剧变到 1991 年底苏联解体，世界经历了冷战结束引发的政治和地缘斗争的剧烈变化，这也导致中美战略关系受到严重冲击，两国关系将如何发展成了亚太安全秩序中一个最具不确定性的因素。可以设想，在这个地区，美日之间不大可能发生战略性矛盾和对抗，但是中美之间是可能发生的。中国和诸如日本、越南、菲律宾之间会因为历史遗留问题，包括领土纠纷等，发生各种形式的矛盾甚至军事冲突等，但这都不会导致亚太安全秩序的根本改变。但是，一旦中美战略关系发生严重动荡或者说是逆转，亚太就有可能再次出现某种以对抗为主要内容的混乱局面，这是大概率的后果。

1989 年春夏之交的政治风波对中美关系造成了严重的冲击，美国布什政府带头对中国实行了制裁，中美关系大幅恶化。由此造成的影响持续到今天都很难说已经消退了。随后出现的"苏东剧变"成为中美难以走出困境的大背景，苏联解体和冷战终结导致中美都花费了一些时间重新思考和确定双边关系的基础。从历史过程看，中美双方很快就开始寻求在战略安全领域维持合作的途径、办法，互相都在努力了解对方的战略意图。两国精英相继提出了若干重新定义中美关系的建议，这些建议不论是不是最终被最高领导层所接受另当别论，它们的出现实际上展示了中美内部都存在继续合作下去的强大意愿和动力。媒体造成的舆论氛围通常导致公众感觉中美关系经常处于紧张和敌对之中，不过，在每个阶段上，还是要看两国政府最终的选择导向。

在中国方面，决策层逐步将中美关系定义为外交的"重中之重"，其背后的思考包括了中国对后冷战时代世界政治力量对比的仔细分析。他们认为：（1）苏联解体后即使不能说是美国独霸世界，至少也是"一超多强"，"多极化"还只是一种趋势；（2）中国必须将主要注意力集中于国内经济建设，必须继续坚持改革开放，争取在较短时间里使国民经济再上一两个台阶；（3）面对混乱的世界政治局势，必须"韬光养晦"，绝不能试图取代苏联去"当头""扛旗"，用邓小平的话说，就是"这个头我们也当不起"，"当了绝无好处，许多主动都失掉了"。① 基于这些基本的战略判断和选择，中国决策者将稳定和进一步积极发展中美关系，作为对美政策的目标。

无独有偶，就像在 1978 年中美发表建交公报与中共中央决定改革开放保持完全同步一样，1992 年邓小平南方谈话的内容公开后，中共中央决定将改革开放推向新的阶段的同时，在 1993 年 5 月提出"增加信任，减少麻烦，发展合作，不搞对抗"的处理对美关系原则。② 这个后来被简称为"16 字方针"的谈话，是时任国家主席江泽民在接受美国有线新闻电视公司记者采访时提出的，考虑到当时中国国内形势的特殊情况，绝不应低估其在后冷战时代中国对外政策发展中的历史意义。如上所述，它恰恰发表在邓小平发表南方谈话后、中国正开始新一轮改革开放的浪潮之际。江泽民用如此系统、斩钉截铁且不失简明的话语阐述对美政策，肯定反映

---

① 邓小平：《善于利用时机解决发展问题》，1990 年 12 月 24 日，载中共中央文献编辑委员会编《邓小平文选》第三卷，人民出版社，1993，第 363 页。

② 刘连第编《中美关系的轨迹：1993 年—2000 年大事纵览》，时事出版社，2001，第 9 页。

了决策层的战略判断和真实意图，而江泽民后来的诸多言行和决定，包括在历次重大危机中的冷静的判断和应对之策，都可以用来证明这一点。

比较中美双方的政策过程是有价值的，两者的关键区别简单地说就是中国决策层确定后冷战时代对美政策的速度大大快于美国（当时是克林顿领导的）决策层。从战略博弈的历史经验看，这对双方的得失是至关重要的。对于中国能够较早摆脱一度被孤立的外交困境，并在力量对比处于弱势的条件下，在处理中美双边关系中获得更大的回旋余地，以及能够在双方的政策互动过程中占得先机等，具有重大意义。这又一次证明了一个有更广泛意义的判断，即中国有塑造中美关系的能力，不论彼时彼地处于何种地位。首要的条件是决策者有清晰的目的，知道为了实现国家的战略目标，中国到底需要什么样的中美关系。

美国方面战略决策的滞后是导致中美关系并没有因中方提出建设性原则而立即停止大波动的重要原因。冷战结束后，美国内部围绕对华政策的争论持续不断。第42任总统克林顿入主白宫后，美国政府在"遏制"（containment）与"接触"（engagement）两种主要主张中摇摆不定，加之他本人集中精力于恢复经济而忽视对外交的掌控，这导致对华政策一度处于漂流之中。美国国内政治的特点和决策程序的失控等，导致中美在包括人权、贸易、西藏、台湾等问题上的纠纷与冲突持续不断。最严重的是1995年夏季，克林顿政府批准台湾地区领导人李登辉访问康奈尔大学，急剧升高了台湾海峡的紧张局势，并最终酿成了1996年3月的台海军事危机。经过与中国在台海紧张的较量，也是经过内部持续争论之后，克林顿政府终于很快确定了对华"接触"政策。根据克林顿本人和时任国务卿克里斯托弗的阐述，美国决策者的基本判断如下：（1）中美关系是一种全面广泛的关系，涉及美国的重大利益；（2）中美在双边、地区和全球等各层面都存在共同利益和重要分歧，在所涉及的各方问题上几乎都是既有合作，也有分歧；（3）中国将如何发展目前是不确定的，的确存在令人担忧的理由。基于上述看法，美国的政策应该是促使中国发展成一个对美国来说是"安全、开放和成功的国家"，为达此目的，美国应通过"对话和交往"而非"遏制"来解决双方的分歧，必要时则采取坚决行动来维护美国的利益。[①]

后来的发展表明，20世纪90年代中期以后，中美关系逐步稳定下来，两国政府都宁愿持积极态度来管理两国关系中的矛盾和分歧，采取比较审慎的态度来应对各种危机和突发事件，同时促进双边关系在各个领域的发展。需要指出的是，1997年爆发的亚洲金融危机是中美重回合作之路的重要外部原因。这场危机导致亚太诸多国家经济迅速而且严重的衰退，对经济全球化进程的负面冲击极为严重。毕竟与其他地区相比，亚太地区当时是经济全球化进程中一个成功的范例。在此时刻，由于中国政府采取了"负责任"的政策，加之中美的合作，为一些国家不致一蹶不振或能较早一些渡过难关等提供了重要的有利条件。这场金融危机使克林顿政府确认了他们的基本判断，即在解决亚太地区的各种问题中，中国是有意愿且非常重要的合作者。后来加了各种前缀的"伙伴""利益攸关方"等，就是由此而来。

在开始良性互动的背景下，1997年和1998年，两国最高领导人实现了互访，这标志两国关系终于回到正常的轨道。从这时开始，中美提出了"建立战略伙伴关系"；随着美国领导人的更替，美方又提出改为"建设性合作伙伴关系"并被中方接受；再后来美方又有过"利益攸关方""建设

① 参见牛军：《论克林顿政府第一任期对华政策的演变及其特点》，载牛军主编《克林顿治下的美国》，中国社会科学出版社，1998，第55—59页。

性的合作关系"的概念；中方则提出过"建立新型大国关系"；等等。①
比较这些概念以及观察双方不断变换定义时的交流和外交努力等，可以
说，不论存在何种差别，都可以基本确定两国决策层还是希望保持一种积
极的态势，特别是在亚太继续展开合作的意愿，至少也要避免发生对抗。

中美这一轮合作持续了约 20 年，其高潮是中美最终就中国加入世界
贸易组织达成协议，从而为中美关系提供了一个新的基础，当然也可以说
埋下了一颗导致新的冲突的种子。这样说是因为以上的分析和叙述是基于
他们思考的逻辑和阐述政策的话语，实际上，后冷战时代一开始，中美战
略合作的基础严重动摇，由此导致了双方一系列的矛盾、对抗甚至军事
危机。

这个时期中美矛盾和冲突遍及各个领域，包括了贸易、人权、台湾、
西藏和地区安全事务问题等。最激烈也是最危险的是 1995 年夏季台湾地
区领导人李登辉访问美国引起的中美危机，即 1996 年 3 月，解放军在台湾
海峡进行陆海空三军军事演习和导弹试射，美军则展开了越南战争结束后
在亚太最大规模的军事集结，派遣两个航空母舰编队前往台湾"附近"海
域。克林顿政府声称，这样做是为了宣示该地区的"稳定与和平"与美国
"休戚相关"。② 之后还发生过 1999 年科索沃战争期间，美国空军轰炸了在
贝尔格莱德的中国大使馆、2001 年中美军机在南海相撞等事件。不应无视
这个时期中美关系动荡及其给亚太地区带来的负面影响，尤其是那些冲突
背后的深刻内涵。这在美国方面突出地表现为国内各种版本的"中国威胁
论"层出不穷；在中国方面则是各种"说不""帝国主义亡我之心不死

---

① 完整叙述这个时期中美关系的中文论著是陶文钊主编《中美关系史》第三册，第 8—11 章，上
海人民出版社，2016，第 298—462 页。

② 参见陶文钊主编《中美关系史》第三册，上海人民出版社，2016，第 273 页。

论"此起彼伏。站在"事后诸葛亮"的角度看，那种被专家们定义为"战略互疑"的对抗性认知大致就是在这个阶段发生、发展，并在两国国内获得了各自的政治基础。①

与中美关系持续动荡同时存在、当然也肯定有直接关联的，是美国从1994年开始重新定义美日同盟的工作，这被证明是又一个对亚太安全秩序产生持久影响的事态。冷战结束后，一方面，美日同盟持续支持美国的重大军事行动。例如，在1991年的海湾战争中，美国在日本的军事基地成为向中东投送兵力的枢纽之一，战后，日本自卫队派遣6艘扫雷艇和500名士兵执行扫雷任务。1996年的台海危机中，美国的两个航母战斗群之一是从在日本的基地出发的，等等。但同时，美日同盟也面临着一些问题，克林顿政府的某些政策造成了削弱美日同盟的趋势。所以，从90年代中期开始，美国内部经过讨论以及通过与日本的密切磋商，政府终于做出进一步强化美日同盟的决定。

根据1995年2月美国国防部发布的《东亚和太平洋地区安全战略报告》，美国将系统性地加强在亚太地区的同盟体系，扭转冷战结束初期这个体系因为种种原因被削弱的趋势。该报告指出，由于亚太"仍然是一个充满不确定性、紧张和聚集了大量军事力量的地区"，维护那里的稳定和促进美国的影响关系到美国重大的战略利益；日本是美国"构建"后冷战时代亚太秩序的"天然伙伴"，美日关系是美国亚太安全政策"一个基础"，美日"安全同盟是美国在亚洲的安全政策的关键"。②

根据对亚太形势的这个新判断，美国宣布将在亚太保持10万驻军的

---

① 参见王缉思、李侃如：《中美战略互疑：解析与应对》，社会科学文献出版社，2013。

② Department of Defense, Office of International Security Affairs, *United States Security Strategy for the East Asia-Pacific Region*, February 1995, http://www.dtic.mil/cgi-bin/GetTRDoc?AD=ADA298441&Location=U2&doc=GetTRDoc.pdf.

前沿部署。这在当时是很扎眼的，因为冷战结束后，美国撤退了部署在欧洲的 30 万驻军，但在亚太仅从 12 万削减到 10 万，其理由就是美国决策层最终认定这个地区"充满不确定"。

与此同时，美国政府采取行动加强美日同盟。1996 年 4 月，在克林顿访问日本期间，美日发表了《美日联合安全宣言：面向 21 世纪的同盟》。双方宣布"以《美日安全保障条约》为基础的两国之间的安全保障关系，既是保证实现共同安全目标的基石，也能继续成为 21 世纪亚太地区维护安定和繁荣的基础"。① 美国防部随后提出，需要按照新的形势和任务来修订 1978 年制定的《美日防卫合作指针》。1997 年出台的新的《美日防卫合作指针》对美日同盟的适用范围做了新的规定。② 结合此前后美日在亚太的行动，这个范围包括了台湾海峡、朝鲜半岛、南沙群岛、反恐战争、保护海上航线、向印度洋投送军力、地区维和和救灾，等等。

美国决定继续维持在亚太大规模军事存在同强化亚太军事同盟体系等结合在一起，构成了中国需要了解和重新认识的安全问题。因为之前被认为是美国反对苏联扩张采取的这些措施，在苏联解体后被继续维持下来，有的部分甚至还在强化。中国方面对美日军事同盟的公开批评开始增加，对它的怀疑等变得越来越深。当然，此时这些怀疑和指责还不那么激烈，毕竟中国同时和包括美国、日本在内的诸多国家继续保持着良好的合作。尤其是日本在后冷战初期率先改善中日关系，为帮助中国打破发达国家的联合制裁出了大力。而且美国的军事同盟体系涉及亚太地区这么多国家，它仍然有维持地区稳定与和平的作用。

---

① *Japan-U. S. Joint Declaration on Security: Alliance for the 21st Century*, Ministry of Foreign Affairs of Japan, April 17, 1996, http://www.mofa.go.jp/region/n-america/us/security/security.html.

② Department of Defense, *The Guidelines for U. S. -Japan Defense Cooperation*, September 23, 1997, http://www.defenselink.mil/news/Sep1997/b09231997_bt50797b.html.

这个时期，亚太区域组织获得空前发展。最突出的是东盟的壮大，在这个时期发展成一个人口超过5亿、面积达450万平方千米的10国集团，与澳大利亚、加拿大、中国、欧盟、印度、日本、新西兰、俄罗斯、韩国和美国形成对话伙伴关系。强国、大国和国际组织争相与之发展关系的局面恰恰证明了东盟的地区影响力越来越不可忽视。此外，还包括各种官方的、二轨的，甚至纯粹民间的机制等，也在发挥影响不同的作用。如中日韩三边对话机制，美日韩安全对话机制，香格里拉对话会，香山论坛国防对话，东盟与中日韩（"10+3"），等等。

截至2018年，这些多边机制在维持地区安全秩序方面所起的作用当然不能同中美战略关系的实质性作用相提并论，只是在预防外交的领域有时或许能发挥一些影响。很多新的多边机制不过是地区国家间关系密切和有关国家深感有必要共同维护地区稳定等的产物，有的甚至可能只是政客们的"清谈馆"。不过，一些事例也证明，本地区国家和组织持续不断地交流和讨论，可以帮助认识区域内正在发生或者潜在的紧张和危机，使各方能在必要的时候多一些选择，找到或许有效果的平台，坐在一起探讨、分析、认识甚或寻找到解决问题的途径。

更重要的是，这种丰富多彩、非常活跃的地区多边安全机制涌现的局面同地区国家间关系日益密切有直接关系。这些关系日益密切的国家共同构成了一个长远的大趋势，即近20年来，随着亚太繁荣的持续，这里出现了"群雄并起、共同繁荣"的新局面。不仅是中国，很多国家的经济也在持续增长，取得了越来越值得重视的发展，例如越南，也可以将印度包括其中。同时，一些国家的规模也在扩大。例如拥有上亿人口规模的国家还在增加，菲律宾、越南等国的人口都在这个时期突破或接近一亿。这些国家人口的年龄构成比较合理，受教育和职业训练的程度越来越高。总之，中等强国正在这个地区批量形成，并在有意识地加强它们之间的组织与合作。可以预见，它们的选择、取舍等将对地区大国形成越来越大的约束。

在后冷战时代开启后的 20 年里，亚太大致形成了主要由上述三种力量构成的安全秩序。一方面，客观地看，包括中美关系在内的各个部分之间存在极为复杂的互动。脱离了不同时空的具体情境，其实很难解释它们之间的恩怨情仇，何以会导致了今天各方都心怀不满又无法割舍的基本稳定与和平。不论有关各国内部对这种秩序有何种看法甚或不满，以及在不同时期有关国家之间发生过何种矛盾和危机，总的来看它们还是受益于这种局面。另一方面，如上所述，中美关系仍然对这个秩序的走向有着重大的影响；中美两个大国家保持稳定的关系还是维系地区秩序的重要动力；中美主要以合作为导向的双边关系的发展，对稳定局面的形成和维持起了相当重要的作用。

三、跨过"十字路口"

时至今日，人们终于不得不面对一个现实，中美之间持续存在的结构性矛盾看来已经到了难以控制的程度，中美关系从此走上以对抗为主调的不归之路是大概率的前景。现在说中美关系还在对抗还是合作的所谓"历史十字路口"徘徊，很可能为时已晚。

中美对抗急剧发酵可以追溯到 2010 年，但 2018 年将被证明是一个转折的年份，最显眼的标志性事件是中美爆发贸易冲突。首先是特朗普政府发动了试图改变全球贸易体制的"关税战争"，其矛头一开始几乎指向美国所有重要的贸易伙伴，但2018年3月很快就窄化成，或者说是全世界更关注的主要是中美之间的贸易冲突。至关重要的是，它将中美结构性矛盾中的对抗程度赤裸裸地展示出来，两国关系恶化之快、对抗的范围之宽，都令绝大部分专家瞠目结舌。这同特朗普政府主导的对华政策全面转向肯定有关，其代表作就是2018年10月4日美国副总统彭斯在华盛顿哈德逊研究所有关对华政策的系统性阐述。这次谈话也被贴上标志"新冷战"开端的"铁幕演说"的标签，最近一期《经济学人》刊载的一篇文章甚至认为，彭斯的演讲"听起来就像是一场新冷战中吹起的号角"。[①]

彭斯的讲话基本因循了白宫2017年12月公布的《美国国家安全战略报告》的基调，将中国定义为同俄罗斯一样危险的战略竞争对手。[②] 不过，就彭斯出面专门阐述美国对华政策，以及他针对中国损害或针对美国的行动所做阐述的系统性而言，可以推断，在美国决策者眼中，中国威胁除了还不像俄罗斯那么直接且在地缘安全领域那么咄咄逼人以外，其全面性和危害的程度等都是超过了俄罗斯的。[③] 基于中美对抗升级的速度和规模，或许不久的将来就可以给彭斯这次谈话的历史地位做出定论。

与华盛顿"鹰派"营造的狂热气氛不相上下的是，在特朗普政府挑起贸易争端后，中国国内的舆论也很快将对特朗普政府的反击推升到"史诗级"，有部分人甚至欢呼要"打一场斯大林格勒式的贸易保卫战"。他们本来就认为，美国及其代表的整个模式和体系已经在走下坡路；现在则相信

---

① 《中美两国究竟怎么了》，转引自《天下经观》2018年10月29日。

② *National Security Strategy of the United States of America*, December 2017, http://mssarchive.us//national-security-strategy-2017.

③ "Vice President Mike Pence's Remarks on the Administration's Policy towards China," Hudson Institute, October 4, 2018, https://www.hudson.org/events/1610-vice-president-mike-pence-s-remarks-on-the-administration-s-policy-towards-china102018.

经此一战，自己的祖国将登上世界巅峰。① 可以推断，这类宣传大致反映了中国部分人士应对陡然变化的美国对华贸易政策时的主要倾向，其中包括了对胜利的渴望、对美国国内政治特别是对美国有关企业和农产品出口的脆弱性的判断，等等。简言之，他们主张只要打到美国"经济政治的'七寸'"，特朗普政府将败下阵来，本来就在衰落之中的美国很可能将因此一蹶不振。②

上述被大量释放的、并不容易很清楚解读其在决策中的确切影响的信息，显然没能在阻止贸易冲突升级中起什么好作用。此外，中国政府也做出了谈判解决问题的努力，刘鹤副总理率领他的团队与美国对手举行了三轮谈判。不过，在当时国内那种舆论气氛中，说刘鹤副总理及其团队寻求解决贸易争端的努力在国内有足够有力的政治支持，是很勉强的。更何况挑起这场冲突的特朗普政府一开始几乎是漫天要价的，对立即通过谈判解决问题既无诚意，实际上也很难说是有信心、有计划的。

截至本文发稿时，中美贸易冲突在经贸领域最负面的后果已经被描述出来，即两国经贸关系将遭重创，而世界经济肯定也会深受其害。"中国人民的老朋友"之一、美国财政部前部长保尔森 2018 年 11 月 7 日在新加坡彭博创新经济论坛发表讲话，系统阐述了对中美贸易冲突的最悲观前景的判断。他说，如果中美"不能达成一个可行共识以解决当前争端"，"经

---

① 《中国有充足实力对贸易战奉陪到底》，2018 年 2 月 25 日；《即使中美贸易归零，中国也不会后退》，2018 年 4 月 6 日；《用打抗美援朝的意志打对美贸易战》，2018 年 4 月 7 日，以上均为《环球时报》社评。

② 《党报：中国不怕打贸易战！打贸易战中国有不少好牌》，《人民日报》2018 年 3 月 26 日，环球网，http://world.huanqiu.com/article/2018-03/11691455.html。

济铁幕"将降临世界经济，意即中美经济关系将出现某种程度的脱钩。①

本文研究之所以将中美贸易冲突作为一个标志性的事件予以优先叙述，是因为在中国，有很多人将经贸合作称为是后冷战时代中美关系稳定的"压舱石"。中美关系在苏联解体之后的确完成了一次重大的转型，相互依存度日益提升的经贸关系取代反苏战略联盟，成为中美维持合作的主要基础。② 这导致很多人直到贸易冲突发生时，还在相信"中美关系好也好不到哪里，坏也坏不到哪里"这类老生常谈。实际情况是，日益升温的贸易冲突所导致的紧张与敌对气氛迅速蔓延，中美关系在各个领域都呈现急剧恶化的趋势，军事安全领域首当其冲。

其实从中美关系恶化的时间顺序看，很难说到底是中美安全关系恶化催生了贸易冲突，还是贸易冲突引发了两国安全关系的恶化。毕竟，中美在亚太的地缘政治斗争早在五六年前（如果不是更早一些的话）就凸显出来并愈演愈烈。双方的争斗在南海、东海等区域逐次展开，现在已经演变成系统性的地缘对抗，甚至可以说已经到了无法化解的程度，引发军事冲突的可能性在上升。

肇始于南海争端的中美地缘政治斗争，为贸易冲突提供了重要的背景。特朗普政府的对华贸易措施能够迅速在从来都吵闹不断的美国国内政治中达成共识，同两国在亚太的地缘斗争有着莫大的关系。早在奥巴马执政前期，美国政府就已经提出了"重返亚太""亚太再平衡"战略等，目

---

① 《亨利·保尔森关于处于十字路口的美中关系的讲话》，来源：保尔森基金会，中美印象网，2018 年 11 月 7 日，http://cn3.uscnpm.org/model_item.html?action=view&table=article& id=17369。

② 参见 Niu Jun, *Relations in Need of Better Management: Reflections on Sino-American Relations during Past Three Decades*, in Hao Yufan edited, *Sino-American Relations: Challenges Ahead* (Farnham: Ashgate Publishing Limited, 2010), pp. 13–16。

的就是遏阻中国在这个地区持续扩大的影响力。① 特朗普政府的很多措施不过是将美国业已成形的新亚太战略向前推进了一大步而已，并明确宣布在同中国的地缘斗争中绝不会手软。② 另外，这个战略至关重要的部分一如既往，就是强化美日同盟和推动形成一个更广泛的军事同盟体系和伙伴关系网络，所谓"印太战略"也在此背景下正式出台。③

反观中方，对贸易冲突的应对同样也受到地缘斗争的深刻影响。总之，一种恶性循环已经成形。结果是伴随贸易冲突的火药味儿日渐浓烈，军事安全领域的危机局面如期而至。最引人注目的是 2018 年 9 月 30 日，中美海军在南沙群岛的南薰礁和赤瓜礁附近 12 海里区域发生对抗。美国导弹驱逐舰"迪凯特"号与中国海军驱逐舰"兰州"号几乎相撞，美舰被迫改变航线。此事件爆发前不久即 2018 年 9 月 20 日，美国国务院刚刚宣布，因中国购买俄罗斯苏-35 战斗机和 S-400 地对空导弹系统，对中国军方领导人施以制裁。随后发生的军舰事件因此被美方认为是中方有计划的反击措施。④ 中国国防部和外交部均断然反驳了美方的各种指责，严正声明中国海军是"依法依规对美舰进行识别查证，并予以警告驱离"，而且"中国军队将坚定履行防卫职责，继续采取一切必要措施，坚决捍卫国

---

① Hilary Clinton, "America's Pacific Century," *Foreign Policy*, October 11, 2011, https://foreign policy. com/2011/10/11/America-pacific-century/; "Remarks by President Obama to the Australian Parliament," November 17, 2011, https://obama whitehouse. archives. gov/the-press-office/2011/11/17/remarks-president-obama-australian-parliament.

② 《副总统彭斯在 2018 亚太经合组织首席执行长峰会上发表讲话》，美国驻华大使馆和领事馆官方网站，2018 年 11 月 9 日，https://china. usembassy-china. org. cn/zh/remarks-by-vice-president-pence-at-the-2018-apec-ceo-summit-port-moresby-papua-new-guinea/。

③ 参见仇华飞：《美国学者研究当代中国周边外交与安全的新视角》，《美国研究》2018 年第 5 期，第 141—160 页。

④ 《国防部：中国军队对此坚决反对》，《湖南日报》网，2018 年 10 月 3 日，https://hnrb. voc. com. cn/hnrb_epaper/html/2018-10/03/content_1343041. htm。

家主权安全"。① 各国媒体迅速加入炒作，推高了紧张气氛，美方很快就宣称，将继续维持其军事行动，并采取有效措施应对再发生类似的情况。②

"9·30"事件将导致何种军事后果不得而知，中美显然试图通过新一轮外交与安全对话，控制住南海危险升级的局势。③ 尽管双方肯定不可能在原则上做出让步，它们找到避免冲突升级的办法还是有可能的，毕竟兵戎相见并非双方的本意，至少目前还不是。不过，南海紧张局势只是中美地缘对抗升级的一个部分，台湾海峡正酝酿更尖锐的危机。2018 年 3 月 16 日，特朗普签署了之前国会通过的"与台湾交往法"（又译"台湾旅行法"），内容包括了"鼓励美国与台湾在所有层级上的互访，以及其他相关之目标"。④ 2018 年 11 月第二轮中美外交安全对话凸显了控制台海局势的急迫性。针对一个时期以来特朗普政府强化"美台关系"的措施，包括对台军售和加强与台湾当局的军事安全合作等，参加中美对话的中共中央政治局委员、中央外事工作委员会办公室主任杨洁篪和国防部长魏凤和将军轮番阐述了将捍卫主权并不惜采取一切措施的强硬立场。美国国务卿彭佩奥则在对话期间，首次公开将大陆限缩台湾国际空间的外交行动列为改变台海"现状"的范围。⑤ 双方在台湾问题上的对抗范围在进一步扩大，

---

① 《国防部：坚决反对任何国家打"航行自由"幌子危害地区和平稳定》，中国国防部，参见 http://www.mod.gov.cn/info/2018-10/02/content_4826229.htm；《外交部：中方将采取一切必要措施捍卫国家主权和安全》，中华人民共和国外交部，https://www.fmprc.gov.cn/web/wjdt_674879/fyrbt_674889/t1601544.shtml。

② 《美副总统彭斯在 2018 亚太经合组织首席执行长峰会上发表讲话》，2018 年 11 月 9 日。

③ 《中美重启外交安全对话，释放出什么信号?》，观察者网，2018 年 11 月 7 日，https://www.guancha.cn/politics/2018_11_07_478690.shtml。

④ "Public Law 115 – 135," 115th Congress, March 16, 2018, https//www/congress.gov/bill/115th-congress/house-bill/535.

⑤ 《国务卿彭佩奥在美中外交与安全对话后媒体见面会上的讲话》，美国驻华大使馆和领事馆官方网站，2018 年 11 月 11 日，参见 http://china-usembassy-china.org.cn/zh/speech-11-11-18。

未来台海局势必更趋严峻，中美关系肯定会因此雪上加霜。

　　特朗普政府和国会也加大了对新疆、西藏等中国内政的干涉，而包括台湾问题在内的这类冲突的升级和扩大，很难完全用所谓"权势斗争""修昔底德陷阱"等来定义，它们实际上了反映了中美意识形态斗争的尖锐化及其巨大的危险性。例如"与台湾交往法"就明言，提升美台政治关系的原因在于台湾地区"成功完成民主转型，成为亚洲民主的灯塔"。① 实际上，伴随地缘政治争斗和贸易冲突的加剧，中美在意识形态领域的斗争越来越凸显。

　　另外，美国舆论中关于中美冲突源于双方的价值取向背道而驰和意识形态对立等的观点也在明显增多，并很有可能成为主流。② 例如，2018 年，30 多位来自美国和其他一些国家的知名中国问题专家联合发表了题为《中国影响与美国利益：促进建设性警戒》的研究报告，他们建议美国政府积极应对和防范中国正在施予美国各个领域如大学、智库、州政府机构、公司等的影响。③ 美国国会自不待言，从行政当局的情况看，即使被称为更像一位"商人"的特朗普总统也从不放弃利用各种场合来阐述他对社会制度之争的立场。可以预期，意识形态斗争将会在今后的中美对抗中更加尖锐、激烈，并决定着中美是否最终陷入一场"新冷战"。

　　面对如此艰难的中美博弈局面，强调中美关系跨过所谓"历史十字路口"这一点是有重要意义的，因为一个潜在的危险是，一些人仍然相信，

---

　　① "Public Law 115-135," 115th Congress, March 16, 2018.

　　② 有关意识形态斗争问题的论述参见文澜江：《贸易战：美中价值取向的冲突》，2018 年 10 月 30 日，《美中时报》第 951 期；另可参见《黎安友对话荣剑：特朗普、中美关系与中国改革前景（下）》，FT 中文网，2018 年 11 月 29 日。

　　③ Larry Diamond edited, *Chinese Influence and American Interests: Promoting Constructive Vigilance* (Stanford: Hoover Institution Press, 2018).

在目前的某些基本条件和趋势不改变的情况下，两国真的还有机会通过对话表达某种善意，这样就能够挽狂澜于既倒。这实际上反映了对当前对抗的成因的不甚了解。例如，比较40年前中美建交时，甚至再向前追溯到中国领导人毛泽东、周恩来与美国领导人尼克松、基辛格打开中美关系大门的年代，中美双方的交流和相互了解能比40年之后的今天更多和更深吗？但那并没有妨碍他们迈出改变历史的步伐。显然，更重要的是前人们都很清楚，中美各自需要什么样的中美关系，而构成他们认知的核心部分是对各自国家战略及其实现国家战略的外部环境的理解。

四、结论

中美在亚太以对抗为主的局面已经形成，持续了40年的地区秩序将因此而再次转变。如果说演变至今的历史能提供什么借鉴，可以说，现存的亚太安全秩序之所以被逐步设计出来并得以持续40年，一个历史性的原因如前所述，就是记载在1972年2月28日《中美联合公报》的"双方声明"的第三款：中美"任何一方都不应该在亚洲—太平洋地区谋求霸权，每一方都反对任何其他国家或国家集团建立这种霸权的努力"。① 这个史称"反霸"条款既是"历史的"，反映了当时两国领导人对世界政治和亚太地区紧迫问题的理解和把握，以及当时推动两国从对抗走向和解的动力；也是"现实的"，它构成了两国当年得以最终解决双边关系中各种问题的一个认知基础；尤为重要的是，它也是"未来的"，因为国际社会之所以担心维持了40年的亚太稳定与和平局面被颠覆，就是对中美能否继

---

① 《中美联合公报》，1972年2月28日，中国人民友好协会印，2002年。

续坚持"不应该在亚太地区谋求霸权"这一点并没有把握。从这个角度看，当年中美两国领导人的确是有远见卓识的，才会将"反霸"写进中美宣布历史性和解的首个联合公报中，作为规范两国行为（而不是思想）的基础条件。

在将中美关系与亚太秩序之间的关联作为研究对象时，需要大致界定这种关联和互动的影响范围，因为它甚至可以是无远弗届的。例如，对内可以深入中美两国国家内部的政策体系乃至两国各届领导人的政治性格和个性；向外可以延展到全球化在全球和亚太地区的进程；等等。这里仅仅指出，伴随亚太地区的持续繁荣，一个重要的发展趋势越来越明显地在限制中美在亚太的争斗，因此对中美互动对地区秩序的影响的评价必须要有所克制。这个趋势是亚太地区人口上亿的国家的数目在增加，在目前的趋势没有大改变的情况下，人口众多——即使没超亿——的国家数还会增加，而且已经有或很容易成为拥核国家（包括有较快速自制能力或有可以快速部署条件）的数量在增加。如果略扩大范围，将南亚国家包括进来，这一点就更显突出了。2018年激化的中美对抗特别是贸易冲突，将使地区不少国家成为受益方，这很可能进一步凸显甚至促进亚太"群雄并举"的趋势，使之持续并强化。

身处如此趋势之中，中美任何一方都不可能靠单打独斗来挑战另一方并赢得最后的胜利。近年的一个例子就是2018年12月30日《全面与进步跨太平洋伙伴关系协定》（*Comprehensive and Progressive Agreement for Trans-Pacific Partnership*，CPTPP）正式生效。该协议的谈判不是美国奥巴马政府先提出的，该协议的谈判进程也没有因为美国宣布"退群"而停止。事实是其他亚太11国面对美国人的退缩，勇敢地走上开创区域经济合作新规则的道路，并取得显著的初步成功，在亚太形成了一个包括5亿人口、

GDP 合计 13.5 万亿美元的经济贸易组织。[①] 特朗普政府在有关国家的积极推动下，终于表示有可能重新考虑参加该协定的谈判。[②] 中国国内也有学者呼吁，应该积极地考虑如何面对这个既成事实。[③] 上述亚太的大趋势应该有些警醒的作用。与其将精力花在互相指责上，不如多去理解亚太市场经济改革的深化及其对有关国家内部和国际关系的深刻影响。对于所有国家，国内改革的成败才是生死攸关的。

---

① 《全面与进步跨太平洋伙伴关系协定正式生效》，新华网，2018 年 12 月 30 日，http://www.xinhuanet.com/world/2018-12/30/c_1123929362.htm。

② "Trump Proposes Rejoining Trans-Pacific Partnership," April 12, 2018, *The New York Times*, https://www.nytimes.com/2018/04/12/us/politics/trump-trans-pacific-partnership.html.

③ 中国金融 40 人论坛浦山基金会课题组：《G20 峰会前瞻：中美贸易谈判不能毕其功于一役》，财新网，2018 年 11 月 29 日，http://opinion.caixin.com/2018-11-29/101353385.html。

新格局下中美关系重建*

陶文钊**

2021 年是"小球转动大球"的中美乒乓外交 50 周年，也是美国前国家安全事务助理基辛格（Henry Kissinger）秘密访华 50 周年。从 1971 年基辛格访华及次年尼克松（Richard Nixon）总统的"破冰之旅"到 1979 年中美建交，这是 70 多年来中美关系的第一次重建。这次重建根本改变了中美关系的性质，使之从对抗、隔绝的关系变为正常国家关系。冷战结束之后，由于国际形势的变化，先前两国和解的战略基础消失，美国一度误判中国的政治形势和中美关系，实行错误的对华政策，导致两国关系颠簸不断。中国坚持改革开放，建设社会主义市场经济推动重建两国关系。从 1995 年 10 月起，美国开始调整对华政策，致力于在两国新的共同利益之上与中方一起构建两国新关系，最终实现了 1997 年 10—11 月江泽民主席对美国的国事访问和 1998 年 6—7 月克林顿总统对中国的回访，实现了中美关系的第二次重建。由于此次重建，两国关系得以抵御"炸馆""撞机"等突发事件的冲击，中国顺利加入世界贸易组织，中国经济真正起

　＊　原文《借鉴历史经验，重建中美关系》发表于《东亚评论》2021 年第 34 辑。
　＊＊　陶文钊，中国社会科学院荣誉学部委员、美国研究所研究员。

飞，中美关系得到 20 年健康稳定发展。

特朗普当政后实行了错误的对华政策，对中美关系造成了严重破坏。20 多年来，中国、美国和国际形势都发生了重大变化，中美关系应当能够反映这些变化。中美关系中有合作的领域，也有竞争的领域，双方从经济、军事到科技，从台湾到南海，从地区秩序到全球治理都存在竞争，但管控竞争的规范和规则仍然缺乏。当今中美关系面临着第三次重建。前两次重建为我们提供了丰富的历史经验，是可资本次重建借鉴的。

一、深入对话，建立互信

有学者认为，中美关系中的一个重要问题是战略互疑，互信缺失。①然而，从前两次中美关系重建的历史看，只要双方以诚相待，在两国关系的一些最根本问题上——不是在双边关系的所有方面、所有问题上——要建立互信是可以做到的，而没有这种在关键问题上的互信，两国关系便难以实现突破。

中美关系开始第一次重建时，两国已经隔绝了 20 余年，彼时，两国仅保留了中美大使级会谈这一个渠道，此外，两国之间鲜有其他交流、沟通的渠道；当时获取信息的方式又不像现在这样多样，两国经过了谨慎的猜测、尝试、接触和摸底，并通过第三方传递消息，最终才将信将疑地走到了一起。中美对于国际问题的看法有诸多分歧，两国对于访问能否成功都没有把握，因此，1971 年 7 月基辛格第一次访华是秘密进行的。而双方

---

① 参见王缉思主编《释疑：走出中美困局》，社会科学文献出版社，2014。

一旦坐到谈判桌旁，就进行了深入的交流。基辛格在会谈中做了两个保证。第一，关于台湾问题，基辛格在 7 月 9 日的第一次会谈中就表示，"关于台湾的政治前景，美国政府不支持'两个中国'、'一中一台'的解决方案"，两岸关系的演变会朝着总理揭示的方向发展。周恩来问："贵国政府对所谓'台独'运动持什么态度？"基辛格回答："美国政府不支持'台独'，美国政府的任何部门与'台独'都没有关系。"① 次日，基辛格又表示，"在解决了台湾问题之后——这将在相对近期内实现——我们之间就完全没有利益冲突了"。当时基辛格认为，一旦美国停止对台湾的政治和军事支持，台湾除了接受某种形式的统一，将别无选择。② 显然，基辛格是把解决台湾问题与两岸的统一当作同一概念来使用的。基辛格于 10 月再次访华时表示，美国不支持、不鼓励台湾"独立"运动，如果中方有任何情报能表明任何美国人，无论是官员还是非官员鼓励这样的活动，请告诉美方，美方"保证制止这种活动"。③ 1972 年尼克松访华时，就美国对台湾政策提出了五项原则，也是对中方的五点保证。④ 美国在台湾问题

① "Memorandum of Conversation, Kissinger and Chou Enlai," July 9, 1971, *The Beijing-Washington Back-Channel and Henry Kissinger's Secrete Trip to China: September 1970 - July 1971*, National Security Archive Electronic Briefing Book No. 66, Edited by William Burr, February 27, 2002, Document 34, pp. 11, 13, 15, https://nsarchive2.gwu.edu/NSAEBB/NSAEBB66/.

② "Memorandum of Conversation, Kissinger and Chou Enlai," July 10, 1971, *The Beijing-Washington Back-Channel and Henry Kissinger's Secrete Trip to China: September 1970 - July 1971*, Document 35, p. 19, https://nsarchive2.gwu.edu/NSAEBB/NSAEBB66/; also, Alan Romberg, *Rein in at the Brink of the Precipice. American Policy towards Taiwan and U. S. -China Relations*. The Henry Stimson Center, 2003, p. 33.

③ "Memorandum of Conversation, Kissinger and Chou Enlai," October 21, 1971, William Burr (ed.), *Negotiating US-Chinese Rapprochement: New American and Chinese Documention Leading Up to Nixon's 1972 Trip*, National Security Archive Electronic Briefing Book No. 70, Document 11, p. 13, https://nsarchive2.gwu.edu/NSAEBB/NSAEBB70/.

④ "Memorandum of Conversation, Kissinger and Chou Enlai," July 9, 1971; "Memorandum of Conversation, Nixon and Chou Enlai," February 22, 1972.

上向中方的保证对于中美和解具有关键意义，没有这样的交底，中美关系的"破冰"是进行不下去的。而直率、坦诚、毫不含糊地做出保证，更表明了美方与中方和解的决心。第二，基辛格保证，"美国要同中国来往，决不会对中国进攻。美国同自己的盟国和对手决不会进行勾结针对中国"。① 美国的这两项保证涉及中国的国家安全、主权和领土完整，正是当时中方最关切的问题。美国通过保证，在这两个问题上消除了中方的担心和疑虑，中美最初的互信就建立起来了。

从尼克松访华到1978年底中美建交公报（第二个联合公报）发布，花费了将近七年时间，其中的原因是多方面的，如美方的"水门事件"，中方的"文化大革命"和美追求对苏缓和等。卡特（Jimmy Carter）当政后，美国政府内部在中美关系正常化问题上出现了不同意见。万斯（Cyrus Vance）国务卿于1977年8月访问中国，但他非但没有推进正常化，反而使美国从先前的承诺倒退了。国家安全事务助理布热津斯基（Zbigniew Brzezinski）对这种情况十分不满，希望亲自访问中国来推进两国关系正常化。卡特经过再三斟酌，决定迅速实现美中关系正常化，遂批准了布热津斯基访华。在1978年5月邓小平会晤美方访华团时，布热津斯基一再表示，"卡特总统已经下了决心"，"总统准备在国内承担解决两国之间突出问题的政治责任"。② 邓小平也以其特有的坦率，把中方的建交条件概括为涉及台湾的三条——"'断交'、撤军、废约"。③ 至此，双方都对对方交了底，彼此都相信对方是有诚意实现两国关系正常化的，谈判立即进入了实质性阶段。

---

① 陈东林、杜蒲编《中华人民共和国实录》第3卷，吉林人民出版社，1994，第723—724页。

② Zbigniew Brzezinski, *Power and Principle. Memoirs of the National Security Advisor, 1977–1981* (New York: Farrar, Straus, Giroux, 1983), p. 213.

③ 中共中央文献研究室编《邓小平年谱（1975—1997）》，中央文献出版社，1998，第65页。

　　冷战后的第二次重建情况也是这样。1993 年 11 月，江泽民主席在西雅图出席亚太经合组织领导人非正式会议期间与克林顿（William J. Clinton）总统进行了首次会晤，并提出两国应当"增加信任，减少麻烦，发展合作，不搞对抗"的建议。克林顿把这次会晤称为"不同寻常的会见"，但美国政策的调整显然还需要时间，克林顿在会晤中仍然在人权问题上对中国进行指责。① 1995 年 10 月下旬，江泽民在纽约出席联合国纪念反法西斯战争胜利 50 周年活动时再次与克林顿会晤。这次的情况与上次大不相同，两位领导人的小范围会晤本来计划为 30 分钟，结果却谈了一个多小时，双方进行了深入沟通。克林顿明确表示，在中美两个大国间，孤立不是选择，遏制不是选择，对抗不是选择，唯一正确的选择是保持建设性接触。克林顿再次承诺，只有一个中国，台湾是中国的一部分。② 中美双方对这次会晤都很满意，克林顿向记者表示，会晤"非常好，非常积极"，两国已经开启了一个新进程，这个进程将导致一系列对话，从而可以帮助增加与中国全面接触的机会。③ 后来，1997 年 10—11 月江泽民对美国进行国事访问，1998 年 6—7 月克林顿对中国进行回访，标志着中美关系第二次重建顺利实现。

---

　　① William J. Clinton, "Remarks and an Exchange With Reporters Following Discussions with President Jiang Zemin of China in Seattle, " Online by Gerhard Peters and John T. Woolley, November 19, 1993, The American Presidency Project, https: //www. presidency. ucsb. edu/node/217969.

　　② 钱其琛：《外交十记》，世界知识出版社，2003，第 314 页。

　　③ William J. Clinton, "Press Briefing by Assistant Secretary of State for East Asian and Pacific Affairs Winston Lord and Director of Asian Affairs Robert Suettinger, " Online by Gerhard Peters and John T. Woolley, October 24, 1995, The American Presidency Project, https: //www. presidency. ucsb. edu/node/269904.

二、以改革开放来塑造中美关系

中国的改革开放是前两次中美关系重建的一个基本原动力。中美关系第一次重建的最终实现是与中国改革开放同时发生的。中美建交谈判与党的十一届三中全会前的中央工作会议同时进行并不是时间上的巧合，实际上，在邓小平改革开放的宏图大略中，中美关系正常化是重要一环。一方面，中国改革开放需要一个相对稳定的国际环境，尤其是周边环境，而对美关系正常化有利于营造和保持这样的环境；另一方面，中国的开放是全方位的，中国的现代化需要同西方合作，要吸引外资、引进国外先进技术和设备，中国的产品更需要广阔的国际市场。美国作为最大的发达国家，有可能成为中国的主要合作伙伴。在 1977 年和 1978 年，邓小平多次会见了美国的政要、议员、记者和其他外国友人，敦促卡特政府站得高一点，看得远一点，把中美关系正常化提上日程。① 1978 年 11 月底，谈判处于关键时刻，邓小平又明确指示：最重要的是不要错过机会。② 在最紧要的时刻，邓小平亲自走到台前，处理了最棘手的问题，使谈判取得突破。建交之后，邓小平又在 1979 年春节期间高调出访美国，与卡特总统共同签署《中美科技合作协定》，并接受美国记者采访，广泛接触美国各界人士，把刚刚正常化的两国关系提升到相当高的水平。这一系列行动是在向全世界高调宣布：中国改革开放的新纪元开始了。

---

① 中共中央文献研究室编《邓小平年谱（1975—1997）》上，中央文献出版社，2004，第 254、第 268、第 287 页。

② 同上书，第 441 页。

东欧剧变和苏联解体对中美关系造成了巨大冲击。1989—1992 年，美国国会对布什政府施加了很大压力，威胁要结束对华贸易最惠国待遇，中美关系进入了困难时期。1992 年春，邓小平视察了武汉、深圳、珠海、上海等地，发表了著名的"南方谈话"，提出了"革命是解放生产力，改革也是解放生产力"的科学论断，旗帜鲜明地提出搞社会主义市场经济，为中国的改革开放注入了新的活力。① 中国坚定推进改革开放为中美关系带来了巨大的正能量。当时美国国家安全委员会主管中国事务的包道格（Douglas Paal）后来回忆说，1992 年邓小平南方谈话之后，我们终于迎来了重建两国关系的契机。②

中美关系第二次重建的一个直接成果是两国就中国加入世界贸易组织的谈判达成协定，美国出台了对华永久性正常贸易关系（Permanent Normal Trade Relations with China）立法，2001 年 11 月，中国正式加入世界贸易组织。这项立法是中美建交 20 多年来最具实质性意义的突破，标志着以往对中美正常贸易待遇的年度审议成为历史。中国"入世"是改革开放在新阶段的需要，是中国经济融入世界经济、中国制造业成为全球产业链重要组成部分的需要，它客观上进一步提升了中美关系的水平。虽然在中国国内有不同意见，中国领导人仍坚持和扩大对外开放，利用经济全球化的机遇，在主动参与国际竞争这一点上一直保持非常明确、积极的态度，并强调："从二十一世纪国际竞争日趋激烈的大环境看，我们搞现代化建设，必须到国际市场的大海中去游泳"，中国"入世"是"改革开放进程中具有历史意义的一件大事，也是进一步全方位、多层次、宽领域对外开放的

---

① 中共中央文献研究室编《邓小平年谱（1975—1997）》下，中央文献出版社，2004，第 1341—1343 页。

② 复旦大学美国研究中心、上海市美国问题研究所编《四十人看四十年》，新世界出版社，2019，第 330 页。

重要契机", "加入世贸组织符合我国根本利益"。[①] 中国"入世"又大大促进了中国改革的发展，形成了"开放倒逼改革"的机制。中国为与世贸组织的规则相衔接，进行了诸多领域的改革，仅废止、修改和制定的法律、法规就有 3000 项之多。[②] 改革、开放和中美关系就这样相互促进。

现在，经过 40 多年的现代化建设，中国的综合国力大大增强。中国超大规模的国内市场和开放的潜力成为对外经贸关系中最大的优势，这对于外商，包括美商具有不可替代的吸引力。中国只要坚持深化改革、坚持对外开放，发展对美关系就有了底气。

三、超越意识形态的分歧

中美两国是两个历史、传统、文化、发展道路都非常不同的国家，双方具有不同的社会制度和意识形态，但这没有妨碍两国建立和发展正常关系。中美关系的基础是两国的共同利益，中美关系的历史就是两国不断确认共同利益的过程。起初，双方并未回避意识形态上的分歧，但共同利益远远压倒了分歧。尼克松在"破冰之旅"的答谢宴会致辞时表示，"你们深信你们的制度，我们同样深信我们的制度。我们在这里聚会，并不是由

---

① 中央文献研究室编《江泽民论有中国特色的社会主义（专题摘编）》，中央文献出版社，2002，第 190—198 页。龙永图事后谈到，当时有很多人认为，加入世贸组织可能带来很大的冲击，得不偿失，有些同志甚至从政治上讲，这是美国人拿这个事情来分化我们的一个手段。在最后协调各个部门意见时，是朱总理用他的权威统一了各方面的意见，这是很重要的！赵忆宁：《龙永图回忆朱镕基总理决断中美入世谈判内幕》，《21 世纪经济报道》2011 年 11 月 21 日，http://finance.ifeng.com/news/macro/20111121/5106827.shtml。

② 孙振宇：《"入世"奠定中国经济起飞基石》，《参考消息》2019 年 10 月 1 日。

于我们有共同的信仰，而是由于我们有共同的利益和共同的希望"。① 可见，在中美关系由对抗转变为正常的时候，美国领导人对这种转变的含义就是非常清楚的。

中国进入改革开放的新历史阶段以后，对意识形态在外交中的作用有了更明确的认识。1982 年 9 月举行的中共十二大正式确认了在改革开放和现代化建设新时期的国际战略是"独立自主的和平外交政策"。邓小平根据中国长期以来的外交经验和国际关系的现实，提出国与国的关系不应当以社会制度和意识形态论亲疏、好恶，只有超越社会制度和意识形态的异同，普遍实行和平共处五项原则，从容发展同所有国家的友好关系，才能增进国际合作，维护世界和平。②

对于中美两国之间存在的意识形态分歧，中方的主张是增进了解、相互尊重和相互借鉴，而不是一方压倒另一方、一方取代另一方。胡锦涛主席 2006 年 4 月访美时，在耶鲁大学就中华文明的历史流变和现实发展发表演讲，指出："在人类文明交流的过程中，不仅需要克服自然的屏障和隔阂，而且需要超越思想的障碍和束缚，更需要克服形形色色的偏见和误解。意识形态、社会制度、发展模式的差异不应成为人类文明交流的障碍，更不能成为相互对抗的理由。我们应该积极维护世界多样性，推动不同文明的对话和交融，相互借鉴而不是相互排斥，使人类更加和睦幸福，

---

① Richard Nixon, "Toasts of the President and Premier Chou En-lai of China at a Banquet Honoring the Premier in Peking," Online by Gerhard Peters and John T. Woolley, February 25, 1972, The American Presidency Project, https://www.presidency.ucsb.edu/node/255121.

② 参见田增佩主编《改革开放以来的中国外交》，世界知识出版社，1993，第 6 页；王泰平主编、张光佑副主编《邓小平外交思想研究论文集》，世界知识出版社，1996，第 7、第 17 页。

让世界更加丰富多彩。"① 几十年来，中国遵循这些基本原则，借鉴、吸收别国包括美国的长处，但不照搬，走出了有中国特色的发展道路。中国也从不将自己的意识形态强加给别的国家，从不输出自己的发展"模式"。这一点，美国的有识之士也承认，如美国时任副国务卿佐利克（Robert B. Zoellick）在 2005 年 9 月关于中美关系的一次讲话中说，中国与苏联不一样，中国不寻求扩展激进的反美意识形态。②

特朗普借着美国逆全球化的民粹主义潮流登上权力巅峰，当政期间以民粹主义作为意识形态旗帜，加大社会撕裂和政治极化。现在美国的白人至上主义泛滥，种族平等受到压制、打击。甚至美国在防控疫情中也掺杂了意识形态因素，以致特朗普的许多拥趸把戴口罩视为"剥夺呼吸自由"，把局部"禁足令"视为剥夺行动自由，坚决不配合。于是任由疫情肆虐，据美国《纽约时报》报道，从 2020 年 2 月 29 日报告第 1 个死亡病例到 2021 年 2 月 21 日（当地时间），已累计有近 50 万个死亡病例。③ 特朗普政府搞乱了美国人民的思想，美国人对于民主、自由的看法高度分歧，导致 2021 年 1 月 6 日暴力冲击国会的极端事件发生。甚至对于这一事件，民主党和共和党人的看法也高度分歧：民主党人认为这是在"颠覆美国的民主"，认为美国的民主"濒临死亡"；但共和党人中多数人认为这是在保卫民主。根据此后的民调，多达 60% 以上的共和党人仍然认为特朗普并没有

---

① 胡锦涛：《在美国耶鲁大学的演讲（2006 年 4 月 21 日，纽黑文）》，载钟建和编《全面推进 21 世纪中美建设性合作关系——胡锦涛主席对美国进行国事访问》，世界知识出版社，2007，第 56 页。

② Robert B. Zoellick, Deputy Secretary of State, "Whither China: From Membership to Responsibility?" United States Department of State, September 21, 2005, https://2001-2009. state. gov/s/d/former/zoellick/rem/53682.htm.

③ 《死亡近 50 万！〈纽约时报〉头版长图揭美疫情灾难（图）》，中国新闻网，2021 年 2 月 22 日，https://www. chinanews. com/gj/2021/02-22/9416388. shtml。

做错任何事情。①

拜登（Joe Biden）在竞选时就宣布要举行世界"民主峰会"，在他的第一个关于外交政策的讲话中，又表示要"重建民主联盟的肌肉"来应对中俄等的挑战。② 坦率地说，美国新政府太一厢情愿了。实际上，特朗普当政时曾经设想过把七国集团扩大为十国集团，共同对中国施加压力，而现在"民主十国"的幻想已经随着特朗普下台而死亡。2020 年 11 月 15日，包括亚洲 15 个国家的《区域全面经济伙伴关系协定》正式签署；12月底，中国与欧盟完成中欧全面投资协定谈判。虽然特朗普政府官员埋怨欧盟没有与美方充分沟通就完成谈判，对欧盟十分不满，但欧盟有自己的想法。在德国担任欧盟轮值主席国期间，默克尔采取果断举措，与中国达成协定。她在 2021 年 1 月 26 日线上达沃斯论坛上明确表示："我非常希望避免结成阵营。如果我们说这边是美国，那边是中国，而我们结成一组反对这个，或反对那个，这对很多国家来说是不公平的。"她还明确表示赞同前一天习近平主席讲话中关于多边主义的主张。③ 学界普遍的看法是默克尔的继承者也不会加入美国牵头的对抗中国的同盟。法国总统马克龙 2月 4 日在出席美国大西洋学会视频讨论会时表示，尽管欧盟与美国因价值观相似而持更接近的立场，但是"合伙对抗中国的状况最有可能引发冲突的前景，在我看来，其作用适得其反"，"我们必须与中国接触，以推动大

---

① 参考路透社/益普索（Reuters/Ipsos）2021 年 3 月 30—31 日民调。

② The White House, "President Joe Biden's Remarks on America's Place in the World," February 4, 2021, https://www. whitehouse. gov/briefing-room/speeches-remarks/2021/02/04/remarks-by-president-biden-on-americas-place-in-the-world/.

③ Alessandra Scotto di Santolo, "Alessandra Scotto di Santolo, to Joe Biden as she sides with China against EU-US alliances," *The Express*, January 27, 2021, https://www. express. co. uk/news/politics/1389 555/Angela-Merkel-news-Davos-speech-Joe-Biden-us-eu-china-xi-Jinping.

胆而有效的气候议程"。① 新加坡等东南亚国家也多次表示不愿在中美之间选边。美国外交学会会长哈斯（Richard Haas）2021年1月撰文表示，业已发生的一切应该消除"美国例外论"的观念，一个永远在山巅闪闪发光的城市的观念。如果拜登政府搁置已经宣布要召开的全世界民主国家会议的计划，那将是明智的。② 美国新政府也许应该听听这位外交学者的意见。

搞意识形态划线之所以行不通的最主要原因是时代不同了，强调两国关系中的意识形态分歧与这个时代人类面临的种种挑战格格不入。试问国际金融危机、新冠肺炎疫情、气候变化等全球性的威胁，哪一个是可以用意识形态的方法加以应对的？2008年金融危机爆发时，布什政府高官紧急给中国领导人打电话求助，继任的奥巴马政府高官一再在公开场合以与中国"同舟共济"这个成语来表达美中合作应对危机的立场，正是由于两国在双边和二十国集团（G20）等多边框架内的合作，并与国际社会共同努力，才使金融危机没有演变成类似20世纪30年代的大衰退，世界经济一年后就走出了低谷。2009年哥本哈根会议受挫后，全球应对气候变化处于困难的时期，是中美两国的合作推动了全球的合作，促成了巴黎会议的成功，达成了具有历史意义的《巴黎协定》，并促使其及时生效，使全球出现了应对气候变化的全新局面，彰显了中美合作的全球意义。然而，新冠肺炎疫情突然来袭，特朗普政府以意识形态的偏见看待此事，继续搞民粹主义，拒绝国际合作，也拒绝与中国合作，遭殃的是无辜的美国人民。美

---

① Rym Momtaz, "Macron: EU shouldn't gang up on China with US. French president warns against creating 'highest possible' conflict," *Politico*, February 4, 2021, https://www.politico.eu/article/macron-eu-shouldnt-gang-up-on-china-with-u-s/.

② Richard Haas, "Present at the Destruction. Trump's Final Act Has Accelerated the Onset of a Post American World," *Foreign Affairs*, January 11, 2021, https://www.foreignaffairs.com/articles/united-states/2021-01-11/present-destruction.

国著名的地缘战略学者卡普兰 2021 年 1 月指出，"大国竞争时代不应该意味着生死攸关的意识形态冲突，这种冲突的目的是改变中国和俄罗斯的治理体系。我们应该对与这些政权达成缓解紧张关系的协议持开放的态度……美国人民并不致力于颠覆任何地方的政权"①。拜登政府应该尊重事实，采取现实的态度来制定对华政策，不要被意识形态的樊篱所束缚。

历史上美国与中国交往总有一种"传教士的热情"，总希望把中国"基督教化"，但从来没有成功过，到 21 世纪这种想法就更脱离实际了。两国打交道的目的不应该设定在把对方改造成自己的样子，尤其在自己状况非常混乱的时候。在这方面，美国决策者实在应该做出反思。冷战结束后，美国历届政府都把在海外促进民主和推进"自由议程"作为外交政策的一个重要支柱，甚至是"终极目标"，但在这方面究竟取得了多少成功，带来了多少破坏？举目望去，受到西方鼓励、支持，甚至由西方策动的"阿拉伯之春"到底给哪个阿拉伯国家带来了春天？美国决策者该接受一点教训了。

那么，在存在着意识形态分歧的情况下能不能重建中美关系？应该是可以的，上文已经举了尼克松"破冰"的例子。冷战后中美关系再次重建的事实也许更说明问题。在克林顿政府的前两三年，美方对当时的形势、中国的国内政治和中美关系产生误判，不断突出两国在人权问题上的分歧，将其凌驾于中美关系各种问题之上。美国对于中国的一切，对两国关系的种种问题都通过人权这个滤镜来加以观察，试图压迫中国改变政策取向，导致两国关系颠簸不断，给彼此都带来了伤害。经过数年实践，克林

① Robert Kaplan, "Three Things Joe Biden Must Do to Restore American Foreign Policy," *National Interest*, January 3, 2021, https://nationalinterest.org/feature/three-things-joe-biden-must-do-restore-american-foreign-policy-174932.

顿政府认识到了后冷战时期两国的共同利益，从 1995 年 10 月开始，美方转变对华政策，把重点放在稳定和重构两国关系上。这不是说两国在人权问题上就没有分歧了，美方甚至在联合国人权委员会上提出过谴责中国的议案。人权问题不是中美关系的全部，只是其中的一个方面。两国关系中还有其他更多更重要的问题需要双方的合作。虽然人权问题仍然对两国关系造成干扰，但其在两国关系中的地位降低了，不再是重建关系的障碍。

四、掌握和运用妥协的艺术

中美两国有共同的利益，也有不一致的甚至相互冲突的各自利益。双方如果在不一致的利益上都坚持百分百地实现自己的主张，就不可能达成共识，甚至两国关系都难以维持。实际上，在过去两次重建关系中，双方在实现自己的利益时都表现了明智的立场，区分了自身的核心利益和非核心利益，即使在寻求自身核心利益时也表现了灵活的态度，在坚持原则的同时恰当地进行了相互妥协。

中美关系第一次重建中的核心问题是台湾问题。在解决台湾问题时双方多次相互妥协：第一，中方提出了美国与台湾"断交"、从台湾撤军、废除"共同防御条约"（"断交"、撤军、废约）三项条件。美方原则上同意了，但表示废除条约须通过国会，而美国国会议程复杂，辩论过程可能耽误正常化。"共同防御条约"本来有一个"终止条约"的机制，即缔约一方将终止条约的通知送达另一方一年后终止生效。而终止条约由总统做主，无须经过国会，因此，美方希望采取这种方式解决"废约"问题。中方考虑到美方的实际困难和两国关系正常化的大局，接受了这一解决办法。① 第二，美方提出中方要承担不使用武力解决台湾问题的义务，遭中方拒绝。邓小平多次向美方表示，"我们当然力求用和平方式来解决台湾回归祖国的问题，但是究竟可不可能，这是一个很复杂的问题。在这个问题上，我们不能承担这么一个义务：除了和平方式以外不能用其他方式来实现统一祖国的愿望。我们不能把自己的手捆起来。如果我们把自己的手捆起来，反而会妨碍和平解决台湾问题这个良好愿望的实现"。② 美方退而求其次，提出要在发表建交公报的同时发表一项声明，希望台湾问题和平解决，中方不予以反驳。中方回应说，中方也要发表一项声明，说明解决台湾回归祖国，完成国家统一的方式，完全是中国的内政。③ 第三，也是最棘手的问题，到了谈判的最后时刻，美方又提出，1980 年后美国仍要向台湾出售武器。这是一个两难的抉择：如果同意美方条件，售台武器的问题将长期得不到解决；如果拒绝，两国关系正常化的机会可能稍纵即逝。邓小平权衡利弊，最后果断决定，先建交，售台武器问题建交以后接着谈。④ 这也是 1982 年《八一七公报》的由来。

《八一七公报》是中美双方互相妥协的结果。1981 年里根上台后，中

---

① 王泰平主编《中华人民共和国外交史（1970—1978）》第 3 卷，世界知识出版社，1999，第 379 页；《施燕华大使见证中美建交谈判》，环球网，2008 年 12 月 15 日，https://china. huanqiu.com/ article/9CaKrnJljxE。

② 《人民日报》1979 年 1 月 6 日。

③ 陶文钊：《中美关系史（1972—2000）》第 3 卷（修订版），上海人民出版社，2017，第 59—60 页。

④ 《施燕华大使见证中美建交谈判》，环球网，2008 年 12 月 15 日，https://china. huanqiu.com/ article/9CaKrnJljxE。当时在国家安全委员会负责与中国建交事宜的奥克森伯格后来写道：谈判记录是清楚的，在这个最困难的问题上没有达成协议。在同意实现正常化的时候，双方推迟了在美国继续向台湾出售武器问题上的分歧。中国人保留重新提出这个问题的权利，美国官员则表示他们相信建交后将逐步提供一个更好地讨论这一问题的环境。Michel Oksenberg, "A Decade of Sino-American Relations," *Foreign Affairs*, Fall 1982, p. 184.

方立即提出续谈美国售台武器问题，并要求美方明确承诺以下内容：在规定的期限内，出售给台湾的武器在性能和数量上不超过卡特政府时期的水平；在规定的期限内，出售给台湾的武器将逐年减少以至最终完全停止。但美方表示不能接受"在规定的期限内"停止售台武器的要求。[①] 经过几个来回，谈判陷入了僵局。1982年5月上旬，布什副总统来华访问。5月8日，邓小平会晤布什。布什希望在他离开的时候双方能够更深入地理解中美关系的根本性质。美国不同意承诺一个停止售台武器的日期，并不意味着美国将在今后无限期地向台继续售武。据随行的助理国务卿霍尔德里奇回忆，双方寒暄之后，邓小平建议与布什进行15分钟的个别交谈。于是，邓小平、布什、美国驻华大使恒安石（Arthur Hummel, Jr.）及中方的一名译员进了一个小会议室。一个小时过去了，他们的个别交谈才结束。霍尔德里奇推测，邓小平与布什之间取得了某种谅解。[②] 布什带来了一份新的公报稿，在邓小平会见布什两小时后，中方立即提出了对案。至此，中美谈判具备了取得突破的条件。8月27日，中美双方同时发表了公报。公报中，中方在"规定的期限内"这一点上做了让步，且美方就售台武器做出了三项新的承诺：第一，不寻求执行一项长期向台湾出售武器的政策；第二，向台湾出售的武器在性能和数量上将不超过中美建交后近几年供应的水平；第三，准备逐步减少对台湾的武器出售，并经过一段时间导致最后的解决。[③] 公报虽然仍然没有最后解决美国售台武器问题，但美方的新承诺对于美国仍是一个制约。由于公报的签订，中美关系得到改善，两国方方面面的关系得到了发展，两国关系变得越来越强固和紧密，抵御

---

① 田增佩主编《改革开放以来的中国外交》，世界知识出版社，1993，第388页。

② John Holdridge, *Crossing the Divide: An Inside Account of the Normalization of U. S. -China Relations* (New York: Rowman and Littlefield Publishers, Inc. 1997), p. 226.

③ 田增佩主编《改革开放以来的中国外交》，世界知识出版社，1993，第390页。

风险的能力得到增强。

在冷战后的中美关系第二次重建中也不乏这样的例子。1995 年，克林顿政府向李登辉发放了访美签证，严重违反了中美三个联合公报和美国的"一个中国"承诺，损坏了中美关系的政治基础。因此，中方采取了一系列强有力的反制措施，并要求美方保证今后不再发生类似事件。美方通过多个渠道向中方进行了解释，表示李登辉的访问纯粹是私人的、非官方的。在 1995 年 10 月 24 日中美两国首脑的会晤中，克里斯托弗（Warren Christopher）国务卿对台湾当局领导人访美问题再次承诺，今后将对此类访问采取严格限制措施，"这种访问将是私人的、非官方的，而且是很少的，并将个案处理"。他留了个小尾巴，说美方不能完全排除今后会有这种访问的可能性，为美国留了个面子。① 而中方的基本要求也得到了满足。

当前，中美关系走到了一个真正的十字路口。从 2020 年美国大选以来，中方已经通过各种渠道发出了明确信息，希望拜登新政府改正前任政府错误的对华政策，回归理性，与中国相向而行，恢复正常交往，聚焦合作，尤其是在抗击疫情、应对气候变化、防止核扩散等涉及全人类生存和前途的问题上进行合作，管控双方之间的分歧，使两国关系重回正常轨道。前两次中美关系重建提供了丰富的历史经验，是可以作为此次重建两国关系的借鉴的。

① 钱其琛：《外交十记》，世界知识出版社，2003，第 314 页。

世界大变局与国际战略定位

任晶晶　　王维淼[*]

进入 21 世纪，世界进入动荡与变革的加速期。对此，习近平总书记提出了"当今世界正经历百年未有之大变局"的重要论断。应对大变局，中国明确自己的战略定位，坚持走和平发展之路，做世界和平的建设者，坚持走改革开放之路，做全球发展的贡献者，坚持走多边主义之路，做国际秩序的维护者，以自身发展推动和促进全球共同发展，推动构建更加公正合理的国际秩序，推进构建人类命运共同体。

一、国际格局面临的新变化

冷战结束后，世界形成了"一超多强"的基本战略格局，经济全球化和世界多极化蓬勃发展。中国抓住有利的形势，大力推进改革开放，实现了经济的快速发展，2010 年，中国成为世界第二大经济体，综合实力大幅

---

* 任晶晶，中国社会科学院习近平新时代中国特色社会主义思想研究中心特约研究员，中国社会科学院大学硕士生导师；王维淼，西安理工大学马克思主义学院博士研究生。

度提升。然而，在多种因素作用下，近年来世界大变局及其影响凸显，主要表现在国际格局力量对比变化加剧，综合影响增强，全球化发展出现重大调整，疫情全球扩散导致经济、政治、安全、社会等重要转变，世界进入不稳定、不确定的复杂变化期。在此情况下，如何判断国际格局变化，把握大局，制定中国的发展和对外战略至关重要。

（一）世界力量对比发生重大转变

第二次世界大战后，世界格局经历了从"两极"到"一超多强"，再到"多极化"的演变，而中国的崛起正是导致这一变化的重要原因之一。近代以来，饱受西方列强入侵之苦的中国一直以积贫积弱的形象出现在国际舞台。尽管中国也参与了诸多世界重大历史事件，但由于国力不强始终没能有影响与塑造国际格局和世界秩序的能力。

中华人民共和国成立后，以一个主权独立的现代国家之新颜屹立于世界的东方。70余年来，中国在险恶的国际环境下维护了国家主权、领土完整，打破了外部封锁，赢得了应有的国际地位。中国在全面改革开放的基础上发展经济并取得巨大成就，进而在世界舞台上发挥了越来越重要的作用。

2017年10月，在中国共产党第十九次全国代表大会上，习近平总书记指出，"世界正处于大发展大变革大调整时期"。[1] 同年12月28日，习近平在接见驻外使节工作会议代表时首次提出了"百年未有之大变局"的论断。[2] 2018年12月31日，习近平在2019新年贺词中指出："放眼全球，

[1] 习近平：《决胜全面建成小康社会夺取新时代中国特色社会主义伟大胜利——在中国共产党第十九次全国代表大会上的报告》，人民出版社，2017，第58页。

[2] 《习近平接见二〇一七年度驻外使节工作会议与会使节并发表重要讲话》，《人民日报》2017年12月29日，第1版。

我们正面临百年未有之大变局。"① 此后，习近平先后在国际、国内多个重要场合重申这一论断。百年未有之大变局这一论断准确把握了当前世界格局和国际环境发生的深刻转变，特别是国际力量对比格局新变化、全球治理体系和国际秩序变革新趋势的本质特征，深刻揭示了新时代中国现代化建设面临的国际环境与战略目标，对新形势下中国做出新的战略规划具有重要指导意义。

百年大变局的一个重要特征是，国际力量对比发生了重大变化。中国与其他发展中国家经济实力大幅度上升，发达国家垄断世界经济的巨变发生转变，发展中国家在国际事务中的话语权不断加强，发展中国家在国际组织中发挥的作用也日益增强。

发展中国家在国际体系中地位和作用的不断增强，有助于推动国际体系变革，使得国际体系更能反映发展中国家的利益诉求，改变发达国家主导的局面。长期以来，在发达国家主导的国际体系中，发展中国家的声音很弱，其发展利益被忽视，南北差距拉大。因此，来自发展中国家推动改革现有国家体系的呼声越来越强烈。随着发展中群体综合实力的提升，二战后建立的国际组织开始进行改革，比如国际货币基金组织等提高了发展中国家的份额比重，尽管迈的步子不大，但毕竟开始调整。二十国集团的建立是一个新的发展，在世界经济发展治理中，发展中国家与发达国家共聚一个平台，共商行动议程，应对世界发展中的挑战，推动世界经济的发展。中国作为世界第二大经济体，为世界经济发展提供增长新动力，在维护多边主义和世界市场开放中发挥着重要的作用。由中国参与和推动的金砖国家合作机制，坚持协商与合作，创建合作机构（如新开发银行），

---

① 《国家主席习近平发表 2019 年新年贺词》，《人民日报》2019 年 1 月 1 日，第 1 版。

对于稳定和驱动世界经济增长功不可没。中国倡议和推动的"一带一路"建设，推动创建的亚洲基础设施投资银行（亚投行）等，成为推动新型发展合作，创建可持续新发展范式的亮点。

（二）国际格局新旧转化加速

现行的，或者说是旧的国际格局的突出特点是，美国在诸多方面拥有霸权地位，在诸多国际事务中具有主导权，特别是冷战结束后的一个时期，美国的主导地位进一步加强。美国力图利用其增强的地位，推行"美国治下的和平"与西方政治的"普世化"。新旧格局转换的主要含义是美国的霸权地位衰落，世界向力量多极化，国家治理方式多样，国际治理多变化的方向发展。传统现实主义理论认为，世界权力格局的调整主要是权力主导国和崛起国之间斗争的结果。事实上，权力主导方或崛起方并不总是某个国家，也可能是一个国家集群或共同体。这些国家，通过集体性力量改变世界权力格局。区域化是世界力量格局转变的一个重要发展。欧洲通过联合走向和平与发展，改变了欧洲战乱不断的历史。同时通过高水平的区域联合，建立强有力的治理制度，统一货币，创建统一大市场，大大增强了欧洲在世界格局中的地位和影响力，削弱了美国的霸权地位。东亚通过区域联合，构建了基于开放合作的区域经济发展链条和网络，提升了东亚在世界的地位。于2022年1月生效的《区域全面经济伙伴关系协定》（RCEP）是在保护主义盛行，美国开展与中国全面战略竞争，对华实施贸易制裁、技术遏制、战略围堵的情况下生效的。《区域全面经济伙伴关系协定》的最重要功能是构建共享的开放市场，推动基于规则的可持续的供应链，推动东亚区域的新发展，进一步提升东亚地区在世界格局中的分量和影响力。非洲、拉美、欧亚地区的多样性合作也取得不同程度的发展。

这些变化表明，新的世界发展正在突破一个或者少数几个大国主导世界的旧格局，向新的多层、多样的格局转变。

在世界向新格局转变的重要时刻，中国提出推动构建人类命运共同体的倡议。人类命运共同体的要旨是构建更公平、更合理的国际秩序与和合共生、合作共赢的新世界。中国将会利用自身增强的综合实力对人类命运共同体构建做出大的贡献，同时也会积极推动国际合作，凝聚共识，与各国一起共同推动这个伟大的进程。

（三）美国对华战略竞争全面展开

中美建交以来，两国关系虽历经起伏，但总体保持向前发展。冷战结束后，美国对华政策一直是"接触"加"防范"两手并用，中美关系也一直处于合作与竞争并存的状态。在中国综合实力快速提升的情况下，奥巴马推出"亚太再平衡"战略，强化与中国在亚太地区的地缘政治和地缘经济竞争。特朗普执政后，开始对中国实施单边制裁、技术、交流遏制、供应链上脱钩的敌对性政策。拜登执政后，进一步强化对华政策，提出全面战略竞争政策，不仅美国自己干，还联合盟友、发达国家和其他国家组建对华竞争阵线，提出与中国倡议相对抗的动议和计划，构建制约与对抗中国的四边机制、美英澳三边安全伙伴关系，等等。

中美关系超出双边框架，具有世界全局意义。在此情况下，中国在应对在美国的全面战略中，非常重要的是如何通过非传统大国竞争的方式，引导其向相互尊重、不冲突、不对抗，合作共赢的方向发展。这既是对中国的挑战，也是中国发挥新型大国作用，推动人类命运共同体构建的机遇。事实上，世界绝大多数国家都希望中美不对抗，能够开展协调与合作，这是世界大变局的一个新国际环境，与历史上结盟对抗，以战争论胜负的局势不同。中国作为新型大国的职责和作用有着新的环境支持，这也是中国面对复杂的形势，仍然做出未来是中国发展的战略机遇期的判断，并坚持与美方保持对话沟通，在可能的领域开展合作，特别是在关系人类生存发展的应对全球气候变化、遏制核战争等领域开展合作的原因。

（四）全球性议题影响上升

基于多重因素的影响，涉及人类生存发展的全球性问题越来越凸显。气候问题首当其冲，对地球生态以及人类的生活产生灾难性影响。气候变化与传统生产方式有关，因此，向绿色、可持续的发展方式的转变会带来巨大的变化，既有挑战，也有机遇。其他还有国际冲突、人口膨胀、贫困失业、疾病流行、网络安全，等等，这些都具有很大的扩散性，影响是综合的，不是一个或者几个国家的事情，需要各国一起应对，并未采取协调一致的有效行动。应多气候变化，转变发展方式，推进碳中和议程，中国面临巨大的压力和挑战。但是，中国没有其他的选择，只有通过加大改革开放力度，并且与国际社会一道共同前行，实现自身发展的可持续和世界发展的可持续。作为新型大国，中国不断为全球发展议题的解决贡献中国智慧，应对来自各个方面的挑战，推动世界向好的方向发展。

二、国际新形势下的国际战略定位

面对正在形成的国际新格局，中国立足世界形势发展和自身需求，对自身的国际身份认知发生了新的变化。党的十九大明确了中国在新形势下中国的战略定位：坚持走和平发展之路，做世界和平的建设者，坚持走改革开放之路，做全球发展的贡献者，坚持走多边主义之路，做国际秩序的维护者，为实现世界永续和平发展，为推动构建人类命运共同体而不懈奋斗。

（一）做世界和平的建设者

和平与发展是当今时代的主题，这个主题之下包含着很多亟待解决的现实问题。当今世界并不太平，霸权主义、强权政治、冷战思维、单边主义、保护主义、生态危机等问题始终困扰着国际社会。历史的经验表明，在历史性转型期，矛盾复杂多变，最易发生冲突和战争。特别是，当新兴大国崛起之时，居主导地位的国家往往会使用各种手段，包括战争的手段压制、遏制，甚至是通过战争手段把被认为是竞争对手的崛起大国打下去。美国教授为此提出了"修昔底德陷阱"之说，有的甚至认为，中美必有一战。所谓"修昔底德陷阱"并非是当代世界的必然结果，因为中国坚持走和平发展的道路。做不争霸、不称霸的新型大国，致力于做世界和平的建设者。中国维护和创建世界和平作为己任，提倡不同文明、不同制度之间应相互尊重、平等互鉴、和合包容，推动构建人类命运共同体。

大变局时期，世界越发需要维护全球秩序与和平的中坚力量。中国始终致力于做世界和平的建设者，并持之以恒地为实现这一目标而奋斗。中国始终坚持走和平发展之路，致力于维护世界和平，提倡不同文明、不同制度之间应相互尊重、平等互鉴、和合包容。党的十八大以来，习近平在多个重要国际场合强调，"中国不认同'国强必霸论'，中国人的血脉中没有称王称霸、穷兵黩武的基因"，[1] "中国将高举和平、发展、合作、共赢

---

① 习近平：《弘扬和平共处五项原则建设合作共赢美好世界——在和平共处五项原则发表60周年纪念大会上的讲话》，《人民日报》2014年6月29日，第2版。

的旗帜，恪守维护世界和平、促进共同发展的外交政策宗旨，坚定不移在和平共处五项原则基础上发展同各国的友好合作，推动建设相互尊重、公平正义、合作共赢的新型国际关系"。作为世界和平的建设者，中国走和平发展道路具有世界性意义，一则可以以自己的思想与行动发挥引领作用，二则可以用自身的力量在和平受到威胁时进行阻止与制止。大变局之中，各种矛盾交织，最容易引发冲突和战争，中国必须发挥大国的作用，对冲突进行建设性介入，着力缓解局势，扑灭发生战争的火焰。作为安理会常任理事国，中国应该积极推动联合国在维护世界和平上发挥更大的作用，支持区域合作组织进行积极介入，制止动乱，反对美国单边主义，阻止武力干预，发动战争的行为。两次世界大战的教训使人类认识到，战争是灾难性的，会导致人财物重大损失。特别是在核武器时代，一旦发生核国家的战争，是毁灭性的。北京时间 2022 年 1 月 3 日,，联合国安理会五个常任理事国一致发表声明，反对核战争，强调现存核武器必须只能用于防御目的，而且各国要严守核不扩散原则，有核国家互相之间不瞄准也要严防核武器被意外发射，并强调要通过各种形式谈判进行核裁军，让世界成为一个没有核武器的世界。这是联合国安理会首次就核武器问题联合发声，这对世界和平建设意义重大。作为安理会常任理事国，中国在这方面发挥了积极的作用。

（二）做全球发展的贡献者

中国的发展离不开世界，世界的发展也离不开中国。2008 年国际金融危机以来，世界经济低迷，各国都在探索新的发展路径，迫切需要新的引领力量与合作力量。中国立志做全球发展的贡献者，致力于以自身的发展和与其他国家开展合作，推动世界共同发展。当前世界进入动荡变革期，百年变局与世纪疫情叠加共振，南北差距、复苏分化日益加剧，发展鸿沟、免疫鸿沟不断拉大，全球发展进程遭受严重冲击。在国际发展合作面临何去何从的十字路口，习近平主席在 2021 年 9 月出席第 76 届联大一般性辩论时提出全球发展倡议，呼吁国际社会重视发展问题，加快落实 2030 年可持续发展议程。全球发展倡议因应各国特别是发展中国家最紧迫需求，有利于国际社会对发展问题"再聚焦"，对可持续发展目标"再承诺"，对全球伙伴关系"再提振"，对国际发展合作"再激活"，为加快落实 2030 年可持续发展议程提供可行路径，将为全球发展做出重要贡献。

中国通过解决好自己的问题、做好自己事情的方式为世界做贡献，通过创造稳定的国内环境和大规模减贫为世界减贫和经济增长贡献自己的力量。当今，新冠肺炎疫情全球蔓延，中国用自己的发展为世界做贡献并拉动世界经济增长。作为世界货物贸易第一大国和世界货物贸易增长的最大贡献者，中国已成为后国际金融危机时期稳定世界市场预期的重要力量，服务贸易进出口总额居世界第二位的中国，是世界服务贸易增长的最大促进者，也是世界主要对外投资大国。

"一带一路"倡议以互联互通为主线，旨在为世界经济增长挖掘新动力，为国际经济合作打造新平台，实现共同繁荣和发展。习近平指出，中国致力于"推动共建'一带一路'高质量发展，以中国的新发展为世界提供新机遇"。[1] "一带一路"通过开展互联互通建设，为沿线各国创造和开辟了新的发展空间，构建起全方位、多层次、复合型的互联互通伙伴关系网络，是中国主动为促进共建国家优势互补、开放发展而搭建的新平台。截至 2022 年 4 月，中国与 149 个国家和 32 个国际组织，签署了 200 多份

---

[1]　习近平：《在庆祝中国共产党成立 100 周年大会上的讲话》，人民出版社，2021，第 16 页。

共建"一带一路"合作文件。① 共建"一带一路"遵循共商共建共享的原则，秉持开放绿色廉洁理念，以高标准、可持续、惠民生为目标，实现政策沟通、设施联通、贸易畅通、资金融通、民心相通，为世界经济的发展注入新动力、激发新活力。与此同时，中国推动建立亚投行、新开发银行，旨在通过新型发展合作、以新发展理念为引领发展，与各国一起探索新的发展道路，发挥引领作用，推动务实合作实现共同发展。

在"一带一路"和其他合作机制的推动下，各国的互联互通项目推动了彼此之间发展战略的对接，促进了区域内市场潜力的发掘，创造了需求和就业，提升了相互投资和消费，增进了沿线各国人民的人文交流与文明互鉴，既维护了全球自由贸易体系和开放型经济体系，还在既有地区合作机制基础上推动沿线各国经济战略相互对接、优势互补，促进经济要素有序自由流动、资源高效配置和市场深度融合，推动开展更大范围、更高水平、更深层次的区域合作，共同打造开放、包容、均衡、普惠的区域经济合作架构，是世界经济危机状态下沿线各国致力于共克时艰、共同发展的一项创新性思维和可行性路径。

全球化是世界发展的大趋势。在经济全球化的推动下，国际贸易和投资快速，国际分工细化、深化，全球价值链扩张，形成了纵横交错的全球产业链、供应链和价值链网络。但近年来，全球政治经济环境发生显著变化，一些国家推行单边主义和保护主义政策，全球化出现逆流。2020 年起，新冠肺炎疫情在全球的蔓延使国际贸易流通受阻，全球产业链、供应链发生局部断裂，直接影响世界经济的正常循环。受疫情冲击影响，各国经济内顾倾向上升，纷纷提出自建产业链方案，一些国家出台措施推动产

---

① 国家发展改革委 2022 年 4 月新闻发布会，国家发展改革委网站，https://www.ndrc.gov.cn./xwdt/2022-4yue/?code=&state=123。

业回流尤其是制造业回流，客观上进一步加剧了逆全球化趋势。

　　尽管经济全球化遭遇逆流，但经济全球化毕竟已是历经多年发展的客观现实。当今世界，人员全球流动，资本、技术等要素全球配置，生产全球化、经营全球化和消费全球化并行，全球经济高度互嵌、相互依赖，世界已经成为名副其实的"地球村"。从整体上看，经济全球化符合各国长远利益。中国坚定经济全球化是历史潮流和历史大势的信念，深刻把握经济全球化发展的客观规律和内在逻辑，坚定地站在历史正确的一边，成为经济全球化的积极倡导者和坚定维护者之一，成为捍卫多边主义、国际规则和自由贸易的重要力量。

　　2006 年以来，中国对世界经济增长的贡献率连续保持世界第一，最近几年，中国对世界经济增长的贡献率超过 30%。[①] 伴随着中国经济步入新常态，经济增速有所放缓，但中国经济的增量依然十分可观。联合国贸发会议 2021 年 1 月发布的《全球投资趋势监测报告》显示，2020 年中国吸收外资超过美国，成为全球最大的外资流入国。[②] 在注重吸引外资的同时，中国还积极扩大对外投资。虽然饱受新冠肺炎疫情冲击，2020 年中国对外投资依然保持平稳健康发展，同比增长 3.3%。2020 年中国 GDP 突破 100 万亿元，同比增长 2.3%，是全球唯一实现经济正增长的主要经济体。[③] 中国经济展现出强大的韧性，为稳定和畅通全球产业链、供应链做出了重要贡献。

---

　　① 《韩正：中国是全球可持续发展的贡献者》，中国政府网，2020 年 1 月 21 日，http://www.gov.cn/guowuyuan/2020-01/21/content_5471377.htm。

　　② 《联合国贸发会议：2020 年全球外国直接投资大幅下降》，中华人民共和国商务部，2021 年 1 月 28 日，http://www.mofcom.gov.cn/article/i/jyjl/e/202101/20210103034956.shtml。

　　③ 《中华人民共和国 2020 年国民经济和社会发展统计公报》，国家统计局，2021 年 2 月 28 日，http://www.stats.gov.cn/tjsj/zxfb/202102/t20210227_1814154.html。

中国持续成为吸引外资的强磁场，并带动国际贸易联动发展。中国以自身的强劲增长及预期带动世界经济复苏，成为稳定全球贸易和投资的"基本盘"，是经济全球化的重要支撑力量。世界经济近几年复苏迟缓，除世界经济进入新旧动能转换期因素外，从根本上说是由于内生动能不足。面对全球发展赤字，新旧动能转换必须走创新驱动发展之路，必须深化供给侧结构性改革，激发市场主体活力、结构性改革的正面效应和发展潜能。只有通过创新和科技进步，世界经济发展才能获得持久性动力，才能步入长期健康稳定发展的轨道，才能实现更高质量、更有韧性的发展。中国坚持深化国际技术合作，扩大科技领域对外开放力度，创新开放举措，积极融入全球创新网络。

2008年国际金融危机后，全球价值链日益呈现出分散化、本土化、区域化趋势，以世界贸易组织为核心的多边贸易体制遭到美国等国家的破坏。各主要经济体加快开展双边和区域经贸谈判进程，双边、区域自由贸易协定和投资协定明显增多。在开放区域主义理念指导下，中国努力加强区域内国家间的合作，实现政策和发展战略对接，促进经济要素自由有序流动、资源高效配置、市场深度融合。

传统的发展范式导致环境恶化，自然资源枯竭，气候变化，南北差距拉大，财富分配两极化等诸多问题，必须向绿色、包容、可持续新方式转变。应对气候变化成为国际共识，全世界178个缔约方共同签署制定了《巴黎协定》，各国提出实现碳中和的目标。2015年9月，联合国举行可持续发展峰会，各国领导人一致通过了2030年可持续发展议程，就消除贫困，减少发展不平衡，实施包容、可持续的发展方式等提出了具体的落实目标。

中国的快速发展主要是沿袭传统的发展方式，在取得发展成就的同时，也积累了诸多发展的不可持续的问题。在此情况下，中国提出了创新、协调、绿色、开放、共享的发展理念。新发展理念是引领中国向新发展方式的转变的指导思想，也是制定面型未来发展的依据，同时也与世界转变发展方式的大势相契合。以新发展理念为指导，中国未来的发展将会发生重大的转变，获得新的发展动力。作为世界第二大经济体，中国的新发展不仅在总量上，而且在质量上成为世界向可持续发展方式转变的重要推动力量。中国一方面通过解决好自己的问题、做好自己事情的方式贡献世界，通过创造稳定的国内环境和大规模减贫为世界减贫和经济增长贡献自己的力量，同时积极推动合作，为世界的可持续发展做出贡献。

（三）做国际秩序的维护者

二战后，建立了联合国和一系列国家组织，形成了以联合国为核心，以《联合国宪章》为基准的国际关系秩序。以联合国为核心的国际秩序，符合世界各国的根本利益，对于维护世界的基本和平的大局发挥了重要作用。但是，这个体系也受到冷战对抗、美国霸权的严重损害，在许多方面不能发挥其应有的作用。构建更加公正合理的国际新秩序，是国际社会的普遍愿望和共识。推动人类命运共同体构建是实现公正合理国际秩序的中国方案。当前，国际秩序的最大威胁是美国的霸权主义和单边主义。

当然，维护并不意味着不改革。推动国际秩序改革，构建更加公平合理的国际秩序符合绝大多数国家的利益。中国把构建人类命运共同体作为推动公正合理的国际秩序的中国方案。人类命运共同体既是对未来的美好愿景，也是中国与世界各国一道共同行动的议程。人类命运共同体所创建的世界是让不同制度的国家相互依存、同舟共济，建立更加平等均衡的新型全球发展伙伴关系，促进各国共同发展，增进人类共同利益。中国拥有

"和合世界"的传统思想文化，现代中国把实现公平合理的世界作为奋斗的目标，因此，崛起的中国推动人类命运共同体构建，既体现了中国对世界未来发展的谋划，也体现了中国为之奋斗的目标。

提出人类命运共同体构建，也是基于历史的教训和现实的世界秩序。在两次世界大战之后，人类面临的最大挑战是，如何防止新的大战爆发，创建世界的持久和平，为此，建立了联合国，确立了国家间关系的基本原则，设立了安理会。为了推动战后重建和为世界经济创建长期增长的环境，先后成立了国际复兴开发银行（现世界银行），关税和贸易总协定（GATT，现 WTO），以及国际货币基金组织（IMF）等，这些组织成为战后国际经济治理体系的支柱。

但是，战后体系没有摆脱近代西方崛起后所形成的传统思维和战略。特别是美国，作为实力最强大、有美元本位支撑、在国际机构中拥有否决权特权的超级大国，把本国的利益放在超越国际治理机制的地位，使得国际体系的普惠性和公平性受到侵害。中国所要推动的人类命运共同体并不是另立炉灶，构建一套新制度和体系代替现行的制度和体系，而是针对人类社会面临的诸多重大挑战，处在新的百年大变局的情况下，提出的基于新理念、新认知的方略。中国把人类命运共同体与具体的领域合作推进直接联系起来，比如，把基于共商共建共享原则的共建"一带一路"作为推动人类命运共同体的重要实践。新冠病毒疫情在世界范围蔓延，在此共难之际，中国倡导人类命运共同体精神，积极推动全球防疫合作，推动全球公共卫生人类命运共同体建设等。这些都表明，人类命运共同体构建是在一个个基于合作的实际行动中不断积累的。

三、落实新形势下国际战略的重要举措

站在人类社会百年未有之大变局的重要时间节点上，中国对自身国际身份进行了客观理性、科学合理的定位，并以此为依据，制定并实施了一系列落实国际战略定位的政策举措。

（一）维护世界和平，保持国际战略格局平衡与稳定

新中国成立以来，始终谋求和平稳定的外部环境，以利于国内政治、经济、文化、社会的安定有序发展。因此，谋和平、促发展始终是中国外交矢志不渝的追求。长期以来，中国高度重视维护国际战略格局平衡与稳定，积极推动国际关系民主化和世界多极化，以和平、发展、合作、共赢为宗旨，推动建立国际政治经济新秩序，开展了一系列卓有成效的外交实践，有力地维护了世界和平和地区稳定。

中国主张在推动世界多极化的进程中推进国际关系民主化。冷战后，国际战略格局经过深刻调整，形成了多个力量中心。习近平指出："中国坚决维护国际公平正义，致力于推动世界多极化、国际关系民主化……世界各国不分大小、强弱、贫富，都是国际社会的平等成员，应该共同推动国际关系民主化。"① 中国积极推动世界多极化，不仅由于多极化有利于中国国家利益的实现和维护，而且由于多极化追求的目标是构建国际新秩序和推动国际关系民主化，因而也符合世界人民的根本利益。中国为推动建

---

① 《习近平接受拉美四国媒体联合采访》，《人民日报》2014 年 7 月 15 日，第 1 版。

立公正合理的国际新秩序做出了不懈努力。

首先，中国恪守公认的国际法和国际关系基本准则，推动联合国在国际事务中发挥中心作用。联合国作为当今世界上最重要的全球性政府间国际组织，其宗旨是维护国际和平与安全，促进国际合作与发展，主张各成员国不论大小、贫富、强弱，都有平等的发言权。因此，联合国作用的加强有利于实现国际关系民主化。中国作为联合国创始会员国和安理会常任理事国，一贯恪守《联合国宪章》的宗旨和原则，始终强调并推动联合国及其安理会在国际事务中发挥中心作用，在裁军、消除地区紧张局势、联合国改革等方面做了大量工作，为促进国际间的相互了解与合作、维护广大发展中国家的正当权益做出了不懈努力。

为进一步加强联合国的作用，在联合国成立 75 周年之际，针对联合国如何发挥作用，习近平提出，第一，主持公道。大小国家相互尊重、一律平等是时代进步的要求，也是《联合国宪章》首要原则。任何国家都没有包揽国际事务、主宰他国命运、垄断发展优势的权力，更不能在世界上我行我素，搞霸权、霸凌、霸道。单边主义没有出路，要坚持共商共建共享，由各国共同维护普遍安全，共同分享发展成果，共同掌握世界命运。要切实提高发展中国家在联合国的代表性和发言权，使联合国更加平衡地反映大多数国家利益和意愿。第二，厉行法治。《联合国宪章》宗旨和原则是处理国际关系的根本遵循，也是国际秩序稳定的重要基石，必须毫不动摇加以维护。各国关系和利益只能以制度和规则加以协调，不能谁的拳头大就听谁的。大国更应该带头做国际法治的倡导者和维护者，遵信守诺，不搞例外主义，不搞双重标准，也不能歪曲国际法，以法治之名侵害他国正当权益、破坏国际和平稳定。第三，促进合作。促进国际合作是联合国成立的初衷，也是《联合国宪章》重要宗旨。靠冷战思维，以意识形态划线，搞零和游戏，既解决不了本国问题，更应对不了人类面临的共同挑战。我们要做的是，以对话代替冲突，以协商代替胁迫，以共赢代替零和，把本国利益同各国共同利益结合起来，努力扩大各国共同利益汇合点，建设和谐合作的国际大家庭。第四，聚焦行动。践行多边主义，不能坐而论道，而要起而行之，不能只开药方，不见疗效。联合国要以解决问题为出发点，以可视成果为导向，平衡推进安全、发展、人权，特别是要以落实《2030 年可持续发展议程》为契机，把应对公共卫生等非传统安全挑战作为联合国工作优先方向，把发展问题置于全球宏观框架突出位置，更加重视促进和保护生存权和发展权。① 上述建议指明了联合国改革和发展的方向，是中国致力于推动国际关系民主化的重要主张。

其次，中国致力于反对一切形式的霸权主义和强权政治。冷战后，霸权主义和强权政治不但没有消失，反而有了新的发展。近年来，美国高举贸易保护主义的大旗，肆意挥舞关税大棒制裁他国，为世界经济秩序带来严重负面影响。这种新霸权主义和强权政治行径逆时代潮流而动，成为当前国际关系民主化发展的最大障碍，遭到了全世界广大爱好和平国家和人民的强烈反对。中国一贯旗帜鲜明地反对一切形式的霸权主义和强权政治。对于国际事务始终坚持独立自主原则，坚持从中国人民和世界人民的根本利益出发，根据事情本身的是非曲直，决定自己的立场和政策，不屈从于任何外来压力。同时，团结各国人民，建立广泛的国际统一战线，共同反对霸权主义，维护世界和平。

最后，中国大力倡导多边主义，积极开展多边外交。秉持和奉行多边主义，开展多边外交，是推动国际关系民主化的内在要求和构建人类命运

---

① 《习近平在联合国成立 75 周年纪念峰会上发表重要讲话》，《人民日报》2020 年 9 月 22 日，第 1 版。

共同体的有效途径。在多极化进程中，中国依据自身国家利益，从维护世界和平、促进共同发展的大局出发，积极参与和开展多边外交，推动了国际社会在共同应对全球性挑战领域的合作，充分体现了中国在国际事务中承担更大责任和为建设持久和平、共同繁荣的和谐世界做出更加积极贡献的强烈政治意愿。迄今为止，中国参加了几乎所有重要的国际组织，并在军备控制、贸易投资、世界疫情应对等国际机制中扮演重要角色，在多边外交中推动同发达国家、周边国家和发展中国家的关系取得新进展。

建立国际政治经济新秩序是中国根据冷战后国际形势的发展变化，从维护中国人民和世界各国人民的根本利益出发而提出的一项国际关系新主张，是当代中国国际战略思想的重要组成部分，是中国作为负责任的大国对于国际社会的一个重要理论贡献。在人类社会正在经历百年未有之大变局的背景下，国际格局中"一超独霸"的局面开始改变，一个超级大国与多种力量并存的多极化新格局正在形成。当前，尽管在实现国际关系民主化的道路上还存在很多困难和障碍，但正如习近平总书记所说："和平与发展的时代主题没有改变，世界多极化和经济全球化的时代潮流也不可能逆转。"[1] 国际关系民主化思想所昭示的国际社会平等、和睦、民主、进步的发展方向已经成为任何力量都无法阻挡的历史趋势。中国将继续坚定不移地为保持国际战略稳定、维护世界和平做出重要贡献。

（二）积极促进共同发展，广泛开展国际经济合作

中国始终致力于以自身发展带动世界实现共同发展，以经济合作方

---

① 习近平：《守望相助共克疫情 携手同心推进合作——在金砖国家领导人第十二次会晤上的讲话》，《人民日报》2020 年 11 月 18 日，第 2 版。

式在世界范围内积极贡献中国力量，促进全球经济共同繁荣。经济外交是中国总体外交中不可或缺的组成部分，也是中国推动自身和世界经济发展的重要途径。改革开放以来，中国经济外交一直扮演着服务国内经济建设大局、推动实现国家现代化的重要角色。经济外交的不断发展，不仅为中国崛起提供了持续有力的外部经济推动，而且也显著增强了中国的国际影响力，为中国走向世界舞台中心发挥了重要推动作用。近年来，中国迅速成长为全球经济大国和世界经济增长的引擎，同时，在世界经济决策领域的地位也迅速上升。适应新时代发展的需要，中国经济外交进行及时的调整，一方面，经济外交逐步由过去重点服务于国内经济建设向为促进国内发展与服务对外战略大局并重的方向转变；另一方面，中国开始由过去单纯参与国际经济体系活动向影响和塑造国际经济规则及议事日程制定方向转变。这种标志着中国经济外交正在向引领国际经济外交全局的新阶段发展。①

进入新时代以来，中国根据国际国内形势的变化，在经济外交领域进行了一系列奋发有为的理念创新和战略布局，涵盖了贸易、金融、投资等各个领域，把"一带一路"建设作为中国经济外交的顶层设计和管总规划，加速了经济外交的"双重转型"，使其无论是对中国崛起，还是对世界经济发展而言，都发挥了更为显著的作用。中国—东盟自贸区是中国推动建立的要第一个大型区域自贸区，建成后，又积极推动升级，提升开放合作水平，使得中国与东盟经贸发展发展迅速，中国和东盟互为最大贸易伙伴。《区域全面经济伙伴关系协定》是中国参与和推动的最大自贸区，对于东亚基于规则的市场开放和构建更加紧密的经济链和经济区具有重要

---

① 任晶晶：《"一带一路"背景下中国经济外交的战略转型》，《新视野》2015 年第 6 期，第 106 页。

的意义，同时也是为世界提供新的发展动力。东亚地区是当今世界上经济最富活力和最具发展前景的地区，中国实施了积极有为的贸易外交举措，推动整合、塑造和引领周边经贸关系发展，从而构建有利于自身崛起的周边环境并与相关国家实现互利共赢，成为中国贸易外交的重要战略目标。中国通过开展对外金融和货币合作，推动实现金融崛起和人民币国际化。例如，中国在亚洲基础设施投资银行、新开发银行以及上海合作组织开发银行建设中主动提出倡议，积极承担并履行国际责任和义务，既有助于推动中国资金走出去，人民币国际化也为区域和世界经济的发展提供新的动力。

参与和推动规则制定是中国开展经济外交的重要举措。中国积极推进同相关国家谈判投资保护协定，不仅为中国企业"走出去"提供安全有效的保障，同时在推动制定符合新时代发展的投资规则方面发挥积极的作用。作为发展中国和投资大国，中国支持构建开放包容的投资规则，考虑到不同国家的国情，把开放与保护有机结合起来。"一带一路"建设遵循共商共建共享原则，有利于中国拓展同参与国家经济合作的广度和深度，开拓经济合作与发展的新机遇。"一带一路"倡议超越了经济合作本身，对于推动新型国际关系，助力地区和平，也具有积极的意义。

党的十八大以来，中国通过一系列理念创新和战略部署，将经济外交不断推向前进，使其在继续服务国家经济建设的同时突出了在对外战略全局中的重要地位。可以预计，伴随着中国崛起国际政治效应的进一步扩散，中国经济外交必将在国家整体发展以及世界经济复苏中发挥越来越重要的引领作用。

（三）持续推进国际合作，构建全球伙伴关系网络

在世界进入百年未有之大变局的背景下，世界比以往任何时候都更加

需要公正合理的国际新秩序与坚实稳定的伙伴关系。中国致力于走对话而不对抗、结伴而不结盟的国与国关系新路。进入新时代以来，中国立足国际形势变化和自身发展需要，持之以恒地推动深化国际合作，构建全球伙伴关系网络，先后与世界不同国家和区域合作组织建立了不同层次、不同类型的伙伴关系。

近年来，中国越来越多的国家建立层次不同的合作伙伴关系，在政治、经济、文化等领域开展了一系列高水平合作，定期就各类安全问题进行磋商，在地区与全球性议题中关系密切，有力地推动了中国与世界各国关系的发展这些伙伴关系共同构成了中国积极构建的全球伙伴关系的总体框架，成为维护世界和平、促进共同发展的重要机制性支撑。

中国致力于在周边地区构建伙伴关系，推动构建周边命运共同体。无论是从历史角度，还是从现实角度来看，周边地区对于中国的安全、发展和繁荣都具有举足轻重的意义。在全球化背景下，中国与周边国家复合相互依赖程度的加深，以及中国综合国力的变化和周边国家对中国态度的转变等，使得中国非常重视与周边国家和区域合作组织建立友好合作伙伴关系。这些合作伙伴关系大多基于战略层面，以维护国家安全为基本指向。新时代中俄战略协作伙伴关系得到深度发展，两国都是世界大国，在许多影响世界格局走向、促进共同发展大局的大事上相互协作，共同推动国际秩序向更加公正合理的方向发展。中巴继续深化全天候战略合作伙伴关系，两国在政治上平等互信，经济上互利共赢，在事关各自领土主权等国家核心利益问题上相互支持。特别是中国与东盟全面战略伙伴关系的深化，不仅推进了双边经贸发展，而且对于提升双边的合作水平，稳定南海局势，推动东亚合作也起到重要的作用。迄今，中国同周边大部分国家均建立了不同程度、不同层次的合作伙伴关系，在各类多边框架中稳步推动伙伴关系发展，成为稳定中国周边关系的重要支柱与依托。

积极加强同广大发展中国家的合作，深化平等互利伙伴关系的发展，始终是中国外交的政治基础。进入新时代以来，中国积极构建新发展平台，以共建"一带一路"国际合作作为促进共同发展、巩固伙伴关系的重要路径和抓手，开创了一系列深化各方合作、促进互利共赢的成功外交实践。中国不断推动各类多边合作机制在共建"一带一路"中发挥重要作用。中国充分利用上海合作组织、亚洲合作对话、亚信会议、中国—东盟"10+1"机制、中阿合作论坛等地区性多边机制，积极同沿线国家开展政策沟通，使更多的国家得以有渠道和平台参与共建"一带一路"合作。中国还努力利用各种区域、次区域国际论坛、展会等平台的建设性作用，支持沿线国家地方、民间的直接参与，为"一带一路"倡议的深入实施夯实了社会基础。截至 2019 年 4 月，中国同"一带一路"国家已共建 82 个境外合作园区，创造了近 30 万个就业岗位，① 直接带动了当地的就业和消费，拉动了所在国经济的发展，为沿线国家带来了共同发展、互利共赢的发展机遇，有力促进了中国与沿线各国伙伴关系的发展。

通过建立不同形式的伙伴关系，中国外交奋发作为，在世界范围内形成了结构稳定、层次分明的全球伙伴关系网络，在当前充斥动荡与混乱的国际社会中有力地推动了国际合作，为构建国际政治经济新秩序和人类命运共同体做出了重要贡献。

（四）全面深入参与全球治理，共建美好世界

当今，全球问题凸显，优化全球治理体系的目的，是提高全球治理在

---

① 外交部就第二届"一带一路"国际合作高峰论坛举行中外媒体吹风会，中国政府网，2019 年 4 月 19 日，http://www.gov.cn/guowuyuan/2019-04/19/content.5384514.htm。

应对全球问题中的地位和作用。从维护国际公平正义的角度来讲，改革现有的全球治理体系——无论是经济治理体系、安全治理体系，还是环境治理体系——都势在必行。进入新时代以来，中国从构建人类命运共同体的高度出发，积极致力于推动全球治理体系变革，创新全球治理理念，提出共商共建共享的全球治理观，提升发展中国家在全球治理中的话语权，积极推动更具广泛性代表性治理机制的建立和发展，大力帮助发展中国家解决发展过程中面临的实际困难，日益从全球治理参与者向全球治理引领者转变，在创新性多边外交实践中不断为全球治理启迪中国智慧，提供中国方案，贡献中国力量。

中国在联合国等国际组织和全球性多边机制框架内主动提出新理念、落实新主张，成为推动全球治理变革的主导性力量。中国在包括可持续发展、气候变化、能源安全、网络安全等重大议题在内的全球治理核心领域不断加强同国际社会的协调与合作。中国倡导的共商共建共享的全球治理观得到国际社会越来越多的认同和支持。中国日益增长的实力和国际影响力不仅为自身参与全球治理提供了动力，也为减少全球治理赤字、打造人类命运共同体创造了机遇。改革开放 40 多年来，中国已经成为国际体系中不可或缺的重要成员，日益具备为世界做出更多、更大贡献的意愿和能力。中国在不断推进国际经济治理体系改革的过程中，在制度性权利扩展方面取得了长足进步。比如，在 2016 年 1 月生效的国际货币基金组织最新投票权份额中，中国所占比例由不足 4% 上升至约 6.4%，国际排名由第六位跃升至第三位。① 毫无疑问，这一积极变化显著提升了中国的全球治理话语权，进而增强了广大发展中国家的代表性和全球治理的正义性、公正性、合理性。

---

① 《中国正式成为国际货币基金组织第三大股东》，《人民日报》2016 年 1 月 29 日，第 21 版。

　　新时代、新格局、新使命催生中国国际新战略。这一新战略充分体现了新时代世界发展的潮流和趋势，表达了社会主义中国坚定不移走和平发展道路的决心，体现并弘扬了中国积极倡导的开放包容、合作共赢的国际合作理念，具有宽广的世界视野。

　　人类命运共同体是美好世界的愿景，也是人类共同追求的目标。当前，推动构建人类命运共同体已经成为新时代中国对外政策的总目标和中国特色大国外交的核心议程。[①] 中国外交在世界大变局中开创新局、在世界乱局中化危为机的能力显著增强，中国的国际影响力、感召力、塑造力显著提升。展望未来，人类命运共同体的构建必将推动和促进更多国家和地区在互利共赢中找到共同发展的利益交汇点，从而为实现人类更加美好的未来打造更为坚实的国际制度保障和国际秩序依托。

---

　　① 任晶晶：《构建人类命运共同体与当代中国外交的创新性发展》，《中国特色社会主义研究》2017 年第 6 期，第 54 页。

变局与破局

国际秩序的未来走向

刘　丰[*]

国际秩序是国际社会成员调节、管理和约束彼此交往而达成的一套安排，它通常是国际体系中占据主导地位的大国在激烈竞争和协商合作中达成的，具有广泛的适用性和稳定性。自民族国家体系形成以来，由于国际权力结构变迁推动主导大国与新兴大国之间的博弈，国际秩序经历了多次建立、破坏和重建的过程。二战结束之后特别是冷战结束之后，国际体系的范围才逐渐扩展至全球，国家间秩序才从局部的区域性秩序发展为真正意义上的国际秩序。因此，我们今天所处的国际体系通常被认为是"后冷战体系"，这一体系中的国际秩序也可以被称作"后冷战秩序"。

当前，国际权力结构正加速调整，对后冷战时期形成的相对稳定的国际秩序形成冲击。自冷战结束至今的 30 年里，美国是国际体系中的唯一超级大国，试图维持其单极独霸的局面。与此同时，以中国为代表的多个次强国家和新兴力量不断加快自身发展，对传统上以美国为首的西方发达国家主导的国际政治经济格局形成挑战。在冷战结束之后，国际体系中也发生了一些具有系统性影响的重大事件，冲击了体系的稳定性和延续性，

---

* 刘丰，清华大学国际关系学系教授。

238

2001 年的 "9·11" 事件和 2007—2008 年爆发的全球金融危机的影响尤为显著，这些非预期事件的爆发在一定程度上加速了国际权力结构转移的态势。随着中国持续而快速发展，以及美国霸权的相对衰落，国际秩序转型成为一个广为关注和讨论的问题。人们普遍认为，一个由美国主导的、自由主义的国际秩序正在走向衰落。[①] 但是，对于未来的国际秩序究竟是怎样的形态，学术界存在着较大的争议。本文试图探讨国际秩序失衡的原因和表现，梳理国际秩序变化的可能方向，从国际实力结构、大国战略关系和技术变革几个主要维度探讨影响国际秩序走向的变化。

一、当今国际秩序的失衡

现行国际秩序是二战后确立的，并在冷战结束后继续维持。随着国际权力结构的变化，现行国际秩序越来越难以满足新兴国家的需要。关于现行国际秩序，实际上有两种不同的理解。一种理解认为，这一秩序以联合国为核心、以《联合国宪章》宗旨和原则为基础、以大国合作为主要特征；另一种理解认为，这一秩序由美国的超强实力、以美国主导的国际制度以及美国所推崇的自由主义价值观等三项支柱构成，也被一些学者称为"自由主义霸权秩序"。[②] 我们在讨论国际秩序时，确实无法绕开美国试图

---

① 达巍：《"自由国际秩序" 的前路与中国的战略机遇期》，《全球秩序》2018 年第 1 期，第 90—106 页；John G. Ikenberry, "The End of Liberal International Order?" *International Affairs* 94, no. 1 (2018): 7-23; David A. Lake, Lisa L. Martin, and Thomas Risse, "Challenges to the Liberal Order: Reflections on International Organization," *International Organizations* 75, no. 1 (Spring 2021): 225-257。

② 关于美国主导的自由主义霸权秩序的论述，约翰·伊肯伯里：《自由主义利维坦：美利坚世界秩序的起源、危机和转型》，赵明昊译，上海人民出版社，2013。

主导国际秩序这一基本事实，而且也带来了国际秩序调整的需要。

（一）美国霸权秩序的危机

美国主导的国际秩序是国际体系在二战后和冷战后两个历史阶段的基本特征交织与叠加的产物。美国的超强实力在二战刚一结束就已形成，以联合国为代表的一系列政治、安全和经济架构是由美国与苏联、英国、法国和中国等大国一道协商建立的。在1945年二战结束到1950年冷战全面形成的几年间，由于军事实力的扩张和实力范围的拓展，美国和苏联成为国际体系中居于前两位的国家，是安排战后世界新秩序的主要推动者。但是，20世纪四五十年代，美苏陷入激烈的地缘政治竞争和意识形态对抗，导致全球各个地区都被卷入一场旷日持久的冷战之中。在冷战时期，并不存在一个整体的国际秩序，一方面，美苏在各自阵营内部建立了其主导下的局部秩序；另一方面，存在着一个数量广泛的第三世界国家。以美国为首的西方国家围绕关贸总协定、国际货币基金组织和世界银行等国际经济组织，构建了一套资本主义世界经济体系。在国际安全领域，美苏在对抗中也达成了维持国际安全和战略稳定的一系列规则、规范和制度。

冷战结束之后，美国成为唯一的超级大国，可以更加无所顾忌地按照自己的意志塑造国际体系，美国通过北约东扩、扩展民主、人道干涉和全球反恐战争等一系列重大战略举措来强化其主导地位，拓展其政治制度、意识形态和价值观，使得既有秩序的"自由主义"色彩更加浓厚。由于既有国际秩序的基本框架在二战结束之后形成并延续至今，而冷战结束又为其增加了一些新的要素，"战后国际体系"和"冷战后国际体系"这两个表述都被广泛用于描述我们今天所处的国际体系。

美国的主导地位决定了这一秩序下利益格局的基本特征。一是美国将巩固和维持霸权作为自身的核心利益，追求高度的经济利益和绝对的安全利益，并将输出美国的意识形态作为战略的重要利益；二是美国根据各国与其自身利益的兼容性、对美国的支持程度以及亲疏远近作为分配和调解国际利益分配的重要标准，对不支持自己的国家进行打压，甚至不承认、不尊重它们合理的利益诉求；三是美国通过国际政治、经济和安全领域的一套制度安排来确定利益分配的方案和模式，限定了各国在这一秩序之下追求近期利益和长期利益的范围和手段。

美国主导的国际秩序是对战后国际体系力量对比基本特征及其变化趋势的反映。这一秩序的形成和维持有主要大国和中小国家的广泛参与，而《联合国宪章》和其他国际法所确立的国际关系准则以及自由贸易的推广也符合各国的利益需求。在这个意义上，这一秩序的存在并非没有合理性。但是，国际力量对比是持续变化的，尤其是 2008 年金融危机之后，传统上占据主导的发达国家的力量在下降，而越来越多的新兴国家进入国际政治经济的中心舞台。尽管这种变化尚未从根本上扭转发达国家与新兴国家之间力量失衡的态势，但新一轮权力转移的出现使得美国主导的利益格局存在的弊端越发凸显，难以满足和适应新兴国家的利益诉求。

（二）霸权的单边主义和过度扩张

由于受到超强实力的驱动，再加上其他国家无法对美国构成有效制衡，美国大大拓展自身利益的范围，挤压新兴国家和其他弱小国家的利益空间。与此同时，美国在国际事务中经常采取单边主义手段，一味按照本国的利益和意志行事，不顾及别国的利益、立场和呼声，不与别国协商或合作，不受国际行为规则的约束。这种单边主义行为经常以侵犯其他国家的正当利益为代价，对地区和国际秩序的稳定性产生了不良冲击。

按照霸权稳定论的预期，在良性霸权秩序下，霸权国在追求自我利益的同时，也应该维护国际社会的整体利益，通过提供公共产品、遵守公开透明的决策程序，促使其他国家接受霸权国的领导。① 但在现实中，美国的所作所为并不符合良性霸权的标准。以安全领域为例，美国在后冷战时代极力追求绝对安全利益，试图通过武力手段消除可能的安全威胁，不断挤压中国和俄罗斯这两个新兴大国的安全空间。而在经济领域，美国也经常对贸易伙伴诉诸具有保护主义色彩的歧视性贸易政策，滥用世界贸易组织的救济措施。

尽管拥有难以匹敌的军事实力、众多的军事盟友以及遍布全球的军事基地，但美国仍然渲染来自中国、俄罗斯以及少数弱小国家的安全威胁。比如，在东欧中亚地区，美国仍在积极推动北约东扩，扶植亲美领导人，并在这些国家部署军队和导弹防御系统，试图将这一地区变成美国的势力范围。在朝鲜半岛，美国部署"萨德"反导系统，对东北亚地区战略平衡和稳定构成冲击。2001 年开启"反恐战争"以来，美国为了确保行动自由、不受约束地按照自己的意愿行事，抛开了联合国，转而另组所谓的"志愿者联合"。面对其他如伊拉克、利比亚等弱小国家，美国直接使用军事干涉的手段推翻其政权，无视这些国家的生存和安全利益。美国的这些做法并非因为中国、俄罗斯和其他小国的行动侵犯了美国的安全利益，而是因为美国追求绝对安全，任意扩大安全利益的范围。由此导致的悖论是，美国是既有秩序下受益最大的国家，但同时也称得上最主要的修正主义国家。

---

① Robert Gilpin, *War and Change in World Politics* (Princeton: Princeton University Press, 1981), p. 34.

（三）提供国际公共产品的意愿下降

主导国能否为国际社会提供公共产品是其能否得到接受和认可的基础。为了让其他国家接受自身的领导地位，潜在或实际霸权国仅靠军事上的胜利和强制是远远不够的，霸权国为了让其他国家服从其领导，必须让追随的国家觉得有利可图，为国际社会提供公共产品。在国际关系领域，常见的公共产品包括自由贸易、经济援助、冲突调解、安全保护等。

约瑟夫·奈认为，美国作为主导国提供了六种国际公共产品，分别是维持区域力量平衡、推动开放的国际经济体系、保持国际公地的共享性、维护国际规则和制度的效力、对经济发展提供援助以及充当冲突的调解人。① 然而，2008 年全球金融危机之后，美国提供国际公共产品的意愿明显下降。在经济领域，美国奉行狭隘的贸易保护主义，破坏了开放性的国际经济体系，在一系列地区性金融危机中经常袖手旁观，或者在援助方面附加苛刻条件。在安全领域，为了维持美国的主导地位、追求绝对的安全，美国采取了一系列激化地区安全局势、加剧地区安全矛盾的做法，对于与自身利益无关的冲突没有意愿加以解决或协调。

（四）对新兴国家的包容度下降

美国将自身主导地位与整体国际利益格局捆绑起来，将新兴国家的合理诉求视为对美国霸权的挑战，对国际利益格局的主动调整持拒斥态度。利益格局是主要国家围绕国际政治、经济和安全等领域的利益分配和调整所做的基本安排。在安全领域，大国之间的利益分配围绕着领土安排、武

---

① Joseph S. Nye, Jr. , "Recovering American Leadership, " *Survival* 50, no. 1 (February 2008) : 64-65.

力的使用、核武器的拥有、国际争端和冲突的解决等展开；在政治领域，核心议题涉及外交承认、大国地位以及联合国安理会常任理事国资格等；经济领域的利益分配则表现在国际分工格局中的地位、国际贸易规则制定权以及国际经济治理架构中的权力和角色等。[①]

国际制度是美国霸权的重要支柱，也是当前美国与新兴国家围绕国际利益格局再调整展开较量的矛盾焦点。[②] 不过，围绕国际制度设计和规则制定展开的斗争只是表象。在任何制度、规则、规范和程序的背后，都蕴含着一套特定的利益安排，各方就深层次的利益分配进行博弈才是矛盾焦点。国际制度的主要功能是将利益分配格局以制度化的形式确定下来，约束成员在谋取自身利益的过程中应该遵循的规则和规范，决定成员之间近期和远期的分配方案和模式。在传统的国际经济治理架构中，美国、欧盟国家和日本等西方发达国家拥有对国际贸易体制和国际金融秩序的支配权，决定着国际贸易游戏规则，由此在国际经济利益分配格局中占据绝对优势。随着国际经济力量对比的变化，新兴国家对话语权的诉求越来越强烈，试图扭转它们在世界经济格局中的相对实力与经济治理架构中的份额极不匹配的状况。

2008 年金融危机以来，国际经济治理机制开始出现调整的需要，二十国集团成为讨论国际经济秩序的主要平台，发达国家与发展中国家围绕国际经济组织中的份额也达成了重新分配的协议。2010 年，国际货币基金组织的改革方案得到通过，发达国家份额整体降至 57.7%，发展中国家升至

---

① 刘丰：《国际体系转型与中国的角色定位》，《外交评论》2013 年第 2 期，第 8 页。

② G. John Ikenberry, *After Victory: Institutions, Strategic Restraint, and the Rebuilding of Order after Major Wars* (Princeton, N. J. : Princeton University Press, 2000) .

42.3%，发达国家向新兴市场和发展中国家整体转移份额 2.8%。① 但是，在这一方案中，美国的份额基本没有变动，而一些发达国家在国际经济组织中的份额和投票权仍大大超出它们的经济实力和地位。更重要的是，美国政府和国会无法达成一致，其国内政治体制阻碍美国在国际利益分配问题上做出让步，导致国际货币基金组织的改革方案直到 2016 年才得到落实。此时，原本的分配方案也已经无法反映国际经济力量对比的变化，但后续调整审议程序一直被搁置。

美国并未建立一套正式的、常规的利益动态调整机制，无法从根本上解决利益格局存在的内在矛盾，容纳新兴国家日益增多的利益诉求。在功能正常的国内社会，政府拥有合法权威，可以通过立法形式将社会中不同群体的利益格局和分配方案确定下来，也会随着社会发展进行利益分配再调整。例如，政府可以通过税收来调节不同阶层和社会群体的利益格局。相比之下，尽管美国可以与其他国家一道建立和维持一系列国际制度，对各国的利益配置、利益边界和谋利手段做出限定，但也会形成利益分配的惯性和固有模式，无法主动适应新的实力对比和利益诉求。利益格局的固化使得国际制度既需要调整制度内原有成员之间的利益矛盾，也需要调节原有成员与新加入成员之间的利益矛盾。② 在目前的国际制度框架下，主导大国与新兴国家之间只能通过双边和多边磋商来促成短期的、临时性调整，无法满足新兴国家和其他发展中国家的合理利益需求。

由此可见，在由美国主导的国际秩序下，尽管国际力量对比的变化和

---

① 谢世清：《国际货币基金组织的份额与投票权改革》，《国际经济评论》2011 年第 2 期，第 126 页。

② Lisa L. Martin, "An Institutionalist View: International Institutions and State Strategies," in T. V. Paul and John A. Hall (eds.), *International Order and the Future of World Politics* (Cambridge: Cambridge University Press, 1999), p. 94.

新兴国家日益扩展的利益诉求为国际利益格局再调整提供了必要性，但这一秩序下利益分配格局存在明显的非均衡性，在面对新的利益诉求时也存在反应的滞后性以及调整的惰性。与此同时，美国可以利用其强大经济实力、军事实力和政治影响力，以及国际制度本身存在的惯性和固有模式，阻碍新兴国家合理的利益诉求。美国决策者和战略分析家通常忽视的一个问题是，美国在既有秩序下获得了远远超过其他国家的政治、经济和安全利益，而且经常以侵犯其他国家的正当利益作为代价。

任何时代的国际秩序都以过去几十年间形成的实力结构和利益格局为基础，既不能准确反映当下的国际力量对比，也无法适应新兴国家的利益需求。因此，在面对所处时代的国际政治现实时，每一种国际秩序或多或少都会存在不兼容、不匹配，由此为秩序的变革和演化提供了基本动力条件。

二、国际秩序的几种可能情景

冷战结束至今，中外政界和学界围绕国际秩序的判断始终存在争论，至今并未就这一问题上达成共识。在国际体系加速变动的背景下，原有的判断也在做出调整和更新。大体上，学术界提出了以下四种可能的秩序形态。

（一）美国霸权秩序的延续

在国际学术界，尤其是在美国学术界，一种主流认识是，冷战后的国际结构始终是美国主导的单极体系。这一体系的基本特征是，美国处于国际权力结构的顶端，没有任何大国能够单独和联合起来与之对抗。美国新保守派专栏作家查尔斯·克劳塞默（Charles Krauthammer）创造了"单极时刻"一词，以描绘这种新的力量格局。美国学者威廉·沃尔福思（William Wohlforth）的"单极世界稳定论"则对美国霸权主导的局面做了系统的论证和辩护，他认为单极状态不仅是一个现实，而且与人们以往的认识相反，它比多极或两极状态更具稳定性和持久性。①

不过，2008 年爆发全球金融危机以来，有关美国衰落的讨论持续不断，一直是备受争议的话题。② 尽管仍然有许多学者认为当前国际体系是美国主导的单极体系这一基本性质并没有改变，但是对于这一体系的未来走向却有不同的看法，比较突出表现为"单极维持论"与"单极弱化论"两种观点。

"单极维持论"认为，单极体系并未发生显著的变化，甚至还在强化之中。持这种看法的学者的论据如下：（1）美国的经济实力和军事威力仍然无可匹敌，政治影响力和文化吸引力也继续稳固，以中国为代表的新兴国家的崛起也未从根本上改变国际体系的实力分布；（2）在"9·11"事件之后，美国通过几场战争强化了其在全球各个地区的存在，在战略上处于优势，更有能力防止地区挑战者的出现；（3）与传统上认为美国霸权会遭到制衡的观点相反，针对美国的制衡力量并没有形成，而且目前也没有

---

① Charles Krauthammer, "The Unipolar Moment," *Foreign Affairs* 70, no. 1 (1990/1991), pp. 23-33; William Wohlforth, "The Stability of a Unipolar World," *International Security* 29, no. 1 (Summer 1999): 5-41; 贾庆国：《机遇与挑战：单极世界与中国的和平发展》，《国际政治研究》2007 年第 4 期，第 51—64 页；宋伟：《国际金融危机与美国的单极地位》，《世界经济与政治》2010 年第 5 期，第 31—39 页。

② 两种不同的观点可参见 Josef Joffe, "The Default Power: The False Prophecy of America's Decline," *Foreign Affairs* 88, no. 5 (September/October 2009): 21-35; Gideon Rachman, "American Decline: This Time It's for Real," *Foreign Policy*, no. 184 (January/February 2011): 59-65。

出现的迹象。① 近年来，有学者从净资源的角度测算权力，认为美国霸权并没有实质性衰退。②

主张"单极弱化论"的学者则认为，尽管单极体系的现实在短时期内无法改变，但这一体系正在趋于弱化，并且会在某个时间向两极或多极体系转化。根据这种观点，由于霸权国的存在与扩张，大国竞争的压力更加凸显，其他大国会通过学习和模仿成功的经验来加快自己的发展，在发展不平衡规律的作用下，一国或者多个次强国家会积聚实力。另外，霸权国缺乏节制会变得肆意妄为，也使得美国的衰落难以避免。③

（二）新的两极秩序

介于单极与多极之间，还存在一种两极状态。有学者认为，当前国际体系正在向两极方向发展，而美国和中国构成未来世界中的两极，这是因为中国崛起的强劲势头以及西欧、日本在过去十多年的明显衰落使它们将无法成为未来世界中的力量中心。比如，阎学通认为，随着欧洲和日本的持续衰落，一超多强的格局已经无法维持，美国与中国会成为未来国际体系中两个最强大的国家。④ 厄尔斯坦·通舍（Øystein Tunsjø）则认为，两

---

① Stephen G. Brooks and William C. Wohlforth, *World Out of Balance: International Relations and the Challenge of American Primacy* (Princeton: Princeton University Press, 2008).

② Michael Beckley, "China's Century? Why America's Edge Will Endure," *International Security* 36, no. 3 (January 2012): 41-78; Michael Beckley, "The Power of Nations: Measuring What Matters," *International Security* 43, no. 2 (2018): 7-44.

③ Christopher Layne, "The Unipolar Illusion: Why New Great Powers Will Rise," *International Security* 17, no. 4 (Spring 1993), pp. 5-51; Christopher Layne, "The Waning of U. S. Hegemony—Myth or Reality? A Review Essay," *International Security* 34, no. 1 (Summer 2009): 147-172.

④ 阎学通：《一超多强走向中美两超，多极化式微》，《环球时报》2011 年 12 月 30 日；《中国崛起缔造"两极多强世界"新格局》，观察者网，2012 年 1 月 13 日，http://www.guancha.cn/multiple-pattern-super-country/2012_01_13_64307.shtml；阎学通：《世界权力的转移：政治领导与战略竞争》，北京大学出版社，2015。

极体系在东亚地区已经是一个事实。①

　　"两国集团"（G2）和"中美共同体"（Chimerica）等提法是对国际体系走向两极/两极化的一种认可。"两国集团"这一概念源于著名国际经济学家 C. 弗雷德·伯格斯滕（C. Fred Bergsten）。② 伯格斯滕指出，美国和中国是世界上最大的两个经济体，互为最大贸易伙伴以及最大温室气体排放国，分别代表最大高收入工业国家与最大的新兴市场国家。由于中国目前在国际事务中所扮演的角色与其经济地位并不相称，美国应以更加务实、开放和积极的态度促使中国在全球经济中扮演更重要的角色，与其组成两国集团，共享全球经济领导权。③ "中美共同体"的概念由历史学家尼尔·弗格森（Niall Ferguson）和经济学家莫里茨·舒拉瑞克（Moritz Schularick）共同创造，其含义是指中国的出口导向型经济发展与美国的过度消费共同结合在一起塑造了世界经济秩序，中美两国在经济上是共生的利益共同体。④

　　不过，"两国集团""中美共治"和"中美共同体"等概念提出之后引起不少批评，而中美两国近年来围绕全球经济体系改革、气候变化治理、防止大规模杀伤性武器扩散以及双边贸易、货币、技术等领域的激烈矛盾表明这些理念与现实之间存在的巨大鸿沟。

---

　　① Øystein Tunsjø, *The Return of Bipolarity in World Politics: China, the United States, and Geostructural Realism* (New York: Columbia University Press, 2018) .

　　② 褚国飞、陈文鑫：《中美"两国集团"构想的由来及可行性分析》，《现代国际关系》2009 年第 6 期。

　　③ C. Fred Bergsten, "A Partnership of Equals: How Washington Should Respond to China's Economic Challenge?" *Foreign Affairs* 87, no. 4 (July 2008) : 57–69.

　　④ Niall Ferguson and Moritz Schularick, "Chimerical? Think Again," *The Wall Street Journal*, February 5, 2007, A17; Niall Ferguson and Moritz Schularick, "'Chimerica' and the Global Asset Market Boom," *International Finance* 10, no. 3 (2007) : 215–239; Niall Ferguson1, Moritz Schularick, "The End of Chimerica," *International Finance* 14, no. 1 (Spring 2011) : 1–26.

（三）多极秩序

20 世纪 90 年代以来，"多极化"和"一超多强"等观点在中国学界比较盛行，也构成中国政府对总体国际格局的基本判断。实际上，不仅是在中国，而且在法国、德国和俄罗斯等许多国家的政界，多极或多极化都是一种尤为受到欢迎和鼓吹的观点。法国前外长于贝·韦德里纳（Hubert Védrine）对"超级强权"（hyperpower）的批判广为引用，也颇具代表性。他说道，"我们无法接受一个政治上单极、文化上同质的世界。我们也不能接受美国这个唯一的超级强权的单边主义行径。正因为此，我们要为一个多极、多元和多边的世界而奋斗"。[①] 一些著名的国际关系学者也主张，冷战后的国际格局并不是单纯的单极，而是一种复合体，比如，亨廷顿提出了"单—多极"（uni-multipolar）体系的看法，约瑟夫·奈（Joseph S. Nye, Jr.）则认为国际体系是一个三维棋盘，在军事、经济和跨国关系三个维度上存在着不同的权力分布。[②]

根据这种观点，国际体系已经或正在成为一个多极体系，体系中有多个潜在的力量中心，它们的发展使得美国无法实现单极独霸，使国际体系的实力分布重新向相对平衡的方向发展。实际上，这种观点与"单极时刻论"几乎出现在同一时期，并且始终对"单极稳定论"进行了激烈的批评。比如，克里斯托弗·莱恩（Christopher Layne）将那种主张美国单极能够维持国际体系稳定、可以长久维持下去的观点称为"单极幻想"。他指出，国际体系中的实力分布是一个持续变动的过程，在大国竞争的压力和

---

① Hubert Védrine, "Into the Twenty-First," speech at the opening of the IFRI Conference, Paris, November 3, 1999.

② Samuel P. Huntington, "The Lonely Superpower," *Foreign Affairs* 78, no. 2 (March/April 1999): 35–49; 约瑟夫·奈：《理解国际冲突：理论与历史》，张小明译，上海人民出版社，2005，第305—307页。

不平衡发展的动力作用下，次强大国必然会重新回到强国行列，因此美国单极无法长久维持。[1]

不过，对于哪些国家或国家集团能够成为多极世界中的"极国家"，学术界仍然存在不同认识。约瑟夫·奈将国际体系中的力量分布比作一个复杂的三维棋盘：在军事维度上是单极，在经济维度上是美国、欧洲、日本和中国构成的多极，而在跨国关系维度上存在着权力分散化、无法确定极数的状况。[2] 巴里·布赞（Barry Buzan）认为，西欧、俄罗斯、日本、中国构成了美国之外的力量中心；[3] 一些中国学者则强调，包括"金砖国家"在内的新兴大国崛起正成为世界多极化趋势中的重要支撑。[4]

（四）无极世界

除了从极的数量及其变化趋势角度对国际体系进行探讨，也有少数学者试图超越"极"的分析，或者从根本上否定"极"对于理解国际结构变化的意义。[5]

正如一位学者所说，无极时代的基本特征是，由于急剧增多的、具有各不相同却都行之有效的杠杆作用的权力中心，国际体系呈现出分散状的

---

① Christopher Layne, "The Unipolar Illusion Revisited: The Coming End of the United States' Unipolar Moment," *International Security* 31, no. 2 (Fall 2006): 7.

② Joseph S. Nye, Jr., "What New World Order?" *Foreign Affairs* 71, no. 2 (Spring 1992): 83–96; Joseph S. Nye, Jr., *Power in the Global Information Age: From Realism to Globalization* (London: Routledge, 2004): 6, 38, 98.

③ 巴里·布赞：《美国和诸大国——21世纪的世界政治》，刘永涛译，上海人民出版社，2010。

④ 金灿荣、刘世强：《告别西方中心主义——对当前国际格局及其走向的反思》，《国际观察》2010年第2期；张建新：《大国崛起与世界体系变革——世界体系理论的视角》，《国际观察》2011年第2期；俞邃：《当今世界格局仍呈多极化》，《中国社会科学报》2012年8月17日A7版。

⑤ Randall L. Schweller, "Entropy and the Trajectory of World Politics: Why Polarity Has Become Less Meaningful," *Cambridge Review of International Affairs* 23, no. 1 (March 2010): 145–163.

多极格局。① 一些中国学者也支持这种观点，认为国家与非国家行为体共同在全球治理中发挥作用，没有哪一种力量中心可以主导国际政治的议事日程。② 从这一角度描绘国际结构变化的代表性观点是理查德·哈斯（Richard N. Haass）的"无极时代"（the Age of Nonpolarity）概念。哈斯认为，21 世纪国际关系的主要特征将转变为"无极"，即世界不再由一两个或者多个国家主导，而是由诸多掌握和行使各种权力的行为者主导。在美国衰落的背景下，未来的国际权力结构将变得更加分散，没有明确的力量中心，多个大国、地区大国以及非国家行为体共同作用和相互影响。③ 在《美国世界秩序的终结》一书中，阿米塔夫·阿查亚提出了"多元复合世界"（multiplex world）的概念，认为 21 世纪的世界秩序既不是多极世界也不是任何单一秩序，而是一个以多重现代性、彼此联通、相互依赖为基本特征的多元复合世界。④ 与之类似，秦亚青也主张以多极权力格局、多层制度安排、多维思想理念为典型特征的多元世界正在取代霸权秩序。⑤

上述四种观点都是从权力分配的角度考虑国际秩序的形态，要么倾向于关注整体的国际结构，要么探讨的是不同的议题领域。可以理解，权力结构是界定国际秩序的基础，只有当权力结构定型之后，才会建立比较明

---

① I. 赫里普诺：《正在形成的权力均衡：尚存的单极、不稳定的多极和未经检验的无极》，《俄罗斯研究》2008 年第 6 期。

② 刘建飞：《论世界格局中的"非极化"趋势》，《现代国际关系》2008 年第 4 期；叶江：《有待深入研究的"无极化"》，《世界知识》2008 年第 11 期；叶江：《试论无极多元国际格局对全球危情与治理的影响》，《国际观察》2012 年第 1 期。

③ Richard N. Haass, "The Age of Nonpolarity: What Will Follow U. S. Dominance," *Foreign Affairs* 87, no. 3 (May/June 2008): 44–56. 与之类似的概念则是尼尔·弗格森的"非极时代"（apolarity）的概念，参见 Niall Ferguson, "A World Without Power," *Foreign Policy*, no. 143 (July/August 2004): 32–39。

④ 阿米塔·阿查亚：《美国世界秩序的终结》，袁正清、肖莹莹译，上海人民出版社，2017。

⑤ 秦亚青：《世界秩序的变革：从霸权到包容性多边主义》，《亚太安全与海洋研究》2021 年第 2 期，第 1—15 页。

确的国际秩序。当前，我们仍处在国际权力结构的转型期。在这个阶段，主要大国之间的权力分配此消彼长，是动态变化的，而且这个过程可能会持续较长时间。只有当主要大国的实力变动进入相对稳定的阶段，它们才能围绕调节、管理和约束彼此行为的规则达成新的安排，也就形成了新的国际秩序。在新的国际秩序中，核心是对主要大国和其他行为者的地位达成新的共识，围绕政治、安全和经济领域的重大利益分配形成各方可以接受的调整方案，并且产生对各方有普遍约束的行为规范。

三、国际秩序调整的路径

从冷战到后冷战时代，国际体系经历了一次重大和平转型；在后冷战时代，从美国主导到后美国世界，国际体系是否还能经历和平转型？中国和平崛起与国际体系和平转型之间有着密不可分的关系，这是因为，尽管大国崛起或衰落的根本原因在于内部发展，但是既有权力结构的性质、特征及发展趋势也在很大程度上塑造着大国崛起的方向和路径。

（一）国际秩序调整的方式

权力转移理论、霸权更替理论以及战争的讨价还价理论都一致认为，实力对比的变化会引发崛起国和主导国围绕既有利益分配的矛盾，当一方认为改变现状的收益大于成本时，体系性战争最有可能爆发。① 只是，对

---

① Robert Powell, "Stability and the Distribution of Power," *World Politics* 48, no. 2 (1996): 239-267.

于究竟是崛起国还是主导国挑起战争，这些理论的回答并不一致。① 从今天的视角看，仅仅关注利益分配与国际战争之间因果关系的研究路径存在明显缺陷，因为自二战结束以来，国际秩序的调整就很少以大国之间直接战争的方式进行，即使在高度对抗的冷战时期美苏也没有发生直接军事冲突。不难发现，上述理论主要以民族国家体系形成至二战之间几百年的国际关系实践作为的经验来源，援引更多的是多极体系下国家间战争的案例，所依据的历史经验存在局限性。

从更广泛的历史经验来看，特别是考虑到二战后国际关系的现实发展，我们可以提出关于实力对比、利益分配与国际秩序之间关系的几点论断。

首先，实力结构变化是利益格局调整的主要诱因。对于单个国家而言，实力提升或多或少是其对扩大对自身利益的界定范围、增强其维护自身利益的手段。反过来说，实力下降会削弱其维持原有利益范围的能力，从而导致利益需求的缩减。在国际互动中，各方利益的扩展或缩减引起了利益格局调整的必要性。那么，国家以什么标准来重新分配利益？实力对比无疑是一个基本的参照。无论是在国内社会还是在国际社会中，每个行为者都获得均等利益的想法并不现实，利益分配总是会在不同程度上偏向于力量占优的群体。当然，秩序存在的价值在于，它可以为弱势群体改变利益失衡提供条件。比如在国内社会中，中央政府可以通过税收和财政手段来调解不同阶层和地区之间的利益差异；在国际社会中，弱国可以追随

---

① 争霸战争由哪一方引发在理论界是一个有争议的问题。权力转移理论明确认为，崛起国对既有秩序不满，因此会挑起战争。也有一些学者强调，衰落的主导国会发动预防性战争。对相关理论的讨论可参见，Dong Sun Lee, *Power Shifts, Strategy, and War: Declining States and International Conflict* (New York: Routledge, 2008), pp. 5-8。

某一强国或者联合更多的弱国，由此增强讨价还价的能力。实力也不是唯一参照。众所周知，战争的结局并不总是偏向于强者，而利益分配几乎总是对战胜一方有利。在讨价还价中，弱势一方也可以通过提高自己的议价能力，争取到有利的局面。

其次，实力对比变化与利益分配调整之间是动态匹配的过程。利益分配不是对实力对比的镜像式呈现，而是在动态中接近实力对比的基本模式，主要体现在三个维度：一是匹配是大致的，而非精确的，很难通过数学测量的方式找到二者的准确平衡点；二是匹配是总体的，而非局部的，二者的匹配程度在每一地区或者每个议题领域都可能存在差异；三是匹配兼具客观性和主观性，因为二者的构成要素既有一些客观指标，也依赖于各国的主观认知。有学者尝试用数学建模方法证明实力对比与利益分配的平衡与战争爆发之间的关系，但也并没有提供一套衡量二者平衡与否的指标。[1] 在实践中，许多利益分配方案的确以国家间实力对比为基准。国际货币基金组织的份额即是一例，它主要取决于成员国在世界经济中的地位，有一套复杂的计算公式。但是，根据这套公式形成的分配结果仍然与我们对各国经济实力和地位的认识存在差距。[2]

最后，实力对比与利益格局的匹配并不必然破坏国际秩序而引发战争，尤其是体系性战争。国际利益格局再调整有暴力方式与和平方式两种路径。两次世界大战是利益格局暴力调整的典型案例，战争爆发的主要原因是德国、日本等新兴强国对既有利益格局不满，而主导大国不愿放弃在原有格局中的优势地位。除了崛起国与主导国之间为重新划分利益而发生

---

① Robert Powell, "Stability and the Distribution of Power, "*World Politics* 48, no. 2 (1996) : 239—267.

② 谢世清：《国际货币基金组织的份额与投票权改革》，《国际经济评论》2011 年第 2 期，第 119—126 页。

战争，在 18、19 世纪欧洲多极体系中，几个势均力敌的主导国之间也经常为争夺领土、势力范围和殖民地而彼此开战。第二次世界大战结束以来，大国之间不再发生大规模战争和冲突，但是对中小国家使用武力或武力胁迫的情形仍然频繁。大国之间的战争导致利益格局的系统性调整，而大国对小国的战争导致利益格局的局部调整，比如冷战时期美苏主要是在亚非拉等边缘地区运用直接或间接战争的方式展开争夺。利益格局的和平调整主要依靠国家间在双边或多边场合通过对话和谈判的方式进行讨价还价，就政治、经济和安全等领域的利益安排展开协商，从而达成默契或明确方案。拿破仑战争之后建立的欧洲协调（Concert of Europe）是几个大国通过讨价还价方式管理利益分歧、防止冲突的典型案例。在这一体系下，"尽管各国之间有重大利益冲突，但所有国家都共享防范大规模战争的重要利益以及维持一个新的、更具合作性安排的需求。"①

暴力与讨价还价两种方式并非彼此排斥。各方在讨价还价背后通常以国家实力作为支撑，倾向于综合运用安抚和威胁两种手段。战争之所以发生，很大程度上是因为讨价还价无法满足一方或多方的利益要求。而战争结束之后，各方仍需要回到讨价还价的轨道上。② 战争结局并不完全反映大国之间的力量对比，因此，在经历大规模体系性战争之后，国际利益再分配会明显偏向于战胜大国及其追随者。在国际关系史上，最重要一些国际会议都是在体系性战争之后召开的，例如维也纳会议、凡尔赛会议、雅

---

① Robert Jervis, "A Political Science Perspective on the Balance of Power and the Concert," *The American Historical Review* 97, no. 3 (1992): 719.

② 在梳理几位代表性古典现实主义学者关于秩序的观点基础上，理查德·勒博指出，他们强调了政治秩序需要定期重组，尤其是在毁灭性的战争之后，但并未指出其重组的过程。他认为，秩序重组的过程主要依靠对话、谈判和协商。参见 Richard Ned Lebow, *The Tragic Vision of Politics: Ethics, Interests and Orders* (Cambridge: Cambridge University Press, 2003), pp. 357-358。

尔塔会议等，主要功能是在大战之后调和各方的利益矛盾，达成新的利益安排。值得一提的是，在这些重新划分战后国际利益的会议上，一些中小国家能够利用大国之间的博弈和竞争，凭借灵活的外交手腕争取到与自身实力相比不成比例的利益，即使是战败的国家也可能运用谈判能力争取到不同待遇，进一步表明了实力对比与利益分配之间并非机械而简单的对应关系。

任何时代的国际秩序都以过去几十年间形成的实力结构和利益格局为基础，既不能准确反映当下的国际力量对比，也无法适应新兴国家的利益需求。因此，在面对所处时代的国际政治现实时，每一种国际秩序或多或少都会存在不兼容、不匹配，由此为秩序的变革和演化提供了基本动力。

与此同时，实力对比与利益分配的匹配并不是自然实现的过程。国际实力结构的改变是各国政治经济发展不平衡的结果，由主要国家内部实力的不均衡增长所驱动。利益格局的调整则取决于国家之间持续的竞争与博弈。因此，后者相对于前者而言总是具有滞后性。国际秩序变革的动力来自二者之间的脱节，如何使之重新匹配成为主导国与崛起国在战略互动中需要彼此适应的问题。从较长时段的经验看，大国通过讨价还价方式达成利益安排的情形远多于直接使用暴力的情形。体系性战争大多是围绕利益重新分配而爆发，但只是极少数情况。在今天的国际体系中，大国之间通过直接暴力方式重新分配利益的可能性更是大大低于以往时代。

（二）权力转移与秩序调整

不同结构下大国崛起所面临的基本约束条件和机遇可能是不一样的。

一是崛起国顺利崛起所需的实力基础。一国在国际体系的实力分布中占据多大比例才能构成崛起，达到什么程度才能被认定为成功崛起为体系性大国或主导国家，这在不同体系下的要求并不相同。从权力转移理论的视角看，只有当一个国家的发展达到主导国实力的 80% 左右时，才能够得上顺利崛起或者说成功崛起。[①] 显然，多极体系下的实力基础要求是较低的，由于每个主导国至多能够占到体系中实力总量的 10% 左右，按照主导国实力的 80% 左右估算，当崛起国占到体系内实力分布的 8%—10% 时，我们就可以认为它成功崛起了。但是，两极体系下，两个极国家分别占有体系中实力的 10%—20%，只有当一国实力要达到体系中实力总量的 8%—16% 的时候，才能构成顺利崛起。单极体系下的实力差距更加明显，对崛起国实力基础的要求也就更高。因为单极体系中主导国基本控制着体系的实力资源的 20% 以上，这为崛起国的实力基础提出了更高要求。

二是崛起国与主导国的利益兼容性。崛起国的崛起在多大程度上符合主导国的利益，尤其是维持自身在格局中的地位这一根本利益，对于崛起国和主导国之间的互动模式有着重大影响。在多极体系下，崛起国可能与一个或者多个主导国的利益是兼容的，或者与它们有共同利益，而与另外一个或者几个主导国的利益会发生冲突。尽管它的崛起不可避免地冲击一些国家的权力与利益，但是在多强并立格局下，它也可以帮助某些主导国在权力斗争中维持自身的地位。在两极体系下，国际格局是以两个极国家划线的，在两极之下崛起的国家与其中某一主导国的利益相兼容，在很大程度上依附于一个主导国崛起，而与另一主导国的利益存在冲突。在单极体系下，崛起国与主导国的利益是会发生相当程度的冲突，因为主导国以

---

① 权力转移理论认为，主导国与崛起国之间的实力对比超过 80% 时，它们之间存在着实力持平。因此，80% 可以被视为权力转移的门槛。需要说明的是，权力转移理论对国家实力的测量主要依据国民生产总值、国家的财政收入（税收）以及对外援助规模等指标。参见 A. F. K. Organski and Jacek Kugler, *The War Ledger* (Chicago: University of Chicago Press, 1991), pp. 31, 86。也可参见孙学峰：《中国崛起困境：理论思考与战略选择》（第二版），社会科学文献出版社，2013。

维持自身主导地位为根本目标，崛起国的崛起对这一根本利益构成挑战。

三是主导国对崛起国的制约能力。在不同的结构下，主导国在多大程度上可以限制、阻碍甚至是扼杀崛起国的崛起。在多极体系下，由于一个主导国在体系实力总量中占据的份额相对较低，崛起国与主导国的实力差距相对较小，主导国对崛起国的制约能力相对较弱。在两极体系下，主导国制约崛起国的能力明显增强，不过，崛起国可以依附于某一主导国以缓解来自另一主导国的制约。这样一种选择的悖论在于，可能受制于所依附的主导国，无法从依附性崛起转化为自主性崛起，崛起进程可能半途而废。在单极体系下，唯一的极国家或者主导国对崛起国的制约能力是最强的。

四是崛起国的结盟模式。结盟是崛起国在崛起过程中寻求外部支持的重要方式，因为获得盟友的支持可以联合对抗主导国，缓解崛起压力。崛起国可以使用通过与别的国家结成联盟来提升自己的地位，来改变既有的国际格局中不利于自己发展的方面。在多极体系下，由于崛起本身与一些主导国的利益是兼容的，崛起国很容易找到一些主导国来对抗其他主导国，而且结盟对象也很容易进行转换。在两极体系下，崛起国主要是与某一主导国结盟对抗另一主导国。在单极体系下，由于双方的实力差距悬殊，而唯一的极国家以霸权护持为目标，会巩固和强化自己的结盟，所以崛起国不仅很难找到自己的结盟对象，而且很可能遭到主导国联盟的遏制。

五是强行崛起的可能性。[①] 多极体系下，崛起国与主导国发生战争的

---

① 秦亚青将"强行崛起"定义为"国家在发展过程中试图改变国际权力结构和国际制度体系，并将使用武力作为解决国际冲突的有效手段"，参见秦亚青：《无政府文化与国际暴力——大国的强行崛起与和平发展》，《中国社会科学》2004 年第 5 期，第 54 页。

可能性比较大，而且霸权转移战争通常是崛起国使用战争手段挑战主导国。在两极体系下，由于两个超级大国相互制约，它们会避免被拖入盟友的战争，暴力崛起的可能性有所降低。在单极体系下，崛起国使用暴力手段崛起的可能性降到了最低，即使崛起国与主导国之间爆发暴力冲突，一般也是主导国对崛起国发动遏制性（预防性）战争。

我们可以发现，不同权力结构下大国崛起的条件和路径存在很大差异，理解这些差异为我们今天看待中国以及其他新兴国家的崛起提供了基本的参照。

首先，当今国际体系的实力分布仍然存在高度失衡，对崛起的规模、强度和持续性的要求更高。在过去半个多世纪里，许多大国都曾试图挑战美国的霸权地位，比如苏联、西欧国家和日本。尽管它们都曾一度有追赶美国的趋势，但最终都没有改变力量对比向美国有利的一方倾斜的格局，以失败告终。无政府状态下的竞争压力和大国政治经济不平衡发展是推动单极结构弱化的主要动力。其他国家只有继续维持甚至提升崛起的速度与规模，才可能与美国进行持续的竞争。

其次，在权力高度失衡的结构下，实力提升与地位提升可能是脱节的。即使实力地位提升了，但由于国际秩序是由既有主导国塑造的，在这一体系下提升自身的社会地位存在很大的难度，而塑造新的地位体系又相当困难。在当今的国际结构下，美国的国内政治及其社会性因素对国际政治的影响要大于其他体系。即使中国和新兴大国在实力上已逐步缩小了与主导国的差距，但是实现国际社会的地位提升还有漫长的道路要走。

当然，与以往时代相比，今天的大国竞争关系也确实呈现出一些不同的特征，主要表现在主导国与崛起国之间的利益交织程度显著提高，尤其是崛起国的崛起进程本身在很大程度上也依赖于主导国所塑造的既有国际制度安排，而核武器也改变了大国之间大规模军事对抗的成本收益考量和道义考量，这些因素可能导致崛起国推动体系转型的手段发生变化，即依靠既有体制内的渐进改革而非颠覆既有体制。正因为此，中国始终强调自己做世界和平的建设者、全球发展的贡献者、国际秩序的维护者。

四、影响国际秩序走向的主要变量

在经济增长、技术革新以及国家间战略关系组合变化等因素的推动下，国际秩序总是处在延续性与变迁性交织共存的状态之中。在国际秩序维持的大多数时候，延续性是体系的主导特征；只有当国际秩序处于更替期时，变迁性才超越延续性成为体系的主导特征。考察国际秩序构成要素在过去 30 年间的调整变化可以发现，冷战后的国际秩序仍然保持着基本的延续性，变迁性仍处于量变积累阶段。国际秩序能否从量变到质变，主要取决于国际实力结构、主要力量之间的战略关系和技术变革这三个变量。

（一）国际实力结构

实力结构变化是国际体系中的力量分布和力量对比，实力结构的变化必然要求利益格局随之做出调整，因此，也是国际秩序转型的起点和物质基础。① 进入 21 世纪之后，由于世界主要国家政治经济发展不平衡，新兴国家与传统力量中心之间相对崛起与衰落的态势加速，国际实力结构处于

---

① 刘丰：《国际体系转型与中国的角色定位》，《外交评论》2013 年第 2 期，第 1—16 页。

冷战结束以来较为显著的变动之中。2008 年爆发的全球金融危机导致全球范围内的经济衰退，直接加剧了国际力量对比的调整，对既有国际政治经济秩序也构成一定的压力。

从根本上来说，大国崛起是一个内发展过程，其动力源自内部发展，由增长的可持续性、政治经济体制的效率以及社会秩序的稳定性等内部因素主导。但是，大国崛起的方向、路径乃至结果，在很大程度上也受到国际结构的性质、特征和发展趋势的强有力制约。这主要是因为，大国崛起必然意味着对既有权力结构的挑战、改变甚至是颠覆，而既有权力结构的变更会改变崛起国与主导国之间的利益分配。

实力结构可以从力量对比（极的数量）和力量差距两方面考察。就极的数量而言，美国仍然处于国际体系实力结构的顶端，没有任何国家或国家集团能够挑战其优势地位，国际体系在较长时期内仍将维持单极状态。而从力量差距看，主要大国的实力排序和实力差距都发生着明显的改变，一些次等大国与美国之间的实力鸿沟在缩小，另一些则在扩大；在次等大国中，以往排序靠前的国家被排序靠后的赶超。进入 21 世纪以来，新兴经济体的快速发展是影响国际力量对比发生渐变的重要因素。近年来，新兴经济体的经济增长速度一直高于发达国家，尤其是金砖国家对全球经济增长的贡献凸显，经济总量的世界排位持续提升，金砖五国在全球经济总量中所占比例从 2000 年的 17% 提高至 2010 年的 25.7%。① 不过，最近几年，一部分金砖国家以及其他新兴经济体出现了经济下滑的状况。

中国的发展是导致实力结构中的第二维度变动最大的因素。中国在实力结构中的位置明显上升，经济总量超越英、德、日等发达国家成为世界

---

① 刘丰：《新的国际体系下中国的地位和作用》，《国际经济评论》2013 年第 6 期，第 133 页。

第二大经济体，军事实力也在逐年提升。2003 年至 2011 年，中国经济的年均增长率为 10.7%，同期世界经济的平均增长率为 3.9%。2007 年中国对世界经济增长的贡献率首次超过美国，跃居世界首位。2020 年，中国国内生产总值 101.6 万亿元（约合 14.7 万亿美元），占世界经济总量的 17%。[①] 不过，中国的崛起尚未改变实力结构的基本性质，即推动结构从单极转换成两极或多极。只有国际体系的实力对比处于更加均衡的状态，崛起国在与主导国的博弈中才能处于更加主动的地位。这也意味着，中国仍然需要保持经济成长的规模和速度，同时也要增强国家综合实力的质量，继续推动体系中的实力结构向着均衡的方向发展。

（二）主要力量间的战略关系

国际秩序演变是国际体系中的主要大国在战略竞争过程中达成暂时妥协与合作的产物。秩序的重塑和更替可能以战争方式进行，也可能实现和平过渡。为了在塑造秩序的过程中占据主动，获得更大的收益，主要大国通常会争取尽可能多的盟友、伙伴和支持者。在秩序转型期，大国关系的分化重组是一个重要的变量。

大国关系分化重组是国际政治永恒的主题。近年来，美国以"竞争"定义中美关系，试图在经济、军事、政治等各个领域限制中国实力发展和影响力拓展。在美国挑起对抗中国的形势下，其他国家都被迫卷入其中，甚至在某些重要领域和重大问题上面临在中美之间"选边站队"的处境。本轮分化重组以中美关系为牵引，带动中、美、俄、欧、印、日各大力量战略互动，其结果将深刻影响未来国际秩序演变。

---

① 国家统计局：《中华人民共和国 2020 年国民经济和社会发展统计公报》，2021 年 2 月 28 日，http://www.stats.gov.cn/tjsj/zxfb/202102/t20210227_1814154.html。

2012 年以来，随着美国奥巴马政府推行"亚太再平衡"战略，特别是特朗普政府时期对华展开全面竞争，中美关系从合作伙伴向竞争对手转变。美国对华接触让位遏制打压，两国战略竞争盖过战略合作，经贸摩擦、地缘博弈、意识形态对立凸显，经贸、技术、人文交流等领域的脱钩态势也加速演进。在拜登政府时期，对华竞争的方式和手段有所调整，但更加重视对欧洲大国、日本、印度等力量的拉拢。尽管如此，冷战式的两极对立或阵营对垒很难出现。一方面，中美之间的高度依赖很难完全切割，彼此都无法承受长期对立的代价；另一方面，除了少数国家完全倒向美国一边，大多数国家由于受各自的国家利益和中美政策的驱动，被迫在不同程度上选择较偏向美国或较偏向中国。同时，它们会努力维持或争取在不同程度上的中立和政策独立，在某些领域较靠近美国，在另一些领域较靠近中国。

（三）技术变革

在国际政治中，技术变革对国家实力的增长具有至关重要的影响，因此，围绕高新技术研发展开的竞争是国际竞争的重要内容。对于大国而言，在高科技发展中保持领先既是保障国家安全的需要，也能够增强经济发展和市场拓展的能力，从而在国际竞争中争取有利地位。人们普遍认为，我们当前正处在以信息技术为特征的第四次工业革命的时代，信息技术"成为现代大国财富和竞争优势的基础以及地缘政治权力的来源"。[1] 在新一轮科技革命中，主要大国的创新能力竞争成为决定国际秩序未来的关键变量之一。

----

① 周琪：《高科技领域的竞争正改变大国战略竞争的主要模式》，《太平洋学报》2021 年第 1 期，第 2 页。

　　新技术革命会影响各国在未来全球经济版图中的位置。在这一轮科技革命中，美国、中国、俄罗斯、德国、日本、印度等主要国家都加强了在人工智能、量子计算、大数据、物联网、生物技术、材料科学、空间技术等技术领域的开发和应用，试图在一些重要领域进入第一梯队。高新技术领域发展态势决定了这些国家当前经济增长，也会影响到未来发展潜力，从而决定各国在国际格局中的位置。与以往相比，信息技术所带来的数字经济成为全球经济增长的主要动力，也使得中美竞争在数字技术领域凸显。①

　　新技术革命也影响到各国实现国家安全的能力。信息技术的发展使得信息领域和网络空间的安全问题变得更加突出。信息网络安全成为大国战略威慑和较量的新领域，与传统军事领域相比，威胁来源更为隐蔽，攻击更加频繁，对防御和威慑能力提出了更高的要求。因此，主要国家都在加大关键信息基础设施的建设，提升网络安全防控能力。此外，人工智能、生物科技、空间技术等都存在军事化、武器化的趋势，带来了巨大的安全风险。在这一方面，美国拥有的技术优势和已经采取的实战化举措会对人工智能等尖端技术的加速武器化产生不良的示范效应。目前，围绕这些新技术武器化的前景，国际社会就军事应用、安全风险、伦理规范和限制措施等方面只是展开了探讨，短期内很难像传统军事领域一样达成有约束力的军备控制规则。在这种背景下，主要大国更倾向于加快新技术向实际军事能力和武器装备的转化，而不是限制自身的能力发展而在竞争中处于不利地位。

　　2017年特朗普政府对中国发动"贸易战"，技术竞争成为美国"大国

---

　　①　阎学通：《数字时代初期的中美竞争》，《国际政治科学》2021年第1期，第24—55页。

竞争战略"的核心内容。为了遏制中国的技术发展，美国加强对中国的技术封锁，打压以中兴、华为等中国高新技术企业，在关键技术领域与中国局部脱钩。① 美国不仅限制本国企业对中国企业供应芯片和其他关键技术产品，还将美国盟友或者其他国家企业与中国企业开展的正常技术转让和产品出口进行限制和制裁。拜登政府执政以来，尽管中美经贸关系的合作面会在一定程度上恢复，但美国在关键技术和产业领域仍将保持对华遏制政策。为了打破美国技术封锁和遏制，中国开始强化关键技术领域的自主创新能力。未来，中美在高科技领域的竞争会更加激烈，对两国的实力对比和安全态势都会产生深刻影响。

五、结语

任何时代的国际秩序都以过去几十年间形成的实力结构和利益格局为基础，既不能准确反映当下的国际力量对比，也无法适应新兴国家的利益需求。因此，在面对所处时代的国际政治现实时，每一种国际秩序或多或少都会存在不兼容、不匹配，由此为秩序的变革和演化提供了基本动力条件。应该看到，主导国与崛起国之间围绕国际秩序的博弈还将持续。在这一过程中，主导国需要主动适应和容纳崛起国的利益诉求，而其主导的秩序本身也必然会发生改变。随着新一轮国际力量对比加速调整，国际秩序变革被各国的政治家和研究者们提上议程。尽管今天国际利益分配的系统

---

① Andrew B. Kennedy and Darren J. Lim, "The Innovation Imperative: Technology and US-China Rivalry in the Twenty-First Century," *International Affairs* 94, no. 3 (2018): 553-572；黄琪轩:《大国战略竞争与美国对华技术政策变迁》,《外交评论》2020 年第 3 期, 第 94—120 页。

性调整不太可能通过暴力的方式进行，但也使得既有国际秩序存在着动荡和冲突的潜在风险。为了维持国际体系的稳定性，主要大国之间需要在既有国际规则的框架下进行协调，就国际秩序的改进原则、路径和方案达成基本共识。

中国是近十年来诱发国际秩序调整的重要因素之一，国际秩序的和平变迁取决于中国与体系内的主导国家和其他新兴国家的良性互动，同时也取决于中国自身内政外交的调适与配合。在发展自身实力的基础上，中国有必要推动这一失衡的国际体系朝着公正合理的方向改革，使之容纳新兴大国和发展中国家的利益诉求，反映国际力量对比的新变化。首先，作为国际秩序的积极参与者和渐进改革者，中国需要更多地参与国际秩序的管理，将自身利益与更广泛的利益相结合，争取与自身实力相匹配的国际权益，同时也承担与之相应的国际责任。其次，中国需要稳步提升自身综合国力，为国际秩序的进一步调整奠定物质基础。此外，中国需要积极争取新兴国家和其他发展中国家的支持，加强多边领域的集体磋商和谈判，形成推动国际秩序改革的合力。